传承教育经典，引领教学风尚。

《小学语文教学》杂志社　编

30个名师经典课堂实录

上

山西出版传媒集团　山西教育出版社

图书在版编目（CIP）数据

30个名师经典课堂实录 /《小学语文教学》杂志社主编. — 太原 ：山西教育出版社，2022.2
（小语人丛书）
ISBN 978-7-5703-0506-3

Ⅰ. ①3… Ⅱ. ①小… Ⅲ. ①小学语文课-教案（教育） Ⅳ. ①G623.202

中国版本图书馆CIP数据核字（2019）第129319号

30个名师经典课堂实录
30 GE MINGSHI JINGDIAN KETANG SHILU
《小学语文教学》杂志社 / 编

出 版 人 李 飞　**选题策划** 李梦燕
责任编辑 李梦燕　**助理编辑** 郑 丽
复　　审 海晓丽　**终　　审** 康 健
装帧设计 薛 菲　**印装监制** 蔡 洁

出版发行 山西出版传媒集团・山西教育出版社
（地址：太原市水西门街馒头巷7号　电话：0351-4729801　邮编：030002）
印　　装 山西基因包装印刷科技股份有限公司
开　　本 720mm×1020mm　1/16
印　　张 29
字　　数 439千字
版　　次 2022年2月第1版　2022年2月第1次印刷
书　　号 ISBN　978-7-5703-0506-3
定　　价 88.00元（上、下册）

看课的三种姿态

薛法根

别人上课，你在边上看，是为“看课”，习惯的说法叫“听课”，学术一点叫“观课”，都是一回事。看课，最好是在上课的现场，可以捕捉到很多有意思的教学细节；看录像课，由于拍摄角度的局限，你看到的不是课的全部，少了一种身临其境之感；看课的实录，看到的一般是师生之间的对话，常常省略了话语之外的信息，有点像古书的残本，要靠你的想象力去还原与补充。我曾经读过《贾老师教作文》，被贾志敏老师的作文课深深吸引了，但是只看上课实录，似乎并不解渴，又托人复制了三盘《贾老师教作文》的录像带，边看边揣摩其中的门道，看得才过瘾。

俗话说，“当局者迷，旁观者清”，你看别人的课，好在哪里，不好在哪里，一般都能说出个一二来。但是，如果看的是名师、大家的课，你就不那么淡定了，常常会被精彩的课堂所陶醉、所折服，就像我第一次看贾志敏老师的作文课，恨不得把他说的每一句话都记下来。的确，名师的课，特别是那些具有代表性的课，堪称经典的课，就是一件艺术品，值得我们细细欣赏，值得我们好好学习。

怎么学呢？记得孙绍振先生曾经说过，读书有三种姿势。第一种是躺着读，用读着玩的心态读，读得顺就读下去，读不顺睡着了也无所谓；第二种是坐着读，用求知的态度读，字斟句酌，恨不得把每一句话都读进去，全盘吸收；第三种是站着读，用批判的眼光读，揪住一点问题非要弄个明白不可。对照一下，我们看名师的课，大概也有这样三种姿态。

第一种叫“仰视”，把名师当偶像，把名师的课当成经典的艺术作品，把看课当成一种享受，眼中所见，什么都是好的。至于好在哪里，为什么是好的，往往说不清其中的缘由。这样的看课，是一种崇拜的姿态。用这样的姿态来看课，要么看的时候很激动，回来之后一动也不动，因为名师的课太完美了，就像天上的月亮，够不着，学不像；要么看的时候很激动，回来之后很冲动，照模照样搬过来套用一下，免不了偏了道，走了样。一位老师看了于永正老师的课，看到于老师让一个学生将课文读了一遍又一遍，学也读得一遍比一遍好，牢牢记住了于老师说的一句话：“十遍读不好，还有十一遍！”于是，就在自己的课堂上，让一个学生连读了七八遍，不断地鼓励他：“这遍读不好，还有下一遍！”没料到学生越读越紧张，居然读哭了。看来，“仰视”时需要保持一种清醒的头脑，不能盲目地模仿，需要“透视”其中的门道。

第二种叫“平视”，把名师当朋友，把名师的课当成追求的示范作品，把看课当成一种学习，眼中所见，都是有用的好办法。看的是名师的课，想的是自己的事，这些办法哪些学得像，哪些学不像，寻找自己与名师之间的差距，从中发现可以借鉴、可以运用的办法。贾志敏老师点评学生的作文，堪称一绝。学生一念作文，他就能捕捉到遣词造句中细微的差错，不失时机地加以点拨、修正，这种功夫简直让我惊呆了。在常人看来似乎没有问题的语句，他都能“挑出一点儿刺”来，而且，经过他的分析与讲解之后，常常让你心悦诚服，释然开怀。怎样才能拥有一双贾老师那样灵敏的耳朵呢？功夫在课外，那就是磨砺自己的语言驾驭力，用沈从文先生的话说，就是要练到家，一个字，“贴”。每一个词、每一句话，都要“仿佛贴在描写对象身上，要贴得上，贴得住，贴得严。”于是，我平时说话、写作，都力求简练、妥帖，日久天长，口头功夫长进了，笔头功夫练实了，耳朵听的功夫也有了。“平视”，你看课才会心平气和，才会设身处地，才会感同身受，才会看得准、看得透，看出课的好坏来，看出上好课的功夫来。

第三种叫“俯视”，站在更高的视角，从理论的高度来审视名师的课，进行学理的推敲和印证，阐释好坏背后的教学原理，让人看得明白，看得通透，知其然，更知其所以然。这样的看课姿态，需要看课的人，有深厚的理论功底和丰富的实践经验，更要有实事求是的治学态度和批判精神。《听王荣生教授评课》一书中，王荣生先生从教学内容的角度，对魏书生、支玉恒等名家的经典课例，作了深入的解读和研讨，所作的学理分析鞭辟入里，所提的建议让人恍然大悟。这样的看课，洞察名师的教学理念，引领教学的改革方向，无论对上课的名师还是看课的老师，都是一种积极的推动。所以，我们看名师的课，一定要多看看像王荣生先生那样的专家学者所作的评析文章。

仰视、平视、俯视，这是三种看课的姿态。对名师的经典课例，我们应该怀有一种敬重之心，这些课是名师的智慧创造和实践贡献，认真研读实录，欣赏名师精湛的教学艺术，借鉴名师有效的教学方法，汲取名师先进的思想理念，以此站在名师的肩膀上来思考教学问题，寻找更适合自身的教学路径，这是我们应有的姿态。对名师的经典课堂，我们还应该保持一种警醒之心，名师教学风格背后，是他们对教学的独特理解，我们需要用批判的态度去追问、去质疑。唯有如此，我们才能在看课中，形成一种教学实践的理性自觉，拥有自己的教学主见，坚持走教学的正道。

我想，这本书的30个课例，我们应该带着敬重和警醒的心，以最适宜的姿态来作出最妥帖的解读，既成长自己，又启示他人。会看课的人，无论什么样的课，都能看出教育的意义来，看出教学的门道来。

目　录

上　册

下　册

贾志敏经典课堂实录

贾志敏，全国著名特级教师。1999年上海浦东新区人民政府为其颁发“浦东开发建设特殊贡献奖”，2000年9月被上海市浦东新区社会发展局、上海市浦东新区中小学幼儿教师奖励基金会授予“浦东名师”称号，2018年12月被民进上海市委授予“四十年一双岗建功四十人”荣誉称号。

《爸爸的老师》教学与评析

◆执教／贾志敏　评析／焦丽辉　谈永康

【教学】

一、导入课文

师：小朋友最喜欢过节了。过节了，可以待在家里看书；过节了，可以到各地旅游。咱们的节日特别多。你们知道10月1日是什么节吗？

生：10月1日是国庆节。

师：6月1日是什么节日呢？

生：6月1日是儿童节。

【点评：兴趣是学习的关键。课始贾老师就以“过节”这个话题抓住了学生的兴奋点，调动了他们参与的积极性，为后面引出教师节，从而导入课文做了铺垫。】

师：再说一个难的，9月10日是什么节日呀？

生：9月10日是教师节。

师：真是难不倒大家。9月10日是教师节。（板书：教师）

为什么要设立教师节呢？因为国家要号召全社会尊敬老师，重视教育。所以教师节是老师的节日。

这一天，老师一定会早早地起床，穿着最漂亮的衣服站在教室门口等待着学生的到来。

学生看到老师会深深地鞠躬，说一声：“老师，祝您节日快乐!”并且送上一束鲜花或者一张自制的卡片，这个时候，是老师最幸福的时刻了。

师：“教师”和“老师”是不是一回事呀？有不一样的地方吗？

生：“教师”是书面语言，“老师”是口头语言。

师：对。就像“父亲”为书面语言，“爸爸”是口头语言一样。

【点评：指导学生区别“教师”与“老师”，看似简单，其实这是对语文基础知识的重视，对语文基本功的重视。】

师：（板书：爸）一个字读“爸”；（板书：爸爸）两个字读“爸爸”，第二个字读轻声；（板书：爸爸的）三个字读“爸爸的”，后两个字读轻声；（板书：爸爸的老师）五个字读“爸爸的老师”。

师：（指着板书）这是今天我们要学的一首诗。诗的语言比较简练。古代人写的叫古诗，现代人写的叫现代诗。这首诗是写给小孩看的，所以是儿童诗。儿童诗的语言比较浅显、口语化，因此不用“父亲的教师”，而用“爸爸的老师”为题。这首诗是任溶溶爷爷写的。我们一起读课题。

二、字词教学

师：课文里的几个字词会念吗？（课件出示，生读）

数学家　学问　任溶溶　猜中　新鲜　鞠躬

师：字会念了，意思明白吗？这两个是多音字（指“任”和“中”）。“任”作为“姓”的时候读二声，任（rén）溶溶。还有别的读音吗？

生：任（rèn）。

师：什么地方读四声呢？

生：任务，胜任，前任，班主任。

师：（指“猜中”的“中”）这个字念什么？

生：中（zhòng）。

师：还有别的读音吗？

生：中（zhōng）。

师：什么地方读一声呢？

生：中国，中间，当中，中华。

师：“鞠躬”是什么意思？我请一位同学做一个“鞠躬”的动作。（生鞠躬）

师：鞠躬是中华传统礼仪。外国人行握手，咱们中国有鞠躬礼，表示对他人的尊重。学生向老师鞠躬，理所当然。如果老师向学生鞠躬，那就是惊天动地的了。受“躬”字影响，许多人把“鞠”字也写成“身”字旁，那就错了。

师：“我的爸爸，还有老师，你说多么新鲜!”这里的“新鲜”是什么意思?

生：新奇，很少见的。

师：（手持两个新鲜的橘子）“这两个橘子很新鲜。”这句话对吗?

生：对。

师：“新鲜”这个词有两种解释。谁来说一说?

生：“新鲜”有两种解释：第一，新奇的意思；第二，像刚从树上摘下的果子，刚生产出来的食物没有变质都是新鲜的。

师：“学问”是什么意思?

生：“学问”是指知识。

师：对，有知识就叫有学问。“学问”从哪来？边学边问就有学问了。

师：“数学家”是什么意思?

生：对数学研究有成就的人。

师：谁是数学家?

生：华罗庚是数学家。

生：陈景润是数学家。

生：祖冲之是数学家。

师：“大数学家”是什么意思呢？是不是这个数学家长得人高马大的?

生：不是，是指比较有名的数学家。

师：对，有名的数学家叫“大数学家”。那么什么叫“老数学家”?

生：年纪大的数学家叫“老数学家”。

【点评：词义的理解完全可以在字典上查到，可是那种解释是干巴巴的。

贾老师让学生结合生活和体验来理解词义尤其是理解“新鲜”一词的两种意思时，特意准备了新鲜的带叶子的橘子，直观且印象深刻。而且在此环节中还特别注意训练学生的表达能力，如概括“新鲜”一词的两种意思，指导学生把话说规范、说清楚等。】

三、朗读指导

师：字词会读了，意思理解了，那么文章会读吗？这首诗一共13个小节，我请13位同学合作读这首诗。每个人读一个小节。

（生合作读）

师：13位同学几乎个个都读得很好。我请两位读得最好的同学合作再读一遍。

（两位同学合作读）

师：他们两个读得一样好，真是难分伯仲，不分上下。（老师奖励两位学生每人一个橘子。一位学生得到橘子后，向老师鞠躬）

师：这位同学做得真好。向我鞠躬表示感谢。

【点评：形式多样的朗读能让学生从整体把握课文到充分感知课文，在读中实现自我体会、自我感悟。】

四、语言训练

师：爸爸的老师是男的还是女的？

生：女的。

生：男的。

生：爸爸的老师是女的。当“我”还不知道爸爸的老师是男的还是女的时候，就用单人旁的他。后来，“我”见到了爸爸的老师，知道爸爸的老师是女的，所以，人称代词用女字旁的她。

师：对，说得很精彩！（在“爸爸的老师”前板书“起先，我以为”）起先，我以为爸爸的老师是什么？根据课文内容说一句话。

生：起先，我以为爸爸的老师是一个留着长胡子，满肚子学问，一定比爸爸强的老数学家。

师：（在“爸爸的老师”前板书“后来，我才知道”）根据课文内容，再说一句话。

生：后来，我才知道，爸爸的老师是一个教一年级的女老师，我读三年级了，她还在教一年级。

师：谁能把这两句话连起来说一下？

生：起先，我以为爸爸的老师是一个留着长胡子，满肚子学问，一定比爸爸强的老数学家。后来我才知道，爸爸的这位老师在我上三年级的时候还在教一年级。

师：（将“爸爸的老师”这几个字加上书名号）我加了什么标点？

生：书名号。

师：加上书名号之后，读法一样，但是介绍起来就不一样了。（师范读）如，《爸爸的老师》这首诗；《十面埋伏》这部电影；《喜羊羊与灰太狼》这部动画片。

师：《爸爸的老师》这首诗讲的是什么内容？你能概括一下吗？

生：《爸爸的老师》这首诗讲的是教师节到了，爸爸带“我”去看他的老师。起先，“我”以为这个老师一定是留着长胡子，满肚子学问，比爸爸还要强的大数学家。后来，“我”才知道，爸爸的老师是“我”念一年级的时候教“我”的老师。

师：对。谁再来说一说？

生：《爸爸的老师》这首诗讲的是教师节到了，爸爸带着“我”去看他的老师。起先“我”以为爸爸的老师留着长胡子，满肚子学问，而且比爸爸还要强，还是个老数学家。后来，“我”才知道，原来爸爸的老师就是“我”的一年级老师。“我”现在读三年级了可她还在教一年级。

师：说得真好。一万个读者就有一万个哈姆雷特。同样，我们这里有三十几个同学，读了《爸爸的老师》，一定有三十几种体会。你能谈谈体会吗？

生：我学了《爸爸的老师》这首诗，知道了无论一个人有多么强大，他都有教过自己的老师。

生：学完《爸爸的老师》这首诗，我明白了在教师节那天要感恩老师。

生：爸爸虽然是一个很有学问的人，但他却非常尊敬他的老师。

师：说得很对。学问再大的人，也都有自己的启蒙老师。

生：读了这首诗我明白了一个道理：不管是多么有名的人，多么伟大的人，他们都有自己的启蒙老师。

师：说得真好!

生：读了这首诗，我知道即使再伟大的人，遇到自己的启蒙老师也要恭恭敬敬地向老师行礼。

生：读了《爸爸的老师》这首诗之后，我明白了越是伟大的人，越会尊敬自己的老师。

师：我们为她鼓掌。越是伟大的人，越是懂得谦虚，越是懂得尊敬老师。正因为这样，人们会将最美好的语言献给老师。你想用哪些美好的语言歌颂老师?

生：“春蚕到死丝方尽，蜡炬成灰泪始干。”

师：多么美好的语言!

生：老师像蜡烛，燃烧自己，照亮别人。

师：真好!

生：教诲似春风，师恩似海深。

师：好，真好!

生：老师就像园丁，一直浇灌着我们这些小树；老师就像学海里的一叶扁舟，搭载着我们渡过学习中的难关。

师：真好!

生：老师就像黑夜里的一盏明灯，照亮我们学习的道路。

师：真好！我也想说几句：

老师像春蚕，春蚕到死丝方尽，留作他人御风寒；

老师像蜡烛，照亮别人，耗尽自己；

老师像人梯，让人家踩在自己的肩膀上，去攀登峰顶；

老师就像渡船上的渡工，把一批批人送到理想的彼岸，然后又回到原来的出发点，等待着下一批人的到来。

生：一日为师，终身为父。

师：（在“老师”后面加一个逗号）每个人写一句话，看谁写得最好。

生：老师，您教会了我那么多知识，您就像春蚕。

生：老师，您辛苦了，祝您教师节快乐!

生：老师，您就像园丁，浇灌着我们这些嫩芽。

生：老师，您照亮了我成长的道路，您帮助我渡过了学习的难关。您是我启蒙的向导，您是我成长的摇篮。我将永远铭记您的恩情。

生：老师，您辛苦了。我会永远把您铭记在心。

生：老师，您就像黑夜里的一盏明灯，照亮我们学习的道路。

生：老师，谢谢您对我们的教诲，我们永远不会忘记您。

师：说得真好!（将黑板上最后两个字“老师”擦掉）“老师”没有了，上哪儿去了？到每个同学的心坎儿里去了。老师常驻在你的心坎儿里，和你一起学习，一起生活，一起成长。

当你取得好成绩的时候，老师在你的心里咯咯地笑；

当你遇到困难的时候，老师对你说别哭，要坚强一些。

你成长了，老师高兴。

你遇到挫折了，老师为你加油。

老师就是你一生中最好的伙伴。

你长大了，老师却老了。

你有成就了，老师的头发变白了，皱纹爬上了额头。

等你取得很大的成就的时候，老师退休了，什么都做不了了。

老师就是这么伟大!

下课!

【赏析：贾老师成功地以课文为例，既培养和发展了学生的语文能力，又

寓德育于听说读写、字词句篇的训练中，相信随着板书一点一点地擦去，对老师感恩已经深深地刻在了每一个学生的心中。】

【评析】

没有PPT课件，也没有任何道具，只凭一张嘴、一支粉笔和一块黑板，就让语文教学回归“语”和“文”。

用这番话来描述贾老师《爸爸的老师》这堂课，也许再恰当不过了。

扎实：教的全是语文

贾老师这堂课，没有就诗歌的内容提任何问题。乍看，这堂课老师提的三个问题跟文本的思想感情有关，分别是：爸爸的老师是男的还是女的？《爸爸的老师》这首诗讲的是什么内容？

联系贾老师的教学，我们会发现：第一个问题，贾老师意在区分第三人称代词“他”与“她”，而这正是学生在学习中容易被忽视的地方。第二个问题“醉翁之意不在酒”，表面看似关注诗歌的大意，实际上训练的却是思维与表达能力，概括要全面，语言要简洁。至于第三个问题，学生精彩纷呈的回答足以说明，贾老师正是通过《爸爸的老师》这个“例子”来落实课标的要求：“能复述叙事性作品的大意……与他人交流自己的阅读感受。”

不在诗歌的内容上“问个不休”，贾老师的教学目标清晰、板块清楚，就是识字、写字、朗读课文、说话和写话。

这堂课的字词教学朴实、到位。大家可以品味贾老师对“新鲜”一词的教学，学生先是结合文本语境弄懂词语的意思，然后贾老师出示两个新鲜的橘子，引导学生思考“新鲜”一词的意思。多么形象、生动的教学！

课文要多读，尤其是诗歌。贾老师先分步教学生读课题：“爸”，一个字要读得响亮、清晰；“爸爸”，第二个“爸”要读成轻声；“爸爸的”怎么读？“爸爸的老师”又怎么读？贾老师逐一细致指导，严格要求。这样从细处入手，看似平常却不简单。接下来，贾老师又请13位学生合作把这首诗朗读一遍，读完之后又请读得最好的两位学生合作再读一遍。这节课光读课文就花了近10分钟，足见贾老师对朗读训练的重视。

最精彩的是后面的说话训练。首先是说大意，分三次进行，每一次都提供学习支架："起先，我以为……""后来，我才知道……""《爸爸的老师》这首诗讲的是……"这个过程，以"问"促"说"，收到"一石多鸟"之效：大意把握，主旨理解，语言发展，个性呵护。其次是自由说话，让学生交流自己的阅读体会。

识字写字、感情朗读、说话写话，这全是"语文"。

语文的本体是语言文字，学生学习语文，就是要学习语言文字的运用。没有了烦琐分析，没有了无效提问，学生就能静心读书、独立思考，课堂上就有了"书声琅琅"，就有了"议论纷纷"。

鲜活：教的全是"生活"

贾老师的语文课姓"语"，学生在扎实的语文实践中发展了语言。

贾老师的语文课又姓"活"，学生上他的课，不累。因为他的课就像生活那样自然而有滋有味，学生浑然不觉时间的流逝。

贾老师上课，是从"谈论节日"开始的，亲切自然，让学生感到语文就在生活中，生活里处处有语文。

贾老师的高明之处还在于打通现实世界与书本世界、精神世界的关系。从"节日"导入新课，贾老师通过"谁是数学家?""大数学家"是什么意思呢?""什么叫'老数学家'?"等问题，激活了学生的知识储备，把文本学习置于广阔的知识背景之中。之后，让学生交流自己的学习体会，将书本世界和学生的精神世界连接起来。

这个过程，是一个"读进去"又"读出来"的过程。学生说的、写的，许多都基于文本又超越了文本。可见，这样的阅读实践活动既丰富了学生的认知图式，又提升了学生的语文素养。

丰厚：教的全是"做人"

语言即人，语言文字的学习，总是带来语文知识的增加、语文能力的提高，这又必然促进学生情感、审美、人格等多方面的发展。

贾老师一直提倡"目中有人"，其"三个为本"的语文教学理念中有一个就是“以学生为本”。贾老师在教学过程中，处处教语文，又处处在育人，只不过他的“育人”过程了然无痕。

一是巧用文本，“读中育人”。指导学生把诗歌读对、读通、读好，让学生通过声音、语调、语气感受“文中情、作者情”。这个过程就是“育人”的过程。

二是运用词语教学，“悟中育人”。比如教学“鞠躬”一词，既有音、形、义的教学，又有文化常识的讲解。后者显然不是多此一举，而是恰到好处的教育。在朗读环节，有个细节值得我们玩味，贾老师表扬了其中一位学生，因为她在得到贾老师奖励的橘子后向老师鞠躬，表示感谢。此时，我们分不清这到底是上课还是生活，也分不清这是学生素养好还是贾老师教得好。总之，我们能够真切地感受到，这样的“育人”不但无痕，而且有效。

三是巧妙设计，“练中育人”。说话写话环节，学生写出了丰富的体验与多元的解读，也写出了老师的伟大、自己的感恩。这样的语言训练，一举两得，不可谓不巧妙。

作文特好玩

——“我”作文教学与评析

◆执教／贾志敏　评析／焦丽辉

【教学】

一、激趣导入

师：你们也许不信，作文特好玩。（板书：1+1=2）还有其他答案吗？

生：没有其他答案。

（板书：2×2=?）

生：二二得四。

师：“二二得四”，不能“二二得五”。但是，语文就不一样了，它变化无穷。同样一个意思，可以用多种形式表达。比如，就拿我们忌讳的这个“死”字来说，“生命的终结”叫“死”。“死”是口头语言，书面语言则叫“去世”。“死”还有多种称谓，英雄之死叫“牺牲”，烈士之死叫“就义”，公务之死叫“殉职”，为国而死叫“捐躯”，罪犯之死叫“毙命”，帝王之死叫——

生：驾崩。

师：对，“驾崩”。“驾”指帝王的车，借指帝王，“驾崩”专指帝王之死。（讲述）三月的一个早上，电话铃声骤响：“叔叔，今天凌晨三点，姑妈走了，走得很安详。”我手握话筒久久没有说话，默默地掉下了眼泪。“姑妈走了”，意思是“姑妈离开了人世”。“走了”，竟然可以表示“去世”。所以，我们不能随意说某人“走了”。你们看，多有趣！再比如，说“小明哭”这个意思，也可以有不同的表达方式。"小明哭了"，这是一种说法。"小明的两只眼睛一闭，挤出了几颗银豆豆"，这是另一种说法。"小明站在屋子的中间，看看爷爷，爷爷不理他。瞅瞅奶奶，奶奶不吭声。再望望爸爸妈妈，他们各忙各的，好像啥事也没有发生过一样。这下，小明不乐意了，眨着眼睛，泪水在眼眶里直打转，猛然间，两只小手往脸上一捂，小嘴一张，'哇'地哭出声来。他一屁股坐在地上，摇晃着身子，抖动着双腿，嘴里还一个劲儿地说：'爸爸坏，妈妈坏，爷爷坏，奶奶坏！'"这又是一种说法。当然，我们还可以用其他方式来表达。语文真是太有意思了！

二、确定题材

师：写作文需要材料。没有材料，则写不成作文。有的同学说"我没东西可写"，真是这样吗？其实，我们身上就有写不完的东西。比如说这个字。（板书：我）一起读。

生：我。（生齐读）

师："我"就是"自己"。"我"身上就有写不完的东西。你们信吗？"我的名字有点特别"——可以介绍自己名字的来历；"我是个调皮鬼"——可以写自己顽皮的故事；"我是个'女汉子'"——刻画自己独特的个性特点。再比如，"我喜欢吃肉""我有洁癖""我粗心得很"……真的是写不完！同学们，你们能用"我"打头，写 两句话吗？要写自己独有的特点，或是让人喜欢的优点、惹人讨厌的缺点……

（生写话，师巡视指导）

师：写好的同学，请把笔搁下。我请同学读一读自己写的话。

生：我写了两个：一个是"我很爱干净"，另一个是"我是一个贪吃鬼"。

师：改一改。第一个，把"很"字去掉，"我爱干净"，句子简洁多了。第二个，改成"我是一个'吃货'"，"吃货"表示贪吃的意思，网络语言，偶尔用之，比较生活化，可以试一试。不过，要加上引号。

生：我写的是"我是一个马虎精"。

师：我只知道有"马屁精"，没听说过"马虎精"。将"精"字去掉，前面加个“小”字，变成“我是一个‘小马虎’”。

生：我写的是“我是家中的开心果”。

师：很好！去掉“家中的”三个字，“开心果”要加上引号。

生：我写的是“我是一个马大哈”。

师：“马大哈”加上引号，表示粗心大意的人。

生：我写的是“我是一个动物迷。”

师：动物迷？不妨改为“我喜欢小动物”吧！

生：我写的是“我是一个地地道道的小财迷”。

师：“地地道道”这个词不必用了，“我是一个‘小财迷’”即可，“小财迷”必须加引号。这些仅仅是写作的题材，我们还要围绕材料的中心意思把内容写具体。怎样写具体呢？那就要“用事实说话”。（板书：用事实说话）

三、例文引路

师：怎样围绕中心来写呢？先听我读三段话，你们想一想每段话是围绕什么写的。（师读第一段话）“我是一个粗心的孩子。做什么事都是大大咧咧、马马虎虎的。做数学题，不是把‘+’看成了‘×’，就是把小数点写错了位置，因此，数学测验从来没有得过一次满分。语文课上，老师听写‘老大娘’，我粗心大意，把‘娘’写成‘狼’，变成了‘老大狼’，闹出了笑话。”这段话是围绕什么写的？

生：围绕“我是一个‘小马虎’”来写的。

师：你才是一个“小马虎”呢！这段话里有“小马虎”三个字吗？

生：围绕“我是一个粗心的孩子”这句话来写的。

师：对！要用心听。注意听第二段话。（师读第二段话）“河马的嘴比一般动物的嘴大。当它张开大嘴的时候，一个人跳进去，恐怕还填不满它的嘴哩；有人亲眼看到它一口把一条小船咬成两截；当它咬嚼起五六厘米粗的芦苇秆子，就好比人们吃韭菜那么容易。”这段话是围绕什么写的？

生：这段话是围绕“河马的嘴比一般动物的嘴大”这句话来写的。

师：没错。继续听老师读第三段话。（师读第三段话）“我是一个‘集邮迷’。在我的集邮册里，珍藏着许许多多珍贵的纪念邮票。听说邮局要发行一套新的纪念邮票，我取出平时积攒的零花钱，风风火火赶到邮局排队购买。一个夏日的中午，我突然发现一个黑咕隆咚的洞里面放着好多好多我喜爱的邮票，这一下，我乐不可支，就伸手去掏，掏呀掏，邮票没有掏着，却挨了爸爸重重的一巴掌。我瞪大了眼睛，捂着脸，歪着脖子看着爸爸，心想：你为什么无缘无故地打我呢？只见爸爸怒气冲冲地指着我的鼻子骂道：‘你这个孩子，不好好午睡，却把手伸到我的嘴里来掏什么？’”（生笑）这段话写了什么？

生：这段话是围绕“我的集邮册里有许多邮票”一句话来写的。

师：不够准确。（师摇头）

生：围绕“我是一个‘集邮迷’”这句话来写的。

师：对。那么，作者是怎样把这句话写具体、生动的呢？

生：用事实说话。

师：为什么要用事实说话呢？我这里还有三段话，请同学读一读。（生读，师及时评价）

生：（拖腔拿调地读）我——的——名——字。

师：不能这样读，要像说话一样读得自然、流畅。

生：“我的名字。我的名字特别简单，就叫‘一’，因为我姓陈，所以大家都叫我‘陈一’了。（师评：开宗明义。）有的父母喜欢在自己孩子的名字里用上生僻字，他们以为取的名字别人不认识，就能显示自己有文化、有水平。然而，我的爸爸不这么认为。你看，他给我取的名字，连名带姓一共只有八笔，说出来响亮，写起来省事，给我的生活和学习带来了便利。当别人还在试卷上填写名字的时候，我已经开始答题了。这还得好好感谢为我取名字的爸爸呢。”

师：小作者抓住别人不注意的名字作为题材，可谓独具慧眼，别出心裁。“我叫陈一”，说出来响亮，写起来省事；“还得好好感谢为我取名字的爸爸呢”，干净利落。文章就要这样写，言简意赅。

生：“我非常调皮。我把香水喷在花瓣上让妈妈闻；把鞭炮扎在狗尾巴上，小狗吓得上蹿下跳，汪汪直叫。（师评：这是略写。）一天下午，我睡不着，偷偷地爬起来。见爷爷睡得正香，便想搞个恶作剧，给爷爷画个八字胡，让他变成一个日本兵。于是，我用墨汁在爷爷的鼻子底下画了个八字胡。啊，真像一个日本军官。爷爷醒了，见我不睡觉，却在坏笑，发现了我的“杰作”，便起来追打我。我大声地喊道：‘救命！救命！’爸爸妈妈闻声赶来，见爷爷这模样，不但没打我，还笑得直不起腰来。这就是我—— 一个永远长不大的调皮鬼。大人说，有我的地方就一定有欢声笑语。”

师：文通字顺，表达清晰，详略得当，描写生动。作者选用三个事例来表现“我”的调皮。第一个和第二个事例略写，第三个事例写得具体、生动，把“我”调皮的特点刻画得惟妙惟肖。

师：（指另一位学生）请你朗读下面一段话。

生：“我是一个十足的‘女汉子’。膀大腰圆，力大无穷；和男同学摔跤，绝不处下风；经常会‘路见不平一声吼，该出手时就出手’。”

师：“我是一个十足的‘女汉子’。”何以见得？“膀大腰圆，力大无穷；和男同学摔跤，绝不处下风”，还引用了大家熟悉的歌词“路见不平一声吼，该出手时就出手”，“女汉子”的形象呼之欲出。（示意学生继续）

生：“课间，两个同学合伙欺负一个同学，我会冲上去，一把将他们拉开，然后为那个弱势同学撑腰。看见同学哭，我会上前安慰，如果是女同学哭，我就递给她一张纸巾，说：‘别哭了，有什么大不了的？’如果是男同学哭，我就告诉他：‘嘿，别“下雨”了，眼泪就那么不值钱？’如果他还哭个不停，我就把手握成拳头当作话筒四处叫喊：‘大家来看啊，一个十足的娘儿们！’”

师：这是四年级学生写的一段短文，写得真好。所谓“女汉子”，就是指“有着男孩子一样性格的女孩子”。文章开宗明义，“我是一个十足的‘女汉子’”。经过简单介绍，这个“女汉子”形象呼之欲出，加上后面生动地描述，更将“女汉子”的形象刻画得活灵活现：读了，如闻其声；听了，如见其人。好文章也！

师：看来，习作要想给人以深刻的印象，就得用事实说话。下面请你按这样的方法写几段话，把自己的性格特点写具体、生动，写得好玩。（生习作15分钟，师巡视指导）

四、习作评改

（师出示习作题目：《我和音乐有缘》《我不是“假小子”》《我很“小气”又很“大方”》《我是一个“左撇子”》）

师：这几个题材都很新颖，也很好玩，不太多见。我很想知道他们是怎么写的。（生读习作，师及时评改）

生：我和音乐有缘。听妈妈说，我从小就有音乐细胞。（师评：“音乐细胞”？口头说说还可以，当作书面用语就不妥了。因为它不属于规范语言，还是把它改为“我从小就和音乐有缘”。）小时候，我听到美妙的旋律，就会停止哭闹。当欢快的乐曲响起，我会手舞足蹈，发出咿咿呀呀的声音；悲伤的曲子传来时，我就坐在小车里静静地一声不响，好像变得忧伤起来。稍大一些，我会随着音乐节奏拍起小手来。妈妈说，那模样可爱极了。（师评：加上“坐在小车里边”，以显示自己还是一个不能行走的小孩儿，和前面的“从小”联系起来了。）我长大了，上四年级，我吹、拉、弹、唱、跳，都能露一手。（师评：把第二个“我”字放到“都”字之前。）有一次，浦东新区举行“弹唱嘉年华”活动。我上台用唢呐吹奏了一首《百鸟朝凤》的曲子。（师评：具体到一次什么样的活动，在哪里演奏，吹的是什么曲子。很好！）吹奏完，全场掌声雷动。赛后，组委会还给我颁发了一个“特别奖”。别的男孩子房间里放的都是玩具，而我的房间里放的全是乐器、乐谱。

（师评：最后一句话和前面一句话内容上连接不起来，显得有点突兀。建议删去。）

生：我不是“假小子”。（师评：“假小子”指的是“分明是个姑娘，却有着男孩儿的打扮和做派”。“不是‘假小子’”，说明这里一定有误会，一定“有戏”，一定好玩！）我有很多外号：“小笼包”“西瓜太郎”“蘑菇头”……（师评：一个人有外号，不是一件光荣的事情，不值得炫耀。那是别人跟你开玩笑，抑或是不尊重你的表现，因此，建议改成“我的那些玩伴给我起了不少讨厌的外号，什么‘小笼包’‘西瓜太郎’‘蘑菇头’”。）就因为我的“蘑菇头”，经常被大人们误认为是个女生，闹出笑话。（师评：话没有说清楚。自己可能明白了，读者却不一定清楚。）有一天，我们上音乐课，我在教室的一角吹奏黑管。（师评：建议把“奏”字删去。）老师没有发现我，便问大家：“那个长着‘蘑菇头’的‘假小子’呢？”同学们顿时哈哈大笑，异口同声地回答：“他不是女生，是男生呀！”我跟着这位老师学了这么长时间，她居然不知道我是男生还是女生。你说有趣吗？（师评：有趣！有趣！真的有戏！真的很好玩！）

生：我很“小气”又很“大方”。（师评：“小气”和“大方”是一对意思截然相反的词语。既“小气”又“大方”，究竟是怎么一回事？我们拭目以待。）我很“小气”，却十分“大方”。（师评：后面用“十分”，那么前面要用“非常”。两个字对两个字，格式对称。）说我“小气”吧，没错！我的零花钱谁也别想占用。即使是玩具、学习用品，也是妈妈给我买的。（师评：建议改成“也硬是让妈妈掏钱去买”，这样写，显得自己“抠门”和“小气”。）她常逗我：“龙龙，你可以用自己的零花钱买东西！”我听了，头摇得像拨浪鼓一样，紧紧地抱着存钱罐，唯恐她把罐子里的“银子”给掏出来。此时，妈妈总是拍一下我的额头，笑眯眯地说：“瞧你这个‘小财迷’！”说我“大方”吧，也对！学校里举行爱心捐款活动，我都积极响应，既出力又出钱。上个月，传来我国南方闹水灾的噩耗后，（师评：怎么能用“噩耗”这个词呢？应该用“消息”。）我毫不吝啬，（师评：加上“倾其所有”一词，语气连贯。）拿出所有积蓄捐给灾民。此时，妈妈又摸着我的额头，笑容可掬地说：“咱家的‘小气鬼’真大方啊！”这就是我，一个充满阳光、富有爱心的小男生，既“小气”又“大方”。（师评：总结全文，前后呼应。）

师：他小气吗？

生：（齐说）小气。

师：他大方吗？

生：（齐说）很大方。

师：那为什么说“我非常‘小气’，却十分‘大方’”呢？

生：他对自己很小气，然而对社会、对集体很大方。这正是我们要颂扬的好品格。

生：我是一个“左撇子”。（师评：不同凡响，独树一帜！第一次看到这样的题材，可谓抓住了特点。如果写得生动的话，一定好玩！）我是一个活泼可爱的孩子，脑袋挺大，眼睛也不算小。可是在笑或哭的时候，别人都不知道我的眼睛是睁着还是闭着。妈妈曾经问我：“你在哭或笑的时候，眼睛是不是睁着的?”连妈妈都看不出，更别说其他人了。（师评：这一段话写得生动有趣，和“左撇子”有什么关系？建议删去！什么叫“左撇子”？文章里面没有说，读者不明白。是否可以写几句话说明一下，让读文章的人有所了解?）达·芬奇、居里夫人等许多名人都是“左撇子”。（师评：第一，将“许多”删掉。第二，这些资料可靠吗？建议你在文段前加上“据介绍”，这样就“进退自如，留有余地”了。第三，文中能否介绍几个我国的名人？比如乒乓球运动员王楠就是“左撇子”。）嘿嘿！没想到我也是“左撇子”。除了写字是在妈妈的“镇压”下改成右手外，做其他事时都喜欢用左手。（师评：“镇压”一词有着特定的含义，不能随便使用。建议将其改成“高压胁迫”。）打羽毛球时，我用左手接发球；吃饭时，我用左手拿筷子夹菜；学弹钢琴时，大多数人都觉得用左手弹琴学起来慢，而我却能很快掌握；在图画课上，我来不及涂色，就“左右开弓”……（师评：选取其中的一件事情，写得具体一点，给人深刻的印象。）你们看，我这个“左撇子”厉害吧？不过，我这个“左撇子”长大了能不能成为名人，就不得而知了。（师评：这一段话纯属多余，建议删去。）

师：打好草稿以后，还要多读几遍。发现句子有不通顺、不贴切的地方，就要修改，有道是“文章不厌百回改”。越改，文章会越好。只有会修改文章，作文才算好玩。请大家把草稿带回家，反复修改，“修改一百遍不算多”。下节课我们再来交流，一起再来“玩”。下课！

【评析】

先生之道，叹为观止

——记一节“好玩”的作文指导课

我听过贾志敏老师执教的许多课，但是这一节“作文特好玩”的习作指导课，可谓集阅读和写作两种课型之教学精髓。两个字：绝、妙。

一、评改绝

贾老师课堂上的即兴评改是当今中国教学界一绝，恐怕无人能及。他的语感敏锐、准确，实在让人难以望其项背。贾老师在课堂上说，写文章要“用事实说话”，我举个学生读自己的习作，贾老师进行评改的环节的例子：

学生习作《我和音乐有缘》

生：我长大了，上四年级，我吹、拉、弹、唱、跳，都能露一手。

师：把第二个“我”字放到“都”字之前。

生：有一次，浦东新区举行“弹唱嘉年华”活动。我上台用唢呐吹奏了一首《百鸟朝凤》的曲子。

师：具体到一次什么样的活动，在哪里演奏，吹的是什么曲子。很好！

生：吹奏完，全场掌声雷动。赛后，组委会还给我颁发了一个“特别奖”。别的男孩子房间里放的都是玩具，而我的房间里放的全是乐器、乐谱。

师：最后一句话和前面一句话内容上连接不起来，显得有点突兀。建议删去。

学生习作《我很“小气”又很“大方”》

生：我很“小气”，却十分“大方”。

师：后面用“十分”，那么前面要用“非常”。两个字对两个字，格式对称。

生：说我“小气”吧，没错！我的零花钱谁也别想占用。即使是玩具、学习用品，也是妈妈给我买的。

师：建议改成“也硬是让妈妈掏钱去买”，这样写，显得自己“抠门”和“小气”。

生：她常逗我：“龙龙，你可以用自己的零花钱买东西！”我听了，头摇得像拨浪鼓一样，紧紧地抱着存钱罐，唯恐她把罐子里的“银子”给掏出来。此时，妈妈总是拍一下我的额头，笑眯眯地说：“瞧你这个‘小财迷’！”说我“大方”吧，也对！学校里举行爱心捐款活动，我都积极响应，既出力又出钱。上个月，传来我国南方闹水灾的噩耗后……

师：怎么能用“噩耗”这个词呢？应该用“消息”。

在这两段评改中，贾老师不光及时教会学生正确掌握基本的语文知识，更令人叫绝的是，他能极为敏锐地体察到学生习作中用词不够精练与准确的地方。在我们看来似乎没有什么不妥的句子，但他总能指出问题，如“吹”与“奏”的区别、“消息”与“噩耗”哪个恰当、“十分”与“非常”的对称，细细分析与品味，的确让我们心悦诚服。贾老师的“较真”也同样体现在其他内容的点评中，如用词的准确、材料的取舍等方面。老师语言上的“较真”，同时也是为学生使用规范用语提供了极好的范例。

一个语文教师，不重视课堂评价、不在语言上锱铢必较，恐怕很难提高学生的语用能力。学生的语用能力得不到培养与发展，提高学生语文素养则必成空谈。

贾老师的此番“较真”功夫，源于他天长日久的语言修炼，非一日之功，着实让人拍案叫绝。

二、引导妙

作文难写、习作难教，这是困扰小学生和教师的一大烦恼。学生为写作文无料而苦闷，教师为上习作指导课无法而上下求索，贾老师的这节课却毫无难为之感。课堂伊始，将数学和语文两门学科对比，得出了结论——“作文特好玩”，一个“玩”字就抓住了学生的心。作文也能“玩”？贾老师用他的课堂回答了作文不光能“玩”，而且好玩得很。此“玩”即玩味之意。从“死”的不同说法到“哭”的多种表达，由字到词、到句，再到段，螺旋滚动式地丰富了话语。所有的语言到了贾老师的嘴里仿佛都有了神力，字字句句融进了学生的心。语言如此丰富、如此有趣，作文何难之有？

在教学生如何选材这一环节，贾老师没有生硬地讲解写作知识，而是让学生朗读自己的习作，中间穿插了贾老师的评价。《义务教育语文课程标准》指出：“评价的根本目的是为了促进学生语文素养的全面提高。”“要突出整体性和综合性，从知识和能力、过程和方法、情感态度和价值观几方面进行全面考查。”这个环节其实也是贾老师不着痕迹地引导学生写作文，如：“小作者抓住别人不注意的名字作为题材，可谓独具慧眼，别出心裁……干净利落。文章就要这样写，言简意赅。”“文通字顺，表达清晰，详略得当，描写生动。作者选用三个事例来表现‘我’的调皮。第一个和第二个事例略写，第三个事例写得具体、生动，把‘我’调皮的特点刻画得惟妙惟肖。”“这是四年级学生写的一段短文，写得真好。所谓‘女汉子’，就是指‘有着像男孩子一样性格的女孩子’。文章开宗明义，‘我是一个十足的“女汉子”’。经过简单介绍，这个‘女汉子’形象呼之欲出，加上后面生动地描述，更将‘女汉子’的形象刻画得活灵活现：读了，如闻其声；听了，如见其人。好文章也!”

这些习作，其语言特点都凸显了一个“趣”字，为学生传达的写作知识是“用事实说话”。

贾老师的每句评价式的导语都落到实处，在学生的心里激起创作的涟漪。学生在轻松欢快的阅读体验中，唤起自己生活中的记忆，发现自己与众不同的好玩之处，为后面饶有趣味、有详有略地写“我”打下了语言基础。

教师在课堂上的引导决定了学生课堂活动的深浅。贾老师幽默风趣的课堂，独具匠心的引导，让学生思绪飞扬、快乐表达，兴趣盎然地“我手写我心”。童心之下，万物皆活，需要的就是教师这种无痕的引领和关注。

这堂课，真是越咀嚼越有味道。贾老师的用心，实在妙不可言!

贾老师的“作文特好玩”一课，得到原国家教育委员会副主任柳斌先生这样的评价：“贾老师的这节作文课，是我听到过的最好的一堂作文指导课。这堂课最大的特点是‘实’，‘实’在重视训练学生的用词造句、立意选择，‘实’在关注学生的表达是否准确生动，这在当下是很难得的。”中国写作学会副会长、福建师范大学文学院教授潘新和先生如是说：“这是我迄今为止听到的最为凝练、老到、稳重、机敏的课。”

此刻，我想说：先生之道，叹为观止!

《我的发现》教学与评析

◆执教／贾志敏　点评／谈永康　评析／段增勇

【教学】

一、用“发”搭桥，导入新课

师：这个字居然有很多人不认识。你们认识吗？（板书：發）横撇，点，撇，撇，捺，横折，横，竖折折钩，撇，横折弯，横撇，点。一共12笔。怎么念？

生：……

师：有认识的吗？

生：fā。

师：你是怎么认识的？

生：查字典时看到的。

师：查字典，是一个好办法。还有吗？

生：麻将牌里有这个字。

师：是啊，144张麻将牌里有4张写着这个字的牌。这个字是繁体字。（展示“發”字麻将牌）现在，我们已经不写这个字了，难怪大家不认识它。它现在简化成——（板书：发）撇折，撇，横撇，捺，点，一共5笔。这个字念——

生：fā。

师：用它组成的词可多了。如，发明：爱迪生发明了电灯。发生：2008

年5月12日，汶川发生了大地震。发达：日前，巴黎连续发生了爆炸案，英国、德国、法国等发达国家都风声鹤唳、草木皆兵。还有吗？

生：发现。

生：发誓。

师：对了，我们发誓一定要学好母语。

生：发掘。

师：近年来，四川这个“天府之国”，发掘出许多文物。

生：发财。

师：发财，是人们都希望的。但是，一定要用正当的手段发财。

生：发表、发起。

师：好吧，就说到这儿。刚才有一个学生说到“发现”，（板书：发现）一起读，发现。（生齐读）什么叫“发现”？

生：“发现”就是观察到的事物。

师：观察到的事物就是“发现”吗？

生：别人没有观察到的事物，我观察到了就是“发现”。

师：对了，比之前的学生说得准确。

生：我想补充一下。“发现”就是某种东西不是人造的，而且你是第一个看到的。

师：说得不太清楚。你的意思是说，发现的不一定是客观存在的东西。比如，真理是看不到的，但可以说你发现了真理。所以，别人没看到的，你看到了；别人不知道的，你知道了；别人不明白的，你明白了，就叫作“发现”。一起读，发现。（生齐读）谁能用“发现”说一句话？

生：我发现了一只蚂蚁。

师：当然可以这么说，那是小小的发现。还有吗？

生：我发现了写作的新方法。

师：学习写作唯一的途径就是多读、多思、多写，没有什么新方法，所以这不算你的发现。

生：我发现我们家门前的树长高了。

师：可以。

师：今天我们要学习的这篇课文就与“发现”有关，课题是——（板书：我的发现）请四位同学分别读，看谁读得好。

（四位学生读，师评价）

【点评：贾老师的这堂课是从一个“发”字开始的。他先板书了繁体字“發”，一下子就吸引了学生的注意力。因为这样的“教”新奇、有趣，符合儿童的认知心理。再让学生用“发”字组词，这是词汇的激活与学习的分享。然后让学生大致理解“发现”的意思，用“发现”说一句话。最后再揭示课题“我的发现”。贾老师的语文课具有鲜明的特色，开篇也不同凡响：层层深入，环环相扣，课题的导入过程就是语言文字的学习过程。】

二、学习字词，疏通课文

师：这是一篇很有趣的课文，一共7个自然段，598个字。请大家各自读一遍。（生读）

师：43位同学读得都很认真。生字要会读。谁来读前四个？

生：伐、瘦、矮、辅。

师：三声要读清楚，矮、辅。后面四个——

生：撒、羔、聊、祟。

师：真好，播音员就是这么读的。哪位同学能将这些字都读准？

生：伐、瘦、矮、辅、撒、羔、聊、祟。

师：不错，但不算最好。

生：伐、瘦、矮、辅、撒、羔、聊、祟。

师：字会念了。还有几个词，谁会读前面两个？

生：腿脚有疾，足音辨人。

师：对了。哪位同学能读后面两个？

生：深信不疑，措手不及。

师：哪位同学能把这几个词都读好？

师：真好，不但要会读，而且要明白它们的意思。比如说，“疾”就是指病，“腿脚有疾”就是指腿脚有病。下一个词谁来说？

生：“辨”就是辨别，“足音辨人”就是通过脚步声能辨别出是谁。

师：“措手不及”呢？

生：“措”就是措施。

师：也可以这么说，看我的口型。（做出“办法”的口型）

生：办法。

师：那“措手不及”是什么意思？

生：来不及想办法。

师：对呀！

师：会读，还要能写好字，这两个字特别难写。（板书：瘦、辨）“瘦”是病字旁。“辨”字中间换什么可以变成其他的字？

生：换成“瓜”，变成“花瓣”的“瓣”；换成“讠”，变成“辩论”的“辩”；换成“纟”，变成“辫子”的“辫”。

生：老师，您把“瘦”字写错了。

师：（生指正，师仍不解）请你来修改吧。（生上讲台，将“瘦”中“叟”字的一竖向下延伸）老师写错字真不应该，你们千万别写错。写字时，人要坐正、坐直。字如其人。一般来说，字漂亮，人也漂亮。

【点评：贾老师教学字词是采取集中识字的方式。读准字音、认清字形、明白字义，教学有条不紊，扎实有效。看似简单，其实不然——点出要读好第三声，用生字“辨”找熟字，体现了教的针对性；提出“不仅要读准，还要读好”，体现了教的层次性；当学生指出老师把“瘦”字写错了的时候，老师不但虚心接受，而且因势利导，进行学习与做人的教育，体现了教的生成性。字词是学生构建语言大厦的基石，贾老师极其重视字词的教学，这是在给学生夯实语文的基础，否则，“基础不牢，地动山摇”。】

师：课文会读吗？7个自然段，我读第1自然段，分别请6位同学读后面6个自然段。读书要大声、清晰、连贯，还要读出感情。（师示范朗读第1自然

段，学生依次朗读后面的6个自然段）

师：读得好极了，我没听到过学生能读得这样好的！（指其中两位学生）这两位同学读得尤其好。这一位声音华丽，听起来舒服。这一位虽然声音有点儿沙哑、毛糙，但很有感觉。我请这两位同学合作再读一遍。

（两位学生合作朗读课文）

师：听到了吗？读到这里她的语调变了，因为读的是爷爷说的话，所以语速要慢一点，声音苍老一点。只有仔细听才能辨别出来。继续读。

（生继续读）

师：听到了吗？语调又有变化了，因为这里读的是作者说的话。

（生继续读）

师：听到了吗？"简直听不到一点声息"，句子里没有"儿"字，可是她在读的时候读出儿化音，读成了"一点儿"，这全凭自己的感觉。请把这句话再读一遍。

（生再读）

师：这四个"有时候"读得真好！

师：把掌声送给他们。（生鼓掌）这个女生声音华丽，如果闭着眼睛听，还真以为是在听播音员读书呢。这个男生虽然声音有点儿沙哑、毛糙，但是听起来很有内涵。

【点评：贾老师在朗读指导上总是别具匠心，可以归结为三点：一是适度示范。课文有7个自然段，贾老师范读第1自然段，用自己的语气、语调等告诉学生读书要大声、清晰、连贯，还要读出感情。这样做，既发挥了教师的主导作用，又把更多的空间留给了学生，一举两得。二是有效指导。在6位学生读完后，贾老师请其中的两位同学合作读课文。其实，这是让学生做小老师：什么是高质量的朗读，学生可以达到什么样的程度。贾老师不直接挑明，而是借用学生的朗读来"说话"，多么富有教育艺术！在两位学生的朗读过程中，贾老师又点评了4次，每一次看似在表扬朗读的学生，其实又是在巧妙地对其他学生进行朗读指导。三是多多褒奖。鼓励为主是贾老师课堂的一大特色，表

扬的时机恰当，表扬的用语精当。】

三、说话表达，读懂课文

师：一起读课题。（生读）现在，请注意黑板上的词句有变化了：

1.（师在课题上加书名号）《我的发现》；

2.（师书写）“我”发现；

3.（师书写）我发现“我”；

4.（师书写）我发现。

师：会读吗？（生读）读对了，但是说起来就不是这样了。第一个是《我的发现》这一篇课文……第二个是课文中的“我”发现……谁会接着说？

生：第一个是《我的发现》这一篇课文……第二个是课文中的“我”发现……第三个是我发现课文中的“我”……第四个是我发现……

【点评：语文课是训练学生如何表达的课程，这是贾老师的语文教学观。如何训练表达，课文就是例子，就是凭借。贾老师设计了四道说话题，这四个说话训练分别是：“《我的发现》这一篇课文……”这是对课文主要内容的概括；‘我’发现……”要求学生扼要提取文本相关信息；“我发现‘我’……”是引导学生从个人角度对课文主人公进行评价；“我发现……”要求学生用自己的话说自己的发现。这些说话训练设计精巧。首先，让学生有话说，前三题都基于文本内容，但都对思维有一定的要求，学生不可能照本宣科。其次，巧妙地融文本内容的理解于表达训练之中，既可以通过说话来检验学生是否读懂了课文，又可以在言语实践活动中学习或巩固语言知识，如书名号和引号的运用等。最后，这些表达训练题，尤其是最后一题，没有标准答案，这就给了学生思维表达的空间，给了他们自由表达的机会。这对学生创新能力与健全个性的发展至关重要。】

师：那么，课文中的“我”发现了什么？在课文中找，有好多答案呢！

生：课文中的“我”发现可以根据脚步声的轻重缓急来辨别走来的是哪位老师。

生：课文中的“我”发现每个老师的脚步声都有特点。

师：就是说每个老师的脚步声——

生：不同。

师：然后能猜测出——

生：是哪一位老师。

师：请你把这句话完整地说一遍。

生：课文中的“我”发现每个老师的脚步声不同，因此能够分辨出走来的是哪一位老师。

师：谁能像他这样再说一遍？

（一生说）

师：“我发现‘我’”中第一个“我”是谁？

生：我自己。

师：你发现课文中的“我”怎么样？

生：我发现课文中的“我”留心观察周围事物，能以足音辨人。

生：我发现课文中的“我”好动、聪慧，留心观察周围事物，能以足音辨人。

师：我把数字1、2擦掉，在“《我的发现》”和“‘我’发现”之间加三个字“讲的是”（板书变成：《我的发现》讲的是“我”发现……）。你能接着说出完整的一段话吗？我先提示一下，有三种情况：只是说对了；说得深刻、全面一点，这当然是好的；有的同学不但说得全面、深刻，而且加上了自己的认识，那就是特别好了。

生：《我的发现》这篇课文讲的是课文中的“我”发现可以从老师的不同脚步声判断出走来的是哪一位老师。

生：《我的发现》这篇课文讲的是课文中的“我”发现每个老师的脚步声不同，所以他能猜测出走来的老师是谁，说明他是一个留心观察周围事物的孩子。

生：《我的发现》这篇课文讲的是课文中的“我”发现每个老师的脚步声

不同，因此能判断出走来的是哪一位老师。说明他是一个留心周围事物、能以足音辨人的孩子。

师：三个同学都说得不错，但最后一个同学说得最全面。（师示范）《我的发现》这篇有趣的课文讲的是课文中的“我”发现每个人的脚步声不一样，轻重缓急各不相同，他竟然能以足音辨人。说明……谁能用自己的话说一说？

生：《我的发现》这篇课文说的是课文中的“我”发现每个老师的脚步声不同，从而能判断出走来的是哪位老师，然后让自己充分地做好课前准备。

四、交流“发现”，教文育人

师：课文中的“我”发现了“足音辨人”这个有趣的现象。如果留意的话，在生活当当中，我们也会有所发现。比如：（课件出示）

1. 我发现天上乌云密布，蜻蜓低飞，就知道要下雨了。

2. 字如其人。一个人字写得怎样，可以猜测出这个人的兴趣、爱好以及性格特点。

3. 1840年，英国侵略者用大炮轰开了我们中国的大门，从此，中国人民受尽磨难。1949年10月1日，中华人民共和国成立了，咱们中国人民站起来了！今天的中国日益强大。习近平主席对英国进行国事访问，受到英国民众的热烈欢迎。

师：我们在平时听广播、看电视时都会有发现。说得浅近一点可以，深刻一点也可以，“高精尖”的就更好了。历史的、地理的、风俗的、人情的……都可以说。

【点评：如何有效提升学生的语言表达能力？关键要看教师怎么教。除了巧妙的语言训练设计外，教师的主导作用还体现在很多方面，比如保障学生有充分的表达时间，学生发言之后即时点评等。贾老师在学生进行“我发现——”说话前，为了打开学生思路，帮助学生表达，又进行了示范。他一共提供了三个样例，从内容上看，涉及自然、学习、政治等多个方面。这里既有学生熟悉的蜻蜓低飞等素材，也有学生平时接触不多的国事、天下事。从形式上看，有长有短，有的还有一定难度。我想，贾老师示范的价值就在于：提供多样化可

能，学生可量力而行，都可“跳一跳摘到桃子”。】

生：我发现每当要下雨的时候蜻蜓都要低飞，这表明蜻蜓在下雨之前就已经预料到要下雨，所以它才会低飞。

师：蜻蜓不会“预料”，它是一种低级动物。为什么蜻蜓要低飞？因为它的翅膀上凝结着水汽，所以它飞不高。你犯了知识错误。

生：我发现苍蝇爱搓脚，我断定，它也是一种爱清洁的昆虫。

师：你真了不起！这么喜欢观察昆虫，长大了，会成为一个法布尔式的昆虫学家。

生：我发现很多小孩子都会把垃圾丢进垃圾桶，这说明咱们中国人的素质不断提高。

师：这是一个伟大的发现。

生：我发现只要小溪解冻了，春天就会悄悄地来到我们的身边。

师：多么富有诗意的语言！小河里的冰融化了，小溪开始唱起动听的歌，叮咚！叮咚！啊，春天来了……你就是一个了不起的小诗人呀！

生：我发现现在中国的化工厂越来越多，导致空气的PM2.5越来越高，生病的人也变多了，所以我们应打击污染大的化工厂，让人们不再受雾霭的侵害。

师：不是“打击”，而是限制化工厂的数量。

生：我发现大风一来，雾霾就没了。

师：你的语言简练，一下子就抓住了“发现”的本质。不过，治理雾霾，光靠刮风可不行。

生：古代时，匈奴太强大，人们不敢跟匈奴斗争，打不过就通过“和亲”的方式解决问题。我觉得这只是缓兵之计。飞将军李广是用实力去攻打匈奴，使匈奴不敢侵犯中原。我发现有一个好的领导人非常重要。

师：你的历史知识真丰富，见解也十分独特。

生：我发现自从贾老师您教我们之后，我们班发言人数越来越多，我觉得是因为您非常有感染力和亲和力，是个好老师。

生：我看到大屏幕上有很多老师的留言，原来“真语文”不仅仅在有老师观摩的课堂上，其实，“真语文”就在我们身边。

师：说得好！

生：我发现现在玩手机的人越来越多，同时，眼睛近视的人也越来越多，所以我觉得人们应该少用电子产品，保护我们的眼睛。

……

【点评：短短几分钟时间里，学生竟说了这么多的“发现”，而且，他们的“发现”还不简单，孩子们有这样的视野、这样的胸怀、这样的认识，真是让人高兴！孩子们还关注到了“低头一族”，表达出自己的忧虑，提出“应该少用电子产品”的建议，真是让人钦佩！孩子们甚至发现了“真语文”，在大屏幕上的老师留言里，也在贾老师的课堂上。贾老师说，教育是一种期待。当教师怀有这种期待，孩子就可以自由思考；当教师怀有这种期待，孩子就不怕说错、写错。在这样的语文课上，我们的孩子就有了精彩——语言的精彩、思维的精彩、合作的精彩。】

师：（板书：屠呦呦）我写的这三个字，谁会读？

生：屠呦呦。

师：屠呦呦是谁？

生：屠呦呦奶奶是诺贝尔医学奖获得者。

师：看来你知道她是个女的。屠呦呦不是一位院士，她就是一名普通的科技工作者。在大量介绍她的报道中有一句话引起了我的注意：“一个人如果小时候能不断地发现，长大以后，他就会有伟大的发明。”屠呦呦在年轻的时候，对周围事物很感兴趣，不断观察、不断研究、不断发现。养成习惯以后，终于有了伟大的发现，得到全世界的认可，登上了顶峰。这堂课就上到这儿。下课！

【点评：什么叫“学科育人”？什么叫“教育无痕”？贾老师的语文教学正是如此。课文与生活融合，学习与做人融合。贾老师的这个教学设计，哪里还是设计？准确地说，这是他的“发现”。贾老师以他的教学思想，他的语文情怀，他的博览群书，他的教学艺术，发现了“屠呦呦”；然后，让这些育人好素材进入课堂，直抵学生的心灵。好的语文课，应该是带着问题走进课堂，带着思考走出课堂。这堂课，不就是这样的语文课吗?】

【评析】

一、教学内容：字词句篇，点滴渗透

从贾老师的整个课堂教学流程看，字词句段篇，有序而来，不枝不蔓，清爽通畅。

由繁体字“發”的辨认，引出简化字“发”的辨用，再到用“发”字组词、造句，这些都是学生语文基本功的训练，以加深学生对词语的理解。字词落实，明确畅快。

在此基础上，贾老师引出了课题的关键词“发现”。通过学生的多种诠释和相互补充，贾老师不断追问以深化学生的理解，不断纠谬以拨正学生的理解，形成关于“发现”的明确表述，简洁明了，通俗易懂。然后要求学生用“发现”造句，在具体的言语活动中活学活用，不断强化学生对“发现”的感受性记忆和理解性记忆。

随着学生对“发现”造句的进行，贾老师不失时机地引出文章题目“我的发现”，带领学生进入文章的阅读和思考。浑然天成，又颇具匠心。

二、教学设计：精巧组合，妙趣横生

“《我的发现》，‘我’发现，我发现‘我’，我发现”四个短语，表面看似乎是一个言语游戏，实质暗含了一种言语思维。在分析理解文章内容时，贾老师悉心而又精妙地设计了课堂教学的路径，引导学生不断深入阅读理解和思考辨析。

第一个短语“《我的发现》”，“我的发现”是文章的题目，加了书名号之后，则指“这篇文章”；第二个短语“‘我’发现”，是指“课文中的‘我’发现了什么”；第三个短语“我发现‘我’”，是要帮助学生辨清两个“我”的不同指代意义，并引导学生进入“你发现课文里的‘我’怎么样”的思考。这一层次的阅读理解教学可谓环环相套，丝丝入扣，行云流水，滴水不漏。这三个

短语，是贾老师为引导学生全面理解文章内容搭建的思维平台，也是思维路径的开掘，顺理成章，水到渠成。这也与刘勰《文心雕龙》中对于文章阅读所主张的“沿波讨源”和“披文入情”的思想相吻合。

在学生理解了文章内容之后，教学又奇峰突起，打出一套“组合拳”，要求学生以“《我的发现》讲的是‘我’发现……”为开头说一段话。学生滔滔不绝的话语，正是理解和思考的体现。此时，贾老师顺势带领孩子们进入第四个短语：“我发现……”的教学。

“课文中的‘我’发现了‘足音辨人’这个有趣的现象。如果留意的话，在生活当中，我们也会有所发现。”经过贾老师的铺垫性和支撑性点拨讲述，再一次开启了学生对于世界的“发现”之旅：历史事件、环境保护、食品卫生、现代科技等，学生们的“发现之旅”在一个广阔的世界里穿行，行走在阅读理解和思考表达的路上。通过言语表达，呈现出琳琅满目而又令人深思的“发现”景观，是自然风景，是审美世界，是人文风光，也是思辨天地。

三、潜移默化，润物无声

语文课就是语文课。言语文字里渗透着饱满的情思、情意和情理，对于学习者的启迪召唤，对于阅读者的熏陶浸润，却是在一字一句的咀嚼里，点滴润心。

经由言语文字的品读品味，渗透于言语文字的内里，感知、熏陶、体会、领悟、积淀为内心深处的文化养分，在贾老师《我的发现》课堂教学里，自然圆融，渗透深化，润物无声。

当学生组词“发誓”时，贾老师忠告：“我们发誓一定要学好母语。”

当学生组词“发财”时，贾老师提醒：“发财，是人们都希望的。但是，一定要用正当的手段发财。”

当学生说“我发现了写作的新方法”时，贾老师明确告诉学生：“学习写作唯一的途径就是多读、多思、多写，没有什么新方法，所以这不算你的发现。”

当学生指出贾老师板书的“瘦”字写错了的时候，贾老师不仅让学生帮助修正，还谦和地对学生说：“老师写错字真不应该，你们千万别写错。写字时，人要坐正、坐直。字如其人。一般来说，字漂亮，人也漂亮。”

在鼓励、激发和欣赏性评价中，贾老师的用语极其简明，也极其讲究，自然温和，贴切精准。即便在语速、语调及节奏上，也饱含着情真意切的爱。对于那位“声音有点儿沙哑、毛糙，但是听起来很有内涵”的男生的激赏，让有欠缺的声音得到了个性化的发挥。赏识学生的长处，指出学生的短处，也不因为短处而漠视学生长处的发挥。这是个性化成长和发展培养中的人性关怀和生命呵护。

课堂教学临近结束，却曲终奏雅，余音缭绕。贾老师在黑板上工整地板书了“屠呦呦”三个字，和学生一起感受这个名字的生命存在和生命光辉，并从中给予学生润物无声的滋养。

“教语文就是教做人。”贾老师的谆谆教诲言犹在耳，萦绕不散。

于永正经典课堂实录

于永正，全国著名特级教师，全国“五一劳动奖章”获得者，被评为“国家有突出贡献的专家”，享受国务院政府津贴。于永正的课堂实践直指教育本质。他坚持教学改革，提出了“言语交际”“五重教学”“儿童的语文”等主张，出版十余本专著，其中《我的为师之道》被广大一线教师奉为“教学宝典”。

一节基于学情的读写指导课

——《小动物过冬》（第二课时）教学与评析

◆执教／于永正　评析／查晓红

【教学】

一、谈话导入，整体回顾

师：这节课，于老师和大家继续学习《小动物过冬》。谁先来回答这个问题：什么叫过冬？请你说。

生：冬天冷了，就要过冬了。

师：这位同学非常活泼，听讲非常专注。

生：我觉得是指小动物冬眠了。

师：都冬眠吗？（对另一生）请你说说什么叫过冬。

生：冬天很冷，没有食物，小动物选择适合它们的方式过冬。

师：真棒！小动物要选择适合它们的方式过冬，人也要过冬，那人是怎么过冬的？对，穿棉袄。过冬就是指人、动物、植物是怎么度过冬天的。

师：于老师想问大家一个问题：通过上一节课的学习，你们知道课文向我们介绍了哪几种小动物吗？它们分别是如何过冬的？

生：这篇课文一共介绍了三种小动物。

师：哪三种？

生：青蛙、小燕子、小蜜蜂。

师：它们是如何过冬的？

生：青蛙是钻到泥土里；小燕子飞到南方过冬；小蜜蜂采了好多蜜藏在蜂巢里，冬天的时候再吃。

师：此处是不是应该有掌声？（生鼓掌）

师：这篇课文一共介绍了三种小动物过冬的方式——小燕子、青蛙、小蜜蜂，然后说了青蛙怎么过冬，小燕子怎么过冬，小蜜蜂怎么过冬。希望大家遇到问题时先认真思考再举手。谁能把这几句话连起来说一下？

（生说）

二、指导朗读，提升语感

师：上节课虽然你们有了收获，知道了有哪几种小动物以及它们是如何过冬的，但于老师对你们的课文朗读不太满意。请你来读第1自然段，其他同学翻开书认真听，注意看第1自然段。

（一生读第1自然段）

师：读对了，没错一个字。

（一生读第2自然段）

师：读得很正确，声音再大些。

（一生读第3自然段）

师：正确。

（一生读第4自然段）

师：我非常欣赏你的声音，很甜美，很响亮，但是每句话的最后一个字不要往上扬。

（一生读第5自然段）

师：你读的青蛙好像生病了，有气无力。难道你也冬眠了吗？

（一生读第6自然段）

师：怎么小蜜蜂、青蛙、小燕子是一个腔调，没有区别？

（一生读第7自然段）

师：你很大胆，声音也很洪亮，这是你的优点。

师：请大家听我读。注意听我哪些地方和你读的不一样，哪些地方值得你

学习，每一个地方都要听清楚。（师范读）

师：你来读小燕子的话。

（一生读小燕子的话）

师：请大家听我读小燕子的话，体会小燕子的心情。（师范读，生练读）

师：真棒，我非常喜欢你的表情。请大家把书放下，看我读，注意表情和语气。（师范读）再听我读一遍，读出小燕子关心青蛙，为它着急，为它担心的语气。（师再次范读，生练读）

师：全班小朋友把书放下，青蛙嗓门大，音量也比较高，它说话的语气和小燕子不一样。听我读，眼睛看着我。（师范，生练读）

师：小蜜蜂的语气又不一样了。（师范读，生练读）

师：谁愿意读青蛙、小燕子、小蜜蜂旁白的话？

（生分角色朗读课文）

三、拓展迁移，练习表达

师：你还知道其他动物是怎样过冬的吗？

生：北极熊是在北极雪洞里过冬的。

生：蛇在洞里冬眠。

生：蚂蚁在洞里储备足够的粮食准备过冬。

师：老师演小燕子，你们演小蚂蚁。小燕子问："蚂蚁弟弟，冬天来了，你怎么过冬啊？"

生（扮演蚂蚁）：我在夏天准备好粮食，冬天在洞里过冬。

师：这一排同学写小燕子问蚂蚁的话，这一排同学写蚂蚁回答的话。

（师巡视后，请两位学生到前面展示）

生1：蚂蚁说："我夏天的时候准备好粮食，冬天钻到洞里吃！"

生2：蚂蚁说："我早已把粮食藏到洞里了，够吃上一个冬天的！"

师：把提示语去掉，再来演示一下！这个时候最好不要看自己的本，要看对方的眼睛。

生1（扮演小燕子）：蚂蚁弟弟，冬天来了，你怎么过冬啊？

生2（扮演蚂蚁）：我夏天的时候准备好粮食，冬天钻到洞里吃！

师：很好。再请两位小朋友。这次不要念你们写的话，直接把你写的话说出来。

生3（扮演小燕子）：蚂蚁弟弟，冬天来了，你怎么过冬啊？

生4（扮演蚂蚁）：我早已把粮食藏到洞里了，够吃上一个冬天的！

师：于老师喜欢这两组小朋友，他们会听会写，而且对话的时候都能看着对方的眼睛。两只"小蚂蚁"说得很清楚，让我们知道了它们是怎样过冬的。这节课就上到这儿吧！

【评析】

一、目标精准，学教统一

《小动物过冬》一文兼具童话体裁和常识性体裁特点。从外在形式上看，这是一篇拟人体童话，通过青蛙、小蜜蜂和小燕子的对话，反映不同动物不同的过冬方式，即以介绍知识为主要写作意图。从实质上看，这又是一篇常识性课文。语文课程的核心任务是学习"语言文字运用"，而不是学习科普知识。于老师将"了解青蛙、小蜜蜂、小燕子不同的过冬方式"作为内容理解方面的目标，把"有感情地朗读课文，练习表达"作为语文能力方面的目标，这是非常精准的。

这节课，于老师设计了三个学习活动：整体回顾、指导朗读、练习表达。第一个学习活动以"你们知道课文向我们介绍了哪几种小动物吗？它们分别是如何过冬的？"为主设计教学，要求学生先概括说、再具体说，既帮助学生从整体上回顾课文，又能训练其语言表达。第二个学习活动是有感情地朗读课文。先是一段一段地朗读课文，再练习读好小蜜蜂、青蛙、小燕子的话，最后分角色朗读课文，很有层次。第三个学习活动以"你还知道其他动物是怎样过冬的吗？"为主设计教学，引导学生在内化课文和课外资料语言的基础上尝试新的表达。朗读训练有层次，表达训练也有层次，体现了训练的梯度。于老师用自己的实践告诉我们：不仅要有训练意识，还要知道怎么训练，训练是要讲究方式方法的。

这节课，教学目标的确立依课标、依文体，教学内容的选择基于学情、因学而设。目标与内容协调一致，相得益彰，直指学生语文能力的提升。

二、读写并重，固本求源

《义务教育语文课程标准》在各学段阅读教学中明确提出“正确、流利、有感情地朗读课文”的要求。袁微子先生强调，低年级的语文教学要以读代讲。于老师深知朗读的重要性，几乎每节课都范读。他认为，当学生朗读不到位、表达不到位时，一切花架子都必须放弃，特别是低年级，更是要手把手、实打实地教朗读。这节课，于老师在内容理解上没有过多的理性分析，而是删繁就简，以读为重，用最简单、最朴素的方式教朗读，为学生创设了一个书声琅琅的“学习场”。课堂上，已过古稀之年的于老师一句一句、一段一段地教7岁儿童读课文的场景令人感动，“看我读”“再听我读一遍”“听我读，眼睛看着我”……于老师多次范读小动物的话，不仅读出了恰当的语气，还读出了微妙的变化，读得入情入境、声情并茂。大量的朗读可以促进对内容的逐渐感知，学生在深入体验和感悟的基础上会渐入佳境，逐渐走进故事中人物的内心。学生不仅能够获得朗读能力、表达能力的提升，还能够充分感受到语文学习的趣味性和艺术性。课堂上，于老师不惜用近25分钟的时间指导学生朗读，看似平淡无奇，实则意义重大。也难怪袁微子先生说，示范就是指导。难怪于永正老师说，示范就是最好的指导。

“迁移写话”板块延续课文的语境，但加以变化。于老师给学生提供了语言形式的支架，使学生在言语交际过程中习得语言，学以致用，达到了“学语言，用语言”的发展目标。

三、关注生成，学有所得

于永正老师具有鲜明的儿童立场，百般呵护童心、童趣、童真，特别关注课堂生成性资源，巧妙地应对、利用，合理地点拨、示范，因势利导，真实自然，使得课堂呈现出一种素朴之风、扎实之风，处处彰显出鲜明的儿童立场和真切的人文关怀。第一课时，有学生提出对“过冬”一词不明白，执教老师没有注意。因此上课伊始，于老师没有放过这个问题，先引导学生从语言环境中理解词义，再将小动物和人的不同过冬方式加以比较，从而加深了学生的理解。学生在交流中经历了从未知到已知的学习过程，获益良多。

这节课看似没教什么，似乎简单到有些单调，但我们可以切实地感受到，于老师尊重儿童的个性特点和发展需求，将培养儿童言语交际能力与精神成长融为一体。于老师没有在课堂上展示自我，而是完全站在学生的立场。对于这个班的学生来说，他们真实地参与了学习的全过程，由读到写，由易到难，学生在听、说、读、写、思的活动中，从生疏到熟练，从游离到投入，从胆怯到主动，思维越来越清晰，表达越来越自信。

难怪袁浩先生说，于永正老师是成人派往儿童世界的使者。这种独树一帜的情趣教学风格，其核心的理念就是站在儿童立场，体现对儿童主体的尊重，符合儿童的认知规律。于老师理解儿童，不仅研究儿童已经知道了什么，而且了解儿童的心理需求、认知特点和生活方式。课堂上的于老师俨然就是儿童，他总能和学生共同营造情趣化、活动化的“学习场”，使枯燥的语言训练变得充满情趣。“我非常欣赏你的声音，很甜美，很响亮，但是每句话的最后一个字不要往上扬。”“你读的青蛙好像生病了，有气无力。难道你也冬眠了吗?”……这些课堂语言（包括肢体语言）极具儿童化特质，使得儿童的认知和情趣有机结合，儿童置身“场”中，内心是愉悦的，生长是可见的，仿佛可以听到生命“拔节”的声音。

孙双金经典课堂实录

孙双金，著名语文特级教师，情智语文创始人，教育部基础教育司主编的《教育家成长丛书》首批20位入选者之一。曾荣获“全国教育系统先进工作者”“全国师德先进个人”“全国推动读书十大人物”“中国十佳好校长”等称号。“情智教学的研究”和“12岁以前的语文”两项教学成果，荣获国家教学成果二等奖，江苏省教学成果特等奖。出版《听孙双金老师讲语文》《孙双金与情智教育》《情智教育十日谈》等6部专著，发表300多篇文章。

《四季之美》教学与评析

◆执教／孙双金　评析／曹海永

【教学】

一、抓住特点，明确目标

师：同学们好！今天我们上的课文题目叫——

生：（齐）四季之美。

师：这是一篇写景的文章。你认为写景的文章到底学什么呢？

生：我认为写景的文章应该是学里面的好词好句好段。

师：那我问你，写事、写人的文章就不需要学好词好句好段了吗？（笑着问）你认为写景的文章和写人、写事的文章究竟有什么不一样的呢？

生：我认为是如何把景物写得好、写得妙。

师：给他掌声！写景的文章就是学习作者如何把景物写得好、写得妙。生活中的美景有很多。学习写景的文章需要掌握两个本领：第一，如何发现生活中的美。（板书：发现美）第二，如何表达生活中的美。（板书：表达美）写景文章需要完成的两大任务，第一个任务是——

生：（齐）发现美。

师：第二个任务是——

生：（齐）表达美。

师：语文更重要的是完成后一个任务——怎样表达景物之美。那么《四季之美》一文究竟写了什么美景，是怎样表达的呢？请同学们把书翻开。

二、咬文嚼字，品味变化美

师：四季，大家都很清楚，是哪四个季节呢？

生：（齐）春、夏、秋、冬。

师：请四个小组分别读不同的季节，比一比哪个小组读得最好。我们一起看看作者究竟写了哪些美景。

（四个小组分别朗读课文中春、夏、秋、冬四段）

师：这篇文章不是中国作家写的，是哪个国家的作家呢？

生：日本作家。

师：名字叫——

生：（齐）清少纳言。

师：你们了解清少纳言吗？她是做什么的？

生：她是日本平安时代的女作家。

师：平安时代距离我们有1000多年的时间，说明她是古代作家，这是一个信息。

生：她是皇后身边的女官。

师：她的职业是陪伴皇后、伺候皇后的，但她又是一个文人。你们想一想，陪伴皇后的文人有地位、有身份、有闲情、有雅致，所以她写了一系列的散文，对日本散文的发展产生了巨大的影响。这篇文章是中国作家翻译过来的，是一篇译文。作者虽然写的四季是不同的，但是有一个句式是一样的，你发现了吗？

生：四个段落的开头“最美是……”是相同的。

师：没错，这是一个共同的句式。我们一起把这四句话读一读。

（生齐读四句话，师生配合读）

师：这个句式值得研究，文中写“春天最美是黎明”，如果我把它改成“春天美在黎明”，表达有什么不一样？

生：“春天最美是黎明”是说春天最美的时候是黎明；“春天美在黎明”，难道春天其他时间不美吗？

师：是啊，春天美的东西很多，你还可以说春天美在哪里？把这个句子改一改。

生：春天美在公园。

生：春天美在鲜花。

生：春天美在校园。

师：草长莺飞、万紫千红……春天美的东西很多。但是换成课文中的句子“春天最美是黎明”就不一样了，最美的只有一个。中午、晚上能美过黎明吗？在作者眼中，“黎明”就是最好的，我们一起把最美的感觉读出来。

（生齐读“春天最美是黎明”。师强调“最美”，示范朗读）

师：黎明到底美在哪里呢？继续读下去。

生：（齐）“东方一点儿一点儿泛着鱼肚色的天空，染上微微的红晕，飘着红紫红紫的彩云。”

师：黎明到底美在哪里呢？请你用自己的话说一说。

生：黎明美在太阳的红光。

生：我觉得最美是在太阳升起时，围绕在太阳周围的彩云。

师：“围绕在太阳周围的彩云”这个说法有点问题，是东方天空的彩云，太阳周围的彩云是看不见的，对不对？

生：我认为美在太阳初升的时候。

师：太阳初升的时候让东方的天空——

生：慢慢地变红。

师：作者主要抓住东方天空色彩的变化。她写了哪三种色彩？从课文中找一找。

生：刚开始是鱼肚色的，然后是红色的，最后是红紫红紫的。

师：刚开始的天空是鱼肚色，鱼肚子是什么颜色？

生：鱼肚子是白色的。

师：有一个词语叫鱼肚白。天空刚开始是白色的，接着就变成了什么颜色？

生：红色。

师：最后变成——

生：红紫红紫。

师：再加重就变成了红得发紫。如果说一个人很有名气，我们说他很红，红得发紫。作者主要写东方日出时色彩的变化，请你拿出笔，找出表示变化的三个动词。

生：（齐）泛、染、飘。

师：好，我们看着大屏幕读一读，把这三个动词强调一下。（出示第1自然段，生齐读）

师：作者用了三个动词“泛、染、飘”，我们来研究一下。如果把“泛”换一个动词，你能换什么词？同桌两人讨论讨论。

生：东方一点儿一点儿映着鱼肚色的天空。

师：给他热烈的掌声！他用“映着”，还可以用什么？

生：东方一点儿一点儿透着鱼肚色的天空。

师：给他掌声！想到了其他人没有想到的词“透着”，还可以换什么词？

生：东方一点儿一点儿浸着鱼肚色的天空。

师：还有吗？语文课的主要任务就是咬文嚼字。

生：东方一点儿一点儿绣着鱼肚色的天空。

生：东方一点儿一点儿衬着鱼肚色的天空。

师：将“映”“透”“衬”“绣”“浸”和“泛”比较，看看哪个词更准确？

生：我觉得应该是“泛”，因为后面说到“染着微微的红晕”，这样和前面的“鱼肚色的天空”形成对比。

师：这个“泛着”是从里到外呈现，（指着一位女生）这个小姑娘长得漂亮清秀，她的脸上泛出了红晕，这个红晕是从皮肤里面透出来的，叫“泛着”。课文中说的“鱼肚色”是天空从里到外一点儿一点儿透出来的，所以叫“泛着”。那么“染”呢？是从里到外吗？

生：“染”是从外到里。

师： 是太阳光从外到里给它染上的。一块布着上红色，是从外到里，这叫“染”。你们看作者用得不一样吧！最后一个动词是“飘”。同学们，谁能告诉我，我们为什么要研究“泛”“染”“飘”这三个动词呢？

生： 我们要体会黎明的美。

师： 我们不仅要体会黎明的美，更要体会作者是如何表达美。学语文到底学什么？就是学习作者怎么用准确的词语表达自己的所见所闻。作者用了“泛”“染”“飘”这三个动词写出了春天的什么美？

生： 写出了春天的色彩美。

师： 课文写了三种色彩，写出了色彩的什么美？

生： 写出了春天色彩多样的美。

师： 这个色彩一开始是鱼肚色，然后变成红色，最后变成红紫色。这写出了色彩的什么美？

生： 写出了色彩的变化美。

师： 给她掌声！色彩在变化，这里写出了色彩的变化美。（板书：变化美）如果只写一个鱼肚色，这叫静态美。它不仅有鱼肚色，还有微微的红晕和红紫红紫的彩云，写出了变化美。三个动词“泛着”“染上”“飘着”写出春天色彩的变化美。如果只写一种颜色，你感觉怎么样？

生： 很单调。

师： 是的，太单调了。如果写三种颜色呢？

生： 层次很丰富。

师： 没错，这样就写出了色彩变化的丰富之美。我们一起读一读。

（生齐读第1自然段）

师： 总觉得这个美缺少点味道，谁能把这种美读出来呢？通过你的朗读表现出对文章的理解。（师示范朗读，指名一位女生有感情地朗读）

三、对比质疑，体会动态美

师： 这是作者写的春天美景，用了三个动词写出春天景色的变化之美。那么，作者还是这样写的夏天吗？（板书：夏）作者写夏天着重写了什么？大声回答。

生：（齐）萤火虫。

师：请你圈出第2自然段中描写萤火虫动作的词语。

生：我找到的是“翩翩飞舞”和“飞行”。

生：除了这两个词语，我还找到了“闪着”。

师：三个写萤火虫动作的词语，我们先来研究“翩翩飞舞”。一起把这一句读一读。

生：（齐）“明亮的月夜固然美，漆黑漆黑的暗夜，也有无数的萤火虫翩翩飞舞。”

师：文人写夏夜一般都会写月亮，因为夏天的月亮是最美的，而本文作者偏偏不写月亮。请你用一个成语来形容这位作家。

生：这位作家很有个性。

生：这位作家独树一帜。

师：这位作家真是另辟蹊径。大家都写相同的有什么意思呢？写来写去都差不多。你们都写月夜我偏偏不写，这是写作中的一种技巧。她不写月夜，写的是——

生：暗夜。

师：那这漆黑漆黑的夜怎么写呢？作者写了漆黑的夜中的——

生：萤火虫。

师：这就是作者与众不同的地方，这就是作家高明的地方，选常人不选的角度写文章。那作者是怎么写萤火虫的呢？作者用了一个词语形容它，是——

生：翩翩飞舞。

师：“翩翩”一般是用来形容什么的？

生：形容舞者的舞姿。

师：舞姿翩翩，好！

生：形容蝴蝶飞舞时的姿态。

师：蝴蝶飞的时候扇动翅膀，翩翩飞舞，那么轻盈，那么优美。

生： 形容秋天的落叶在空中的样子。

师： 落叶离开枝干，在风中翩翩起舞。你们看，“翩翩”给人一种形象感。那么，在漆黑的夜晚，你们能看到萤火虫扇动翅膀吗？

生： 看不到萤火虫的翅膀，只能看到萤火虫发出的微光。

师： 只能看到萤火虫尾部发出的微光，那你会用什么词来形容这微光？四人小组讨论。

生： 我会用“亮晶晶”。

师： 天上的星星可以是亮晶晶的，萤火虫好像还没有亮到这个程度。

生： 微光闪闪。

师： 给他掌声！他用了“微光闪闪”。

生： 荧光闪烁。

师： 他用了“荧光闪烁”，给他掌声！

生： 隐隐约约。

师： 萤火虫的光在漆黑的夜晚是隐隐约约的，非常棒！同学们一共说了三个词，“隐隐约约”“荧光闪烁”“微光闪闪”，还有什么词语？

生： 若隐若现。

师： 说得真好！你觉得漆黑的夜晚用“翩翩飞舞”形容萤火虫准确吗？有的说准确，有的说不准确。这是译者翻译过来的，我们看看另一个译者是如何翻译的。（课件出示，生重点读“群萤乱飞，银光闪烁”）

师： “群萤乱飞，银光闪烁”和“翩翩飞舞”比较，你觉得哪一个更准确地写出了萤火虫的特点？

生： 我更喜欢“翩翩飞舞”，因为“翩翩飞舞”写出了萤火虫在漆黑的夜晚飞行的美感。

生： 我也同意用“翩翩飞舞”，因为“翩翩飞舞”体现了萤火虫动作的轻快。

师： 还有不同的观点吗？我们来听听不同的意见，不要“一边倒”。

生： 我不同意用“群萤乱飞”，因为这样感觉萤火虫是杂乱无序地飞。

师：当然是乱飞，萤火虫什么时候是排着队飞的？（生笑）还有谁想说吗？

生：我觉得如果用“群萤乱飞，银光闪烁”，会让人觉得一团乱麻。

师：听听孙老师的意见好不好？我不喜欢“翩翩飞舞”，为什么？因为在漆黑的夜晚根本看不到萤火虫轻盈的样子。只能看到萤火虫的光在闪烁。所以“群萤乱飞，银光闪烁”恰好写出了萤火虫飞舞的特点，译者用“翩翩飞舞”并不准确，这是译者自己添上去的。所以，我更赞同用“群萤乱飞，银光闪烁”。（走近举手的同学）你还有补充吗？

生：我还是喜欢“翩翩飞舞”。这是一篇写景文章，如果用“群萤乱飞”一点美感也没有了。

师：为什么“乱飞”就没有美感了呢？你们觉得整齐的才是美的，是吗？

生：关键是这个“乱”字，感觉不美。

师：哦，你觉得乱不好，而我恰恰喜欢“乱”，我从“乱”字中读出了萤火虫的自由。如果是整齐地飞，我反而觉得萤火虫是人为操控的，变成机器萤火虫了。

（生笑）

生：我也喜欢“群萤乱飞，银光闪烁”，因为乱得很整齐。

师：（笑着问）你为什么觉得乱得很整齐呢？

生：就是一种看上去的感觉，不像“翩翩飞舞”那种整齐得死板。

师：我给同学们讲个故事，这是一位杂志社主编上周在孙老师学校讲的。他说他到一所学校参观，六千余名学生站得整整齐齐地做操。他到另外一所学校参观，操场上的学生站得乱七八糟，每个班级的学生站得都不一样。但是走近一看，每个班级每个小组都在进行自己喜欢的体育项目，每个组乱中有序。有的跳绳，有的踢毽子，有的拔河，每个组都不一样。然后主编发现这所学校墙上的校训是：我们不一样。（生笑）你们是喜欢一样，还是喜欢发挥你们的个性特长，每个人都不一样呢？

生：我喜欢有个性的，因为我就是我，不一样的烟火！

（全场笑）

师： 掌声给他。同学们，世界上没有两张相同的面孔，没有两片相同的树叶，没有两个相同的大脑，没有两个相同的心灵。你们怎么可能一样呢？不一样才是正常的，一样是不正常的。请同学们拿起笔，如果认同了，就把原文中的“翩翩飞舞”删掉，换上你喜欢的词语。语文书就不能批判了吗？孟子说“尽信书，则不如无书”，完全相信书本就等于没有书，读书就读傻了。那叫什么？书呆子。我可不能把你们教成书呆子。漆黑的夜晚，萤火虫当然是“群萤乱飞，银光闪烁”，怎么会看到它轻盈飞舞的样子呢？这里用“翩翩”这个词，显然不恰当。我们把书捧好，齐读第2自然段，读到“翩翩飞舞”时换成你自己喜欢的词语。

（生齐读第2自然段）

师： 书中第1自然段是写变化之美，第2自然段写萤火虫“群萤乱飞，银光闪烁”，这是写什么之美？

生： 萤火虫的动作之美。

师： 能把这个“作”换一个字吗？

生： 动态。

师： 给他掌声！请你在孙老师的“变化之美”的下方写上“动态之美”，当老师的小助手。（生上台板书）有人说“动态”和“变化”这两个词不是差不多嘛。是不是差不多？不一样。谁来说说“动态”和“变化”有什么不一样？

生：“变化”是由浅到深或者是由深到浅，而“动态”一直都是这样的。

师： 有点道理，给她掌声。谁再补充一下？语文就是要咬文嚼字，这才是学语文。

生：“动态”只是说它在动，而“变化”是指一种状态到另一种状态，在变化。

师： 对啦！“变化”是指不同的状态。例如，你小时候长这个样子，20岁的时候长那个样子，50岁、100岁长另一个样子，这是你的变化。刚开始是鱼肚色，然后是红晕，最后变成红紫红紫，这是颜色的变化。而“动态”就是写萤火虫飞行的样子。它不是写萤火虫小时候怎么样，后来长大怎么样的过程。所以两者之间是有区别的。

四、品析心情，体会感受美

师：春天是写变化之美，夏天是写动态之美，那秋天是写什么之美呢？谁来把秋天的这一段朗读一下？（指名读）

师：这段当中有三个词语比较奇特，请同学们拿出笔对照屏幕，把红色的词语圈出来。（课件出示）我们一起读读这三个词语，这三个词分别是——

生：（齐）动人、感动、心旷神怡。

师：这三个词都是写人的什么？

生：写人的心情。

生：写人的感觉。

师：是写人的心情、感觉、感受，还可以说是——

生：神态。

师：（摇头）不是神态。

生：写人的心理活动。

师：写人的心理活动，写人的感受。我们一起来读一读，作者看到什么觉得“动人”呢？

生：（齐）“夕阳斜照西山时，动人的是点点归鸦急急匆匆地朝窠里飞去。”

师：作者看到什么风景觉得很动人？

生：归鸦急急匆匆地朝窠里飞去。

师：为什么看到乌鸦飞回窝里就觉得非常动人呢？

生：因为有“乌鸦反哺”这个成语，乌鸦可能是给自己的母亲带回来了食物，感觉非常动人。

师：给他掌声！学习就要会思考。急急匆匆往窝里飞的是小乌鸦，它的爸爸妈妈老了飞不动了，在窠里面。小乌鸦在外面觅食，把找到的食物急急忙忙地送给父母，让自己的父母吃饱。这个场景怎么不动人呢？还有不同的理解吗？日本人认为乌鸦是一种吉祥的鸟，是神鸟、国鸟。因此，他们看见神鸟会发自内心的喜欢。看见傍晚的乌鸦急忙地朝窝里飞，就联想到父母傍晚回家照顾自己的孩子，也有可能是乌鸦反哺它们的父母。所以作者觉得特别动人。你还有补充吗？

生：我觉得“动人”的是乌鸦为自己家人着想的情感。

师：对！不管是老乌鸦还是小乌鸦，它们都关心自己的家人，让作者感到特别动人。好，这个“动人”就有根了，否则“动人”是没有根的。我们一起读一读。

生：（齐）“夕阳斜照西山时，动人的是点点归鸦急急匆匆地朝窠里飞去。”

师：那么，什么景色会让作者感动呢？接着读。

生：（齐）“成群结队的大雁，在高空中比翼而飞，更是叫人感动。”

师：这里用了一个“更”字，就是说大雁比乌鸦要更进一层。为什么看到大雁比翼而飞，作者觉得更感动呢？

生：大雁飞向南方要经历很多困难，体现出大雁执着的精神。

师：他说大雁要飞到南方，要飞越千山万水，这种精神怎么不让人感动呢？

生：我觉得很有可能是年轻大雁和年老大雁比翼而飞，年轻大雁对年老大雁不离不弃的精神。

师：给他掌声！

生：我觉得有可能是大雁的家族聚会，这是大雁在空中比翼而飞的欢乐状态。

师：你看这一群大雁，恐怕是一个家族。飞在前面的是爷爷，爷爷说：“孩子们跟着我飞啊！”爷爷在前面飞呀飞呀。爷爷飞得累了，爸爸就接替爷爷成为领头雁：“让我来，您到后面休息休息。”这群大雁比翼而飞的场景让人感动。

生：令人感动的还有可能是大雁的团结精神。

师：队形那么整齐，一会儿这只领飞，一会儿那只领飞。那种团结、互相帮助的精神，如何不令人感动呢？我们一起读一读这句话。

（生齐读）

师： 那么，什么让作者心旷神怡呢？

生： 风声和虫鸣声让作者感到心旷神怡。

师： 好的，谁能告诉我“心旷神怡”是什么意思？

生： 感觉心情很舒畅。

生： 人看到美景心情好。

师： 给她掌声！看到美景之后心情特别愉快叫“心旷神怡”。你们一般到哪里会感到心旷神怡呢？

生： 秋游的时候会觉得心旷神怡。

师： 到郊外会心旷神怡。还有吗？

生： 去公园里玩的时候。

生： 在森林里呼吸清新空气，看着养眼的花草树木，闻着泥土的清香。

生： 在田里闻着油菜花的清香。

师： 说的都非常好！一般到开阔之处、风景优美的地方会感到心旷神怡。这里看到的是什么景，我们一起来研读研读。“夕阳西沉，夜幕降临”，天要黑了，“那风声、虫鸣，听起来也愈发叫人心旷神怡”。秋天的风叫什么风？秋风。秋天的雨叫什么雨？秋雨。有句诗叫“秋风秋雨愁煞人”。虫子在秋天鸣叫，说明冬天要来了。如果你听到秋天呼呼的风声，听到秋天的虫子鸣叫，你会是什么感受？

生： 我会觉得很悲凉。

生： 我会觉得很凄凉。

生： 我会觉得很难过、很伤感。

师： 是啊，一般人听到秋风、秋雨、虫鸣，都会伤感，都会忧愁，都会觉得有悲凉之感。你觉得作者在这里用“心旷神怡”恰当吗？

生： 我觉得是恰当的，因为作者觉得抓住了秋天的尾巴，听到了最后的风声和虫鸣声。

师： 也说得通。

生： 我觉得是恰当的，因为每个人对秋天都有不同的感受。

师：有道理，每个人的感受是不同的。作者对秋天的感受是心旷神怡，你们对秋天的感受是忧愁的。

生：我觉得恰当，可能作者比较喜欢大自然，喜欢和大自然亲密接触。

师：有可能作者很悠闲，她在散步时听到风声和虫鸣声，感到心旷神怡。我们一般人听到风声和虫鸣声都会感到忧愁、惆怅和伤感。每个人面对同一个景物的感受是不一样的。

生：也有可能作者听到风声就觉得凉风习习，很舒服，感觉心旷神怡。

师：那清少纳言在原文中是不是用的"心旷神怡"呢？显然不是。这是译者给它加上去的，作者原来用的并不是"心旷神怡"，是什么呢？拿起笔来，如果你听到风声、虫鸣声会是什么感受？把你的感受写进去。

（生写）

师：春天写变化之美，夏天写动态之美，那么，作者写的秋天是什么之美呢？

生：心情美。

生：感觉美。

生：生命美。

生：感触美。

师：准确地说是感受美。请你来板书。（生板书：感受美）每个季节写的都不一样。

五、讨论交流，畅想冬天之美

师：春天写变化美，夏天写动态美，秋天写感受美，那么，作者写的冬天什么美呢？快速阅读，在书旁标记。同桌讨论讨论。

生：心情美。

生：环境美。

生：和谐美。

生：心态美。

师：还有不同的吗？冬天写的究竟是什么美呢？想不想听听孙老师的？我

也不知道。（全场笑）冬天究竟写的是什么美呢？

生：我觉得是风景美。

生：我觉得应该是心情美，因为课文里说“闲逸”的心情。

生：应该是心情美，因为结尾说“这未免令人有点儿扫兴”，这是作者的心情。

师：好像都有，但又不明显，我也概括不出来。概括不出来也没关系，我们已经学习了三种写作的方法，可以写——

生：（齐）变化美、动态美、感受美。

师：在你眼中冬天最美是什么？你们来写一段话。

生：冬天最美是白昼。

生：冬天最美是雪后。

师：我特别赞同他的看法，冬天最美是雪后。下了雪之后多美啊！既有静态美，又有小朋友们打雪仗、堆雪人的动态美。还有不一样的吗？

生：冬天最美是深夜。

师：最美是深夜？说说理由。

生：大雪都是在深夜下的。

师：大雪往往都是在深夜下的，所以最美是深夜。

生：冬天最美是下雪时。

师：为什么下雪时那么美呢？

生：因为下雪时雪花飘飘扬扬的，很美。

师：每个人的角度和感受都是不一样的。课后我们就写一段“冬天最美是__________________”。下课。

【评析】

一字未宜忽，语语悟其神

——《四季之美》教学赏读

像《四季之美》这类景美、文美、情美的写景散文，课堂学习时却常常让学生感到索然无味，一个主要的原因还是教学的“程式化”问题。有些教师习惯让学生依据文字想象画面，然后说说各自的感受，教学常常缺少变化，在文本的表层滑行。发现美、表达美，是孙老师上课伊始就和学生在聊天中明晰的学习目标，并贯穿于整个教学过程。我有一个深切的感受，对于美的发现和表达，孙老师没有大而化之地教方法，而是落实在具体语言文字的比较推敲中，用叶圣陶《语文教学二十韵》中的一句话来说，可谓“一字未宜忽，语语悟其神”。

一、比较推敲中欣赏：让学生活泼地生长

写景散文的教学，欣赏语言自然是应有之义。“春天最美是黎明”，绝大部分教师都会抓三个动词“泛着”“染上”“飘着”。孙老师的高明之处在于：第一，让学生在有所侧重的换词中体会表达的精妙。教学中，孙老师紧扣一个“泛着”，启发学生换个词来体会。学生把“泛着”先后换成“映着”“透着”“浸着”“绣着”“衬着”，大家在交流换词的过程中，其实就已经不知不觉地开始了对语言文字的比较推敲。第二，让学生在生活的现实场景中学习“泛着”，而不是望文生义，因此教学进入到一个审美愉悦的境界。课堂上，孙老师指着一位女生，笑着说：“这个小姑娘长得漂亮清秀，她的脸上泛出了红晕，这个红晕是从皮肤里面透出来的，叫‘泛着’。”我想，课堂上学生们必定是会心一笑，原来“接知如接枝”，这才是充满情智浸染和启迪的语文课堂，温暖且活泼。第三，对动词的体会紧紧围绕着对“春天最美是黎明”的感受和发现，“鱼肚色”“红晕”“红紫红紫”，很容易理解为色彩美，而孙老师引导学生在比较推敲中欣赏三个动词，水到渠成地在理解上往前走了一步，总结为：色彩的变化美。

二、比较推敲中质疑：让学生站着读书

孙老师经常跟我提及王栋生老师的《不跪着教书》，更是身体力行地倡导站着教书、站着读书。夏天夜晚的动态美，孙老师抓住一个“翩翩飞舞”。让学生从舞者、蝴蝶、落叶的形象入手，比较“群萤乱飞，银光闪烁”和“翩翩飞舞”，哪一个更准确地写出了萤火虫的特点。显然，课堂上学生还是有一些思维惯性和从众心理的，孙老师在尊重学生的同时，不遗余力地引导质疑，让学生渐渐领悟：尽信书，则不如无书。

值得一提的是，林文月关于夏天萤火虫是这么翻译的：“无月的暗夜，也有群萤交飞。”而孙老师选用的译文则是“群萤乱飞，银光闪烁”。显然，“群萤交飞”比较温和，而“群萤乱飞”则更具思维的冲击力。这里的“秘妙”是什么呢？我以为还是更大的认知冲突。孙老师一直倡导深度学习，要让学生历经一番思辨后领悟“秘妙”。

三、比较推敲中体会：让学生身临其境，感同身受

“秋天最美是黄昏”，对学生而言是有距离感的，因为我们中国人的文化传统更多的还是“自古逢秋悲寂寥”“秋风秋雨愁煞人”。为什么在作者眼里，秋天的黄昏是“动人的”“更是叫人感动”“愈发叫人心旷神怡”呢？孙老师没有过多地分析讲解，而是继续抓住语言文字这个载体，让学生在朗读中想象、联想、体会，因为文字是有张力的——“唯文通彼此，譬如梁与津”，文章才是读者了解作者的桥梁和渡口。一个“点点归鸦”让人想到“乌鸦反哺”的动人场景；一个“成群结队”“比翼而飞”更让人联想到雁群的团结互助、坚持不懈、不离不弃；可是为什么“那风声、虫鸣，听起来也愈发叫人心旷神怡”呢？一方面，孙老师在教学中让学生联系作者的身份和生活体会；另一方面，孙老师更鼓励学生用自己听到风声、虫鸣声的感受丰富文本，这是让读者与作者、与文本深度对话，如此，学生就仿佛置身于秋天的黄昏，如入其境，如闻其声，如见其形，如感其心。

其实，教学是一门取舍的艺术，正所谓“弱水三千，只取一瓢饮”，孙老师的《四季之美》教学之所以能举重若轻，有一个很重要的原因，就是对四个季节的教学处理。春天抓动词“泛着”和“染上”进行比较，夏天抓“翩翩飞舞”质疑，秋天则抓一个“心旷神怡”体会，而冬天则索性留白，给学生一个大大的问号。学生讨论交流说，冬天写了心情美、心态美、环境美、风景美、和谐美，冬天写的究竟是什么美呢？孙老师风趣地告诉学生：“我也不知道。”读到此处，顿觉意蕴悠长。是呀，“书是永远也教不完的”，如何用好教材教学

生学语文，孙老师的“教学留白”止于当止之时，让学生围绕“冬天最美是________________”尝试表达冬天的变化之美、动态之美和感受之美。看似“不纠结”的设计背后，该是一种怎样的智慧啊！

王崧舟经典课堂实录

王崧舟，特级教师，全国“五一劳动奖章”获得者。“诗意语文”流派创始人，中国小语界领军人物。致力于小学语文教育改革实践，积极倡导“诗意语文”的理想和信念。先后应邀赴全国29个省份200多个城市开设观摩课1100多节次、讲座650多场次。他的语文课曾在中央电视台《实话实说》、中国教育电视台《名师讲坛》等栏目播出。先后出版《小学作文教学改革与流派》《王崧舟小学语感教学法》《王崧舟教学思想与经典课堂》等著作，在省部级以上刊物发表论文100余篇。

不确定：生命实相的言说与印证
——《桃花心木》教学与评析

◆执教／王崧舟　评析／林志芳

【教学】

一、起点：直面学情估测的差异

师： 为了讲林清玄先生的《桃花心木》，我特意请你们的语文老师帮忙做了一个课前调查。我们一起来看一看调查的结果。这是调查的第一题。（课件出示，一生朗读）

1.《桃花心木》先写了一个故事，后讲了一个道理。你认为作者的目的是什么？

A. 为了写这个故事；B. 为了讲这个道理。

师： 这道题目的调查结果是这样的：选A的没有，选B的有30人。也就是说大家都认为林清玄写这篇文章的目的是——

生：（齐）为了讲这个道理。

师： 的确如此，这正是林清玄写这篇文章的目的。好，我们再来看第二题。（课件出示，一生朗读）

2.《桃花心木》所讲的这个道理你读懂了吗？

A. 完全读懂了；B. 似懂非懂；C. 读不懂。

师： 这道题目的调查结果让我有点纠结，我们一起来看屏幕。（课件出示调查结果）选A的有19人，占63%；选B的有11人，占37%；选C的，没有。我之所以纠结，一方面我为大家超强的阅读能力感到惊喜，老师还没教呢，道理已经读懂了，也就是说，绝大多数学生其实不用再上这堂课了。所以我们到底是上还是不上这堂课呢？

生：上。

师：得找理由呀！

生：我们对道理的理解还有漏洞。

生：我们只是自认为把道理读懂了，可能还有没读懂的地方，我们自己也不知道。

师：这理由比较充分，那我就不再纠结了，我们继续上课。再来看调查的第三题。（课件出示，一生朗读）

3.《桃花心木》所写的两部分内容，你比较喜欢哪个部分？

A. 故事；B. 道理。

师：这道题目的调查结果完全出乎我的意料，（课件出示调查结果）我没想到喜欢故事的只有1人，喜欢道理的却多达29人。看来，我们班绝大多数的学生更喜欢道理部分。那咱们就翻开课文，先把这个道理找出来，并用波浪线画出来。

（生按要求默读课文，画出句子）

【点评：课前调查，教师是在寻找教学的起点。我们不得不承认，真正的学情是复杂的，正因为此，执教者在课前才会反复掂量，小心翼翼。现在，教学就从学生喜欢的“道理”开始。】

二、疑点：不仅仅为了暴露问题

师：谁来读一读这个道理？

生：在不确定中生活的人，能比较经得起生活的考验，会锻炼出一颗独立自主的心。在不确定中，就能学会把很少的养分转化为巨大的能量，努力生长。（指名读）

师：没错，林清玄在这个故事当中要告诉我们的就是这样一个道理。从这个道理上看，林清玄要我们面对的是怎样的生活？

生： 不确定的生活。

师： 把“不确定”一词圈出来。（板书：不确定）你们圈了几个“不确定”？

生： 两个。

师： 对，两个。林清玄告诉我们，在不确定中生活是有好处的。第一个好处是什么？

生： 在不确定中生活的人，能比较经得起生活的考验，会锻炼出一颗独立自主的心。

师： 很好，这是第一个好处。你能不能把它简单地概括一下？

生： 经得起生活的考验。

师： 抓关键词：生活考验。（在“不确定”左上方板书：生活考验）

师： 在第一个好处中还可以抓哪个关键词？

生： 独立自主。

师： 很好！把这两个词圈出来。（在“不确定”右上方板书：独立自主）

师： 这是第一个好处。我们继续看，在不确定中生活的第二个好处是什么？

生： 在不确定中，就能学会把很少的养分转化为巨大的能量，努力生长。

师： 这是第二个好处，也请你简单地概括一下。

生：（沉思片刻）转化能量。

师： 很好！太厉害了！（在“不确定”左下方板书：转化能量）然后呢？

生： 努力生长。

师： 是的。（在“不确定”右下方板书：努力生长）把这两个词也圈出来。

师：（指板书）同学们，这就是林清玄要告诉我们的道理。他要我们面对的是一种怎样的生活？

生：（齐）不确定的生活。

师： 他告诉我们在不确定中生活是有好处的，能经得起——

生：（齐）生活考验。

师：会锻炼出——

生：（齐）独立自主的心。

师：第二个好处是能把很少的养分——

生：（齐）转化为巨大的能量，努力生长。

师：这个道理有三分之二的同学认为自己已经完全读懂了，但仔细一琢磨，可能还会有漏洞；还有三分之一的同学读得似懂非懂，这就意味着还有问题。那么，围绕这个道理，你自己觉得还有什么地方读不懂的，把读不懂的问题提出来。

生：这里的“不确定”是什么意思？

师：很好！（在“不确定”旁打“？”）什么样的生活是“不确定”的？这是一个非常好的问题。继续提问。

生：“生活的考验”指的是什么？

师：你想问的是“什么是生活的考验”。

生：怎样把很少的养分转化为巨大的能量？

师：你这个问题的答案已经在这个道理中了，作者已经告诉你了。请你读第二句话——

生：（读）在不确定中，就能学会把很少的养分转化为巨大的能量，努力生长。

师：明白了吗？怎样才能转化？

生：在不确定中生活。

师：继续提问，相信你们能发现更重要、更有价值的问题。

生：为什么经历过不确定生活的人能有这么多好处？

师：问得好！不但问得好，而且问得深！我知道，你这个问题至少包括四个小问题，你一个一个问。

生：为什么在不确定中生活的人，能比较经得起生活的考验？为什么在不确定中生活的人，能锻炼出一颗独立自主的心？为什么在不确定中生活的人，就能把很少的养分转化为巨大的能量？为什么在不确定中生活的人，能努力生

长？（学生提问，教师板书）

生活考验？　　　　　　独立自主？

　　　　　不确定？

转化能量？　　　　　　努力生长？

师：太好了！我说过，你们一定能发现更有价值的问题，果不其然！这真是很重要很重要的问题。我们一起看，这所有的问题都跟什么有关？

生：（齐）不确定。

师：（指板书）读这个词。

生：（齐）不确定。

师：再读！

生：（齐）不确定。

师：只有当我们读懂了“不确定”之后，我们才能进一步明白——

生：生活考验。

师：只有当我们读懂了“不确定”之后，我们才能进一步明白——

生：独立自主。

师：只有当我们读懂了“不确定”之后，我们才能进一步明白——

生：转化能量。

师：只有当我们读懂了“不确定”之后，我们才能进一步明白——

生：努力生长。

师：但是，怎样才能读懂“不确定”呢？

（全场安静）

师：谁有建议？

生：我建议去读一读《桃花心木》这个故事。

师：他建议回到故事，这是个非常有价值的建议。谁还有不一样的建议？

生：我觉得我们可以谈谈生活当中的“不确定”。

师：很好，联系生活。这两位同学提了两条很有价值的建议：联系课文，回到课文；联系生活，进入生活。真好！

【点评：找出“道理”，教师便引导学生先通过文字本身分析“道理”，从“不确定的生活”到“不确定生活的好处”，利用板书把“道理”的内容直观地呈现出来。一个中心，两个好处，四个关键词。“道理”表层所言说的内容便清清楚楚了。

那么如何透过表层，启发学生思考作者言语背后的深意？王老师用的办法是引导学生提问——发现有价值的问题，也就找到了通往言语深处的路。

学生的问题深浅不一，表层的，就在朗读中自己发现答案。教师等待的，是思考的深入。果不其然，学生提出了“为什么经历过不确定生活的人能有这么多好处”这个关键的问题。王老师曾经区分“语文之问”与“科学之问”，认为“语文之问”不是为了得到一个准确的答案，而是为了“问出一种情绪、一种意味”。在这里，问题未必是学生初读课文时就感受到的疑惑与难点，而是在教师引导下思考的由浅入深、由表及里。

从教学设计的角度看，正是这面对“道理”的提问引出了课堂教学的“下文”。

你一定发现了，“道理”在这一课中，既是学生学习的主体内容，又是教师串起教学的主要线索。】

三、基点：搭建演绎的学习支架

师：我们先回到课文。请大家默读课文，边读边思考：《桃花心木》这个故事哪些地方能帮助我们读懂“不确定”？在那些能帮你读懂“不确定”的文字旁边做上标记。

（生按要求默读课文，师巡视指导）

师：我发现大多数同学已经在课文上做了圈点批注，这说明你们已经有了自己的发现，是吧？我们来回顾一下，《桃花心木》这篇课文讲的是种树人给桃花心木浇水。那么，谁还记得种树人是怎么给树浇水的？

生：树苗种下后，他常来浇水。但是并没有规律，有时隔三天，有时隔五天，有时十几天才来一次；浇水的量也不一定，有时浇得多，有时浇得少。

师：没错，他就是这样浇水的。关于如何浇水，谁还有补充？

生：他有时早上来，有时下午来，时间也不一定。

师：对，他就是这样浇水的。我们把这两段文字组合在一起，原来，种树人是这样浇水的，我们一起来看。（课件出示，生齐读）

> 他来得并没有规律，有时隔三天，有时隔五天，有时十几天才来一次；浇水的量也不一定，有时浇得多，有时浇得少。他有时早上来，有时下午来，时间也不一定。

师：请问，“不确定”在哪里？

生：种树人给树浇水的量是不确定的。

师：这是他发现的第一个不确定：水量不确定。还有吗？

生：时间。有时早上来，有时下午来。

师：这是他发现的第二个不确定：来的时间不确定。还有吗？

生：有时隔三天，有时隔五天，有时十几天才来一次。

师：这是他发现的第三个不确定：天数不确定。

师：来，我们读一读这段文字，好好地感受一下这里的种种不确定。

（生齐读句子）

师：你们发现没有，这短短的一段文字，有一个词出现的频率特别高，哪个词？

生：有时。

师：把所有的“有时”圈出来。（生圈词）你们圈了几个？

生：7个。

师：作者前前后后、反反复复地使用了多个“有时”，就是为了凸显种树人给桃花心木浇水是不确定的。我们再来读一读这段文字，怎么读呢？所有带“有时”的话我来读，其余的话你们来读。

（师生合作朗读句子）

师：这次所有带“有时”的话你们读，其余的话我来读。

（师生合作朗读句子）

【点评：找出“有时”合作朗读，就是让学生通过这种方式感受种树人浇

水的“不确定”。在语文教学中，读常常不只是为了“读”。】

师：我很奇怪，种树人为什么要这样浇水？

生：因为种树人只是模仿老天下雨，老天下雨是算不准的，它几天下一次？上午或下午？一次下多少？如果无法在这种不确定中汲水生长，树苗自然就枯萎了。

师：明白了，原来，种树人这样给桃花心木浇水，是在模仿老天下雨。（课件出示）

> **老天下雨是算不准的，它几天下一次？上午或下午？一次下多少？**

师：你们看，老天下雨是算不准的，所以种树人是这样浇水的——

生：（齐）他来得并没有规律，有时隔三天，有时隔五天，有时十几天才来一次；浇水的量也不一定，有时浇得多，有时浇得少。他有时早上来，有时下午来，时间也不一定。

师：明白了吗？

生：（齐）明白了。

师：不一定。（稍停顿）我问，你答。老天下雨是算不准的，它几天下一次，确定吗？

生：不确定。

师：所以，种树人才会这样浇水——

生：他来得并没有规律，有时隔三天，有时隔五天，有时十几天才来一次。

师：我再问，你再答。老天下雨是算不准的，上午还是下午，确定吗？

生：不确定。

师：所以，种树人才会这样浇水——

生：他有时早上来，有时下午来，时间也不一定。

师：继续回答。老天下雨是算不准的，一次下多少，确定吗？

生：不确定。

师：所以，种树人才会这样浇水——

生：浇水的量也不一定，有时浇得多，有时浇得少。

师：很好。所有的这一切，都是种树人在模仿谁？

生：（齐）老天。

师：老天下雨是不确定的，所以种树人给桃花心木浇水也是——

生：不确定的。

【点评：一问，一答。教师借此引导学生把老天下雨的“不确定”与种树人浇水的“不确定”细细地做个对应。由此，也就逐步揭示出故事与道理之间的联系。】

师：非得这样浇水吗？

生：（读）如果我每天都来浇水，每天定时浇一定的量，树苗就会有依赖的心理，根就会浮在地表上，无法深入地下，一旦我停止浇水，树苗会枯萎得更多。幸而存活的树苗，遇到狂风暴雨，也会一吹就倒。

师：如果不这样浇水的话，树苗还能适应老天的不确定吗？

生：不能。

师：如果树苗不能适应老天的不确定，那么它们能经得起生活的考验吗？

生：不能。

师：它们还能把很少的养分转化为巨大的能量，努力生长吗？

生：不能。

师：这就是林清玄最终悟出的道理。我们再来读一读这个道理，我想此刻的感受肯定和之前不一样。

（生齐读道理部分）

师：所有的好处都是因为——

生：不确定。

师：所有的作用都是来自——

生：不确定。

师：所以，我们应该把强调的重音留给谁？

生：不确定。

师：好，我们一起读！（生再次齐读道理，重读“不确定”）

【点评：道理原本不是抽象的说教，它的背后，是言说者生命经验的体悟。教师要带领学生透过那似乎“一看就懂”的道理，去还原作者发现道理时曲折的心路，去触摸与感受作者当初心灵的震撼与温度。那么，办法只有一个，回到故事，回到作者言说的最初。】

四、拐点：转向言语形式的秘妙

师：这么重要的道理，作者一开始就明白吗？

生：不明白。

师：你们是怎么看出来的？打开课本，寻找蛛丝马迹。

生：（读）到底应该什么时间来？多久浇一次水？桃花心木为什么无缘无故会枯萎？如果你每天来浇水，桃花心木苗该不会枯萎吧？

师：很好，从林清玄的质疑中读出了他的不明白。

生：我从“奇怪的是，他来得并没有规律”“我越来越感到奇怪”中的“奇怪”也能看出来。

师：他从“奇怪”当中，体会到林清玄当时并不明白这个道理。这是林清玄当时对种树人行为的一种反应。你们再来找一找看，“奇怪”这个反应在故事当中前前后后共出现了几次？

（生边读边圈画）

生：第一次就在第4自然段的开头：“树苗种下以后，他常来浇水。奇怪的是……”

师：把这个“奇怪”圈出来，标上“1”。

生：第二次出现在第6自然段：“我越来越感到奇怪。”

师：把“越来越感到奇怪”圈出来，标上“2”。第三次又在哪里？

生：第三次出现在第7自然段：“更奇怪的是，桃花心木苗有时莫名其妙地枯萎了。”

师：好，把“更奇怪”圈出来，标上“3”。同学们，林清玄对种树人的反

应是“奇怪”，前前后后共出现了三次。（教师板书）

更奇怪

越来越感到奇怪

奇怪

师：一齐读，第一次——

生：（齐）奇怪。

师：第二次——

生：（齐）越来越感到奇怪。

师：第三次——

生：（齐）更奇怪。

师：你们发现了什么？

生：林清玄越来越感到奇怪。

师：反应的程度——

生：一层一层推进。

师：好，“层层推进”，这个词用得好。

生：心中的谜团慢慢变大。

生：林清玄对种树人的做法越来越感到好奇。

师：林清玄为什么要一而再，再而三地写自己的“奇怪”呢？

生：我觉得是为下文揭示道理做铺垫。

生：我觉得作者是为了激发读者的兴趣，让我们继续读下去。

师：注意这位同学的回答。很简单的一句话，里面却有一个很专业的术语在提醒我们，林清玄为什么要这样写。

生：激发。

师：不是。

生：吸引我们阅读。

师：“我们”是谁？

生：读者。

师：对！“读者”，这就是刚才那位同学说到的专业术语。当所有的同学都沿着作者的思路考虑的时候，只有这位同学想到了读者，厉害！你想一想，当林清玄第一次写到自己“奇怪”的时候，作为读者的我们是不是也会随着他一起“奇怪”？这时候，作为读者的你，想干什么？

生：我想继续往下读。

师：对啦，你想要读下去。

（接着引导学生分析当作者第二次、第三次说奇怪的时候读者的心理）

师：同学们，现在你们明白了，林清玄一次又一次地写自己的“奇怪”，其实是在一次又一次地吊谁的胃口？

生：（齐）读者。

师：一次不够，吊——

生：（齐）两次。

师：两次不够，吊——

生：（齐）三次。

师：最终把读者的胃口和注意力全部引到了这个道理上。这种写故事的方法，我们把它叫作——（课件出示：层层设置悬念）

生：（齐）层层设置悬念。

师：写下来。（生批注）你们一定明白了，要想把一个故事写得生动，写得富有吸引力，可以用什么方法？

生：（齐）层层设置悬念。

师：林清玄之所以能把这个故事讲得如此生动，如此具有吸引力，正是因为他用了这个方法——

生：（齐）层层设置悬念。

师：当然，以后你们在写故事的时候，也可以试着用这个方法——

生：（齐）层层设置悬念。

【点评：“这么重要的道理，作者一开始就明白吗？”“林清玄为什么要一而再，再而三地写自己的‘奇怪’呢？”看似无心，实则教者着力为之。

“文学是如何经过艺术家的匠心而完成，接着如何以微妙的形式表现出来，这不是‘常人’所注意，也不是‘常人’所了解的。”王老师曾引用宗白华先生的这句话谈语文教学的内容，他认为“语文教师不能做‘常人’”，故而，教学中一定要引领学生去揣摩作者的“匠心”，去品味文章的“形式”。

这一课里，“层层设置悬念”正是王老师着力引导学生去发现、揣摩与品味的“匠心”与“形式”。这自然是执教者对本课所谓“语文教学本体性内容”的敲打与照顾。有此“保底”，教学就可以越过“语文”与“文学”，走向教者真正要言说的“意义”了。】

五、终点：引领智慧的言语人生

师：同学们，刚才我们联系课文读懂了“不确定”，现在再来联系生活，说一说在你的生活当中有没有遇到过“不确定”的事。

生：我前不久感冒了，自己不确定什么时候会好起来。

师：感冒了，非常难受，意识到生病“不确定”。

生：我打球的时候，受伤了。

师：严重吗？

生：不太严重。

师：哦，还好，你发现意外是“不确定”的。

生：我们今天来到这里也是“不确定”的，我们也不知道我们期待的老师要教我们什么。

师：这位同学说了一个很重要的教学原理：课堂是“不确定”的。老师怎么教，不确定；我们怎么学，不确定。两个“不确定”遇到了一起，所以我们对教学充满了——

生：期待。

师：这样上课才有趣儿、有味儿。

生：考试的时候成绩也是不确定的，有的时候会考好，有的时候会考砸。

师：你是不是遇到过一次？

生：遇到过好多次。

师：遇到过好多次，是考砸了还是考得更好了？

生：考砸了。（生笑）

师：考砸了，所以你印象特别深，真是刻骨铭心啊！同学们，把手放下来，我知道你们还有很多很多的“不确定”。现在，你们想听听林清玄说的“不确定”的生活吗？

生：想。

师：有一年我在上海听林清玄的演讲，他就说到了三个人的“不确定”的生活。想听吗？一起来看，第一位叫陆羽。（课件出示，一生朗读）

> 唐朝的陆羽，完成了中国乃至世界现存最早、最完整、最全面介绍茶的第一部专著——《茶经》，被誉为“茶圣”。

师：大家听说过陆羽吗？没有，大家可能不喝茶，没关系。第二位叫慧能，谁来读一读？（课件出示，一生朗读）

> 唐朝的慧能，尊称六祖惠能，佛教禅宗祖师。把佛教的真髓深深植入中国人的心坎儿。

师：听说过慧能吗？没有，大家都不做和尚。（生笑）还有一位是玄奘，请你来读一读。（课件出示，一生朗读）

> 唐朝的玄奘，西行5万里到印度求法。他主要从事译经事业，一生翻译佛经75部、1335卷。

师：大家应该听说过玄奘吧？他是《西游记》中唐僧的原型。林清玄说，这是他一生当中最敬佩的三个人。我知道这三个人在中国的历史上有着举足轻重的地位，而且在世界历史上也是赫赫有名的。可是，你们谁也想不到，这三个人曾经有“不确定”的生活。我们一起来看第一位——陆羽。（课件出示，一生朗读）

> 陆羽出生后被父母丢弃，后来被寺庙的僧人收养。

师：当你了解了陆羽这一段经历的时候，你的心里有怎样的感受？

生：感觉他很可怜，刚出生就被父母丢弃了。

师：是的，可怜。“不确定”的生活有时意味着“可怜”。再来看一看慧

能。（课件出示，一生朗读）

慧能幼年时父亲就去世了，随母亲流落他乡，长大后靠卖柴维持生活。

师：如果用一个词来形容慧能的生活，你会用哪个词？

生：艰难。

师：是的，同学们，“不确定”有时意味着“艰难”。再看玄奘。（课件出示，一生朗读）

玄奘出身于书香世家，父亲去世后，13岁出家。

师：这就是玄奘的生活，谁都想不到。设想一下，昨天你还过着衣食无忧的生活，今天你却无依无靠。你有什么感受？

生：痛苦。

师：再设想一下，昨天你还在私塾里面跟小伙伴们一起读书、玩耍，然而今天你却只能投身寺庙。你有什么感受？

生：无奈。

生：绝望。

师：来，同学们，读这个词。（指黑板上“不确定”一词，生齐读）记住，“不确定”有时意味着“无奈”，“不确定”有时意味着“绝望”，“不确定”有时意味着无限的“痛苦”。你们千万不要认为“不确定”就是“没有规律”，就是“不一定”，就是“有时、有时、有时”，不，那样的理解远远不够！当我们联系生活之后，我们发现，“不确定”可能意味着“可怜”，可能意味着“不幸”，可能意味着突如其来的“苦难”。“不确定”让你绝望，让你沮丧，甚至让你对未来的生活充满巨大的恐惧。

（全场安静）

师：同学们，想过自己的生活可能会遭遇这样的“不确定”吗？

生：没有。

师：其实是不敢想啊！但是有一个人想过，你们知道是谁吗？

生：林清玄。

（师出示描写道理的句子）

生：（齐）在不确定中生活的人，能比较经得起生活的考验，会锻炼出一颗独立自主的心。在不确定中，就能学会把很少的养分转化为巨大的能量，努力生长。

师：当“不确定”意味着“不幸”的时候，谁能接着读？

生：在不幸中生活的人，能比较经得起生活的考验，会锻炼出一颗独立自主的心。在不幸中，就能学会把很少的养分转化为巨大的能量，努力生长。

师：当“不确定”意味着“挫折”的时候，谁来读？

生：在挫折中生活的人，能比较经得起生活的考验，会锻炼出一颗独立自主的心。在挫折中，就能学会把很少的养分转化为巨大的能量，努力生长。

师：当“不确定”意味着突如其来的“苦难”的时候，谁来读？

生：在苦难中生活的人，能比较经得起生活的考验，会锻炼出一颗独立自主的心。在苦难中，就能学会把很少的养分转化为巨大的能量，努力生长。

师：现在，我们开始一步一步地走进了生活中的不确定。同学们，面对不幸，有人会气馁，有人自暴自弃，那么面对生活中不确定的不幸，你会怎么想？

生：我要积极地去面对不幸。

师：因为你知道——

生：（读）在不幸中生活的人……在不幸中……努力生长。

师：好一个“积极面对”！面对挫折，有人自卑，有人放弃了努力和拼搏，那么面对生活中不确定的挫折，你会怎么想？

生：要有乐观的心态，要自信。

师：因为你知道——

生：（读）在挫折中生活的人……在挫折中……努力生长。

师：好一个“乐观的心态”！面对生活中突如其来的苦难，有人低下了高贵的头，有人甚至过早地结束了自己的生命。你又会怎样面对？

生：我要勇敢面对，化解一切苦难。

师：因为你知道——

生：（读）在苦难中生活的人……在苦难中……努力生长。

师：好一个“勇敢面对”！好一个“化解一切苦难”！

【点评：联系生活，再悟道理。因为道理源自生活，也最终为了生活。

这生活，不仅是作者自己的生活，还有他所阅读感悟的他人的生活。这生活，不仅有学生已经历的现实生活，还有他们未知的人生。道理与生活就这样紧密地联系在一起。当然，这种联系的建立靠的是教师的选材、拓展还有成功的情境创设、体验教学。

入境体验使学生们在他人“不确定的生活”中含泪呜咽。化用引读，又让学生们在可能面对的“不确定的生活”面前，生发出信念与勇气。

教育，教学，最根本的“意义”不是方法上的，而在文化与人格上。】

师：同学们，林清玄悟出的这个道理，让我们对自己的生活有了新的理解。我们发现，生活是不确定的——（课件出示，生接读）

> 生活是不确定的，有时会幸福，有时会痛苦；
>
> 生活是不确定的，有时会成功，有时会失败；
>
> 生活是不确定的，有时会平安，有时会危险；
>
> 生活是不确定的，有时会富裕，有时会贫穷；
>
> ……

师：既然生活是不确定的，那么，当我们处在痛苦的时候——（课件出示，一生朗读）

> 当我们处在痛苦的时候，幸福就在不远处，因为痛苦本来就是不确定的。

师：既然生活是不确定的，当我们处在失败的时候——

生：成功就在不远处，因为失败本来就是不确定的。

师：既然生活是不确定的，当我们处在危险的时候——

生：平安就在不远处，因为危险本来就是不确定的。

师：既然生活是不确定的，当我们处在贫穷的时候——

生：富裕就在不远处，因为贫穷本来就是不确定的。

师：生活就是这样，它可能幸福，可能痛苦，既然这样——（课件出示，生接读）

幸福来了，就享受幸福；痛苦来了，就直面痛苦，因为一切都是不确定的。

师：是的，我们已经知道了，生活是不确定的，我们又会怎样面对自己的成功与失败呢？

生：成功来了，就享受成功；失败来了，就直面失败，因为一切都是不确定的。

师：既然生活就是不确定的，我们又该怎样面对自己的平安与危险呢？

生：平安来了，就享受平安；危险来了，就直面危险，因为一切都是不确定的。

师：那么我们又该怎样面对自己的富裕和贫穷呢？

生：富裕来了，就享受富裕；贫穷来了，就直面贫穷，因为一切都是不确定的。

师：正是“不确定”让我们活在了每一个当下，让我们在面对痛苦、面对失败、面对危险、面对贫穷的时候，能够始终保持内心的平静和淡定。

【点评：一次又一次地化用引读，当然不仅是思维与表达的训练，更是生命智慧的启迪。】

师：同学们，你们读懂“不确定”了吗？

生：（齐）读懂了。（师擦去板书“不确定”）

师：读懂了“不确定”，自然也就读懂了什么？

生：（齐）生活考验。（师擦去板书“生活考验”）

师：读懂了不确定，自然也就明白了什么？

生：（齐）独立自主。（师擦去板书“独立自主”）

师：读懂了不确定，自然也就理解了什么？

生：（齐）转化能量。（师擦去板书“转化能量”）

师： 读懂了不确定，自然也就知道了什么？

生： （齐）努力生长。（师擦去板书“努力生长”，至此已擦掉所有板书）

师： 看到了什么？

生： 空白。

师： （指向另一生）你看到了什么？

生： 问题圆满解决时的快乐。

师： （指向另一生）你看到了什么？

生： 成长。

师： （指向另一生）你看到了什么？

生： 光明与希望。

师： 太会想象了，因为你们的心灵是自由的。同学们，一切都是不确定的，而只有“不确定”才是唯一确定的，而这也叫无常。（板书：无常）无常就是不确定，不确定就是无常。一个人只有懂得了无常，才能经得起——

生： （齐）生活考验。

师： 一个人只有懂得了无常，才能学会——

生： （齐）独立自主。

师： 一个人只有懂得了无常，才能把很少的养分——

生： （齐）转化为巨大的能量。

师： 一个人只有懂得了无常，才能真正让自己——

生： （齐）努力生长。

师： 一个人只有懂得了无常，才能从人生的痛苦和烦恼中彻底醒来！（播放艾米丽·王嘉宝演唱的《醒来》。屏幕缓缓出现歌词，略）

师： 下课。

【点评：“不确定”就是“无常”。但是“无常”的，绝不仅仅是“苦难”“挫折”“不幸”。“幸福”“成功”等也是“不确定”的。正因为如此，王老师要引导学生体会“幸福”与“痛苦”、“成功”与“失败”、“平安”与“危险”、“富裕”与“贫穷”这一组组相对的概念，只有认识到“一切都是不确定”的，才能安于每一个当下，在面对人生的种种际遇时，拥有一份真正的安宁、淡然与洒脱。

这是作者林清玄想要向我们传递的生命的智慧。这种智慧带有现代佛教的气息，这也是林清玄散文的重要特色。回顾“前文”，林清玄一生最敬佩的三个人中，一个是在佛教文化滋养下成长起来的，两个则是佛教文化的集大成者，这“不确定”里所暗含的文化精神，其实执教者在之前就已悄悄铺垫了。】

【评析】

使你看见

——关于王崧舟老师执教的《桃花心木》

当东方审美智慧和佛家的哲学情怀是二而一、一而二的统一体时，林清玄写出了他散文艺术中最绚烂的篇章。其间，《桃花心木》着实算不上代表作。相比较而言，《木鱼馄饨》《光之四书》《佛鼓》《黄昏菩提》《金色印象》等作品大约更能体现林清玄散文凤尾森森、龙吟细细的幽雅情韵。但是，《桃花心木》所体现出的作者将个人的生活感悟化为普世的生命体验的创作特质却是最外显的。

周国平曾说：“真正的大诗人，他的心灵与宇宙的生命息息相通，所表达的绝不限于一己的悲欢，而是能够由个人的身世体悟人生的普遍真相。”无疑，林清玄在《桃花心木》里书写了他所体悟的“普遍真相”——

不只是树，人也是一样，在不确定中生活的人，能比较经得起生活的考验，会锻炼出一颗独立自主的心。在不确定中，就能学会把很少的养分转化为巨大的能量，努力生长。

这“不确定”就是“无常”，这对待“不确定”的生活的态度，就是看清“无常”的实相之后的坦然与坚强。

在佛法中，悟得“无常”的实相大概是修行的前提，由此方能看到空性，并推己及人，生出慈悲。

王崧舟老师熟悉佛法，我相信他一眼就看出了林清玄在《桃花心木》一文中所要传递与言说的佛理。但是，他把“初步感受林清玄散文的现代佛教文化气息”当作教学的目标之一，并定位为本课学习的难点，仍然出乎我的意料。因为，就在不久前的《去年的树》一课里，他对无常生命的追问、寻找、歌唱与释怀还只是隐隐暗示，现在，他竟然把“无常”两字写到了黑板上。

王老师说，他希望语文走过文学的语境，走向文化的语境。他正致力于开发“文化三课”（权且这样称呼），《孔子游春》之后是《桃花心木》，《桃花心木》之后是《天籁》，以这三节课分别折射“儒”“释”“道”三家的文化，给学生微微开启生命哲学的思考并播下传统文化精神的种子。

我想这种传播与启迪，不只是给了学生，还给了现场所有听课的老师及课堂所有的参与者。它让我们想起许多，或忘记许多，在你方唱罢我登场的热闹会场感受到瞬间的沉静与澄澈。

其实，无常的何止是苦难，一切皆为暂时，一切都会过去。明白了这一点，我们就不会为一时的成就与喜悦而得意忘形，也不会为一时的困苦而一蹶不振。也唯有安顿了心灵，生命方能获得内在的从容。

王老师曾安排学生现场就“道理”的理解写作，现场生成的文字令听课者情不自禁地鼓掌，学生接受的程度与感悟的深度远远超出我们的想象。请原谅，我似乎一直没有真正说说这节课里“语文的事”，因为在我看来，这一课的价值实在不在“语文”——不在设置悬念的手法，甚至不在文化的传承，而在生命的哲学启迪。如果说，教育即生长，那么透过《桃花心木》一课，王老师已经带着学生发现了生命智慧生长的一处水源。

我相信，真正的课堂，如作家一样，怀着深切的爱与孤独，使人看见自己，看见世界。

也许你认为这样的课不够“语文”，或者你认为这样的课才是真正的“语文”，这都不确定，或许这正是教育的实相。

课堂品格与文化品格的相契相证

——《天籁》教学与品读

◆执教／王崧舟　点评／林志芳

【教学】

一、通读：把握行文格局

师：同学们，拿出课文纸，跟老师一起读课文《天籁》。（课件出示《天籁》全文，略）

（注：《天籁》选自育灵童教育研究院编著、北京师范大学出版社出版的小学国学经典教材《国学》第十册。学生用书有全文注音、注释及译文。）

师：怎么读呢？我读一句，你们跟着读一句。

（师生朗读课文）

【点评：尽管课文全文都有注音、注释，学生也课前进行了预习，但这里面实在有太多难读的字。跟着老师读，是一个很好的开始。】

师：在朗读的过程中，你有没有发现有些字的读音非常特殊、非常奇怪，需要特别提醒大家注意的？

生：“山林之畏佳”的“佳”（cuī）。

师：容易读成——

生：jiā。

师：其实，这两个字的读音都特别值得注意，不要读成wèi jiā，这是异读字。谢谢你的提醒，请你带大家把这个词读一遍。

（生带读“畏佳”）

生：“夫大块噫气”中的“夫”（fú）。

师：平时我们念第几声？

生：第一声。

师：这个词单独出现在句首作语气词的时候，没有具体的意思，读第二声。这个“夫”字的读音其实还出现过一次，在哪儿？

生：在最后一句“夫吹万不同”。

师：好极了！我们一起来读一读这两处。

（师带读“夫大块噫气”“夫吹万不同”）

师：还有需要提醒大家注意的吗？

生：“泠风则小和，飘风则大和”中的“和”（hè）。

师：对，这是一个多音字，在这里读第四声。“和”就是“应和”的意思。你带着大家一起来读这两句。

（生带读“泠风则小和，飘风则大和”）

生：我觉得应该注意的是“咬（jiāo）者”。

师：那个字一看就容易读成yǎo，这是一个异读字，应该读jiāo。来，带着大家一起读。

（生带读“咬者”）

师：好。同学们，这篇文章读起来佶屈聱牙，有许多多音字、异读字。自己试着读一读，要特别注意刚才同学们提醒的那些词，争取把所有的字音读正确、读饱满。

（生自由朗读课文，师巡视指导）

【点评：学生相互提醒难读的、易读错的字，教师讲解、说明或强调。这里不仅有多音字，还出现了异读字。对于何为“异读”，为何“异读”，教师不解释概念，只在全文语境中要求学生会读，这样的学习为进入中学再次接触此类文言现象略微做了铺垫。】

师：我们再来读一读《天籁》。怎么读呢？老师读第一句，你们读第二句，老师读第三句，你们读第四句……这样依次轮流往下读，明白吗？

生：（齐）明白！

（师生合作读全文）

【点评：师生合作读，老师还是领着的。】

师：同桌之间这样读，你读前一句，他读后一句，依次轮流往下读。一旦发现同桌读错了，马上帮他纠正。

（同桌合作读，师巡视）

【点评：同桌合作读，互相支撑，互相提醒。】

师：好！觉得自己的同桌读得特别棒的请举手。

（所有学生举手）

师：太好了！所有人都懂得欣赏他人，这是一种修为。学语文，有时候修为比能力更重要。现在，哪位同学愿意一个人完完整整地读一遍庄子的《天籁》？

（一生诵读全文，流利准确，字正腔圆）

师：我们一起来读一读庄子的《天籁》。

（生齐读）

师：庄子的《天籁》我们反反复复读了很多遍，两耳传来的是“之乎者也”，这篇短文到底写了什么呢？翻开作业纸，完成课堂练习的第一大题。

（课件出示连线题）

先写	天籁
再写	地籁
后写	人籁

（生课堂练习，师巡视）

师：谁愿意跟大家一起分享你的思考？

生：我觉得是先写地籁，再写人籁，最后写天籁。

（教师根据学生的回答依次板书：地籁、人籁、天籁）

师：非常好！一起看黑板。原来，在庄子的世界里，天地之间有这样三种声音。第一种叫——

生：（齐）地籁。

师：第二种叫——

生：（齐）人籁。

师：第三种叫——

生：（齐）天籁。

师：是的，这是三种完全不同的声音。这三种声音，在庄子的这篇课文中，他是先写——

生：（齐）地籁。

师：接着写——

生：（齐）人籁。

师：最后写——

生：（齐）天籁。

师：是的，这就是课文的主要内容，也是课文的写作顺序。

【点评：《天籁》难读。于是，开课就一遍一遍地读。教师领读、自由读、师生接力读、同桌互读、指名读、齐读，六读《天籁》正是步步撤梯子的过程，由扶到放，课文最终读通、读顺。

《天籁》难理解。教师利用练习，提示学生抓住行文脉络，大道至简。

观课现场，那一句一句、一遍一遍"之乎者也"的诵读仿佛把人带回古代私塾。一丝不苟又规规矩矩的文言味儿有些陌生，又似曾相识。】

二、美读：感受文言声律

师：从课文中看，地籁、人籁、天籁，这三种声音，哪一种声音写得最具体、最详细、最生动?

生：地籁。

师：你来读一读庄子笔下的地籁。

（生朗读课文第一段）

师：拿出笔，在这段话的旁边标注两个字"地籁"。这段文字占了这篇课文的绝大部分篇幅，写得特别详细，特别具体，特别生动。我们一起来读一读！

（生齐读第一段）

师：从这段文字的描写来看，地籁这种声音要靠什么发声？

生：风。

师：你从哪里知道的？

生：“夫大块噫气，其名为风”，还有“泠风则小和，飘风则大和，厉风济则众窍为虚”。

师：你的眼睛真犀利，一下子就发现了“风”和“地籁”的关系。夫大块噫气——

生：（齐）其名为风。

师：是唯无作——

生：（齐）作则万窍怒呺。

师：（小声地）泠风——

生：（齐，小声地）则小和。

师：（高声地）飘风——

生：（齐，高声地）则大和。

师：（更高声地）飘风——

生：（齐，更高声地）则大和。

师：（语调变化，由高到低）厉风济——

生：（在教师的手势引导下轻声齐读）则众窍为虚。

【点评：“夫大块噫气，其名为风。”庄子认为风是天地的呼吸，绮丽的想象源于宇宙的人情化。风大则窍穴发出的声音大，风小则窍穴发出的声音小，风止则寂无声息。所谓“泠风则小和，飘风则大和，厉风济则众窍为虚”。学生找到这一句后，教师没做任何解释，而是引领学生以声带读、以读代讲，风与地籁的关系立即清清楚楚。

观课至此，感叹执教者像个高明的指挥，抬手间，旋律随即流出。教与学

仿佛都轻而易举，其实，执教者在此处不过是牛刀小试。】

师：我们知道，地籁要发声，第一靠的是风，风是地籁的发动者。（板书：风）但是，光有风是不够的，地籁要发声，还得靠什么？

生：窍穴。

师：是的，地籁发声得靠窍穴，得靠万穴，得靠众窍。窍穴是呼应者。（板书：众窍）

师：当风和窍穴相交时，耳边就能传来特别的声音——地籁。文中有一处是专写众窍的话，谁来读一读？

生："山林之畏佳，大木百围之窍穴，似鼻，似口，似耳，似枅，似圈，似臼，似洼者，似污者。"

师：同学们，这一处写窍穴的文字，有什么特别之处？

生：都有一个"似"字。

师：而且这个"似"的位置都出现在哪儿？

生：都出现在每个词语的开头。

师：同学们，连续出现八个"似"，每一个"似"又出现在每一个词的开头，这样的句式是——

生：排比句。

师：没错，就是排比句。想一想，排比句应该怎么读？我们一起来读一读。（师生合作读）

师：谁来读一读这句话？看谁的朗读能让我们看到窍穴是如此之多。

（一生朗读此句）

师：我们在他的朗读中感觉到了窍穴之多。你们看，山林之上，大树之中有各种各样的窍穴，这些窍穴有的深、有的浅，有的大、有的小，有的方、有的圆……"山林之畏佳，大木百围之窍穴"——

生："似鼻，似口，似耳，似枅，似圈，似臼，似洼者，似污者"。（学生随着教师先慢后快、先低后高的手势节奏朗读此句）

师：如此多样、如此丰富的窍穴，经风这么一吹，我们的耳边自然就会出现各种各样的声音。你听——

生："激者，謞者，叱者，吸者，叫者，譹者，宎者，咬者"。（课件出示）

激者，謞者，叱者，吸者，叫者，譹者，宎者，咬者。

师：你们发现没有，写众窍的句子和写地籁的句子有着惊人的相似。第一点——

生：都有八个词语。

师：没错，这是最为明显的。第二点——

生：都是排比句。

师：对，都是排比句，一排就是八个短句。第三点——

生：气势是一样的，有澎湃的感觉。

【点评：教师提醒，写地籁的句子与写窍穴的句子有着惊人的相似之处。八种窍穴，八种声音，似乎那声音正是一一对应着从中发出。两处排比汪洋恣肆、气势磅礴，庄子语言的魅力尽显于此。】

师：谁来读一读？读出这样的节奏和气势来！

（一生朗读此句）

师：谁再来读一读？

（一生朗读此句）

师：我们一起来读一读。当大块噫气的时候，当万窍怒呺的时候，你听，你的耳边响起了这样的地籁之声——

（生齐读此句）

师：你刚才读得很低调，你似乎想继续保持你的内敛和低调？

生：不是。

师：那让我们听听你高亢和激昂的声音。

（生朗读，声音仍然是舒缓、平和的）

师：继续保持低调，幸亏没听老师的，因为那就是你，那就是你本来的样子，你读出来是最自然的。咱们找个中气饱满的同学再来读一读。

（生朗读，声音洪亮，语速较快）

师：挺好，就是快了点。快还不行，还得有章法。注意节奏，再来一次，你一定能超越自己。

师：大块继续在噫气，万窍继续在怒吗，你的耳边继续回响着这样的地籁之声——

（该生在教师手势指导下富有节奏地朗读此句）

【点评：好一个“那就是你本来的样子”！让“低调”的可以继续“低调”，让“中气十足”的继续“中气十足”，只因为“那就是你，那就是你本来的样子”。

课堂中的插曲是自然生成的，教师用课堂细节印证庄子的自然之道，让课堂品格与文化品格相契相证，也让今昔互文、古今相认。】

师：这就是庄子笔下的地籁！真没想到，地籁是如此的丰富多彩，如此的千变万化！那么，庄子笔下的地籁你在生活中究竟听到过没有？请大家完成课堂练习的第二大题。（课件出示连线题）

激者	像细细的呼吸声	叫者	像鸟儿鸣叫叽喳
謞者	像湍急的流水声	譹者	像放声叫喊
叱者	像迅疾的箭镞声	宎者	像号啕大哭
吸者	像大声的呵斥声	咬者	像在山谷里深沉回荡

（教师一边巡视，一边提醒）

师：好，我们一起来听一听，这些地籁究竟是些怎样的声音。

生：激者，像湍急的流水声；謞者，像迅疾的箭镞声；叱者，像大声的呵斥声；吸者，像细细的呼吸声。

师：好的，同意的请举手。

（绝大多数学生举手）

师：非常好！现在看第二列。

生：叫者，像放声叫喊；譹者，像号啕大哭；宎者，像在山谷里深沉回荡；咬者，像鸟儿鸣叫叽喳。

师：跟他一样的请举手。

（三分之二以上学生举手）

师：原来，庄子笔下的地籁，是如此的丰富、多变。当大块噫气的时候，当万窍怒呺的时候，它们有的像——

生：（齐）细细的呼吸声。

师：有的像——

生：（齐）湍急的流水声。

师：有的像——

生：（齐）迅疾的箭镞声。

师：有的像——

生：（齐）大声的呵斥声。

师：当然，当大块噫气的时候，当万窍怒呺的时候，地籁远远不止这些声音。它们有的还像——

生：（齐）鸟儿鸣叫叽喳。

师：有的还像——

生：（齐）放声叫喊。

师：有的还像——

生：（齐）号啕大哭。

师：有的还像——

生：（齐）在山谷里深沉回荡。

师：只有这八种声音吗?

生：（齐）不是。

师：你听，当大块噫气的时候，当万窍怒呺的时候，地籁有的甚至还像——

生：沙沙的树叶声。

师：有的甚至还像——

生：老虎的怒吼声。

师：有的甚至还像——

生：哗哗的流水声。

师：说得完吗？恐怕三天三夜也说不完。地籁之声，实在是太丰富、太多样了。最后的标点符号应该改写成——

生：省略号。

【点评：这是教师自己设计的练习题，用以突破难点，帮助学生理解文意。无须一一串讲，学生在自己的学习区，抬抬手就能摘到果子。】

师：无论是哪种地籁，发声必须靠什么？

生：地籁如果想发出声音，必须得靠风。

师：还靠什么？

生：窍穴。

师：只有风和众窍相交，才能让我们听到各种各样、丰富多变的地籁。风小的时候，地籁就——

生：（齐）小。

师：风大的时候，地籁就——

生：（齐）大。

师：风突然停止了，地籁就——

生：（齐）停止了。

师：地籁与风之间的关系是如此密切。（课件出示）

> 前者唱于而随者唱喁，泠风则小和，飘风则大和，厉风济则众窍为虚。

师：你听！泠风——

生：（齐）则小和。

师：为什么是小和，不是大和？

生：因为泠风是小风。

师：风小，地籁自然就小。再听！飘风——

生：（齐）则大和。

师：为什么这里又变成大和了？

生：因为飘风就是大风，所以是大和。

师：风大，地籁自然就大。再听！厉风济——

生：（齐）则众窍为虚。

师：我们还能听到地籁吗？为什么？

生：因为风突然停了下来，所以就没有声音了。

师：这就是地籁！它能发出各种各样、丰富多变的声音，激者、謞者、叱者、吸者、叫者、譹者、宎者、咬者。但是，所有的地籁，都离不开众窍，离不开风。

【点评：《天籁》选自《齐物论》。在《齐物论》开端，庄子塑造了学生颜成子游和老师南郭子綦两个人物。一天，子游看到老师与往日不同，他已然是形如槁木，面如死灰。便向老师询问缘故。子綦告诉他的学生："今者吾丧我，汝知之乎？汝闻人籁未闻地籁，汝闻地籁未闻天籁！"意思是：我完全忘记了自身的存在，放弃了我，（"吾丧我"即是"物我同一"）你能理解吗？你听过人籁却没听过地籁，听过地籁却没听过天籁！

子游问其方。因为"人籁"是已知的，老师以汪洋恣肆的语言描述了"地籁"。这就是课文第一段。在庄子的描述里，天地呼吸吐纳成为风，风吹过山中大树各种各样的窍穴发出各种各样的声音就是地籁。这一段的描写鲜明地体现了庄子语言的特点——神奇瑰丽、跌宕跳跃、气势磅礴，既有赋的铺陈，又有诗的节奏。清人方东树曾言："（庄子文）意接而词不接，发想无端，如天上白云卷舒灭现，无有定形。"

如何让小学生体会到庄子语言的魅力，并透过这些奇崛的文字大致理解文意？王老师用的方法仍然是读。精妙的范读、创设情境读、师生合作读、想象读，读出风与地籁的关系，读出目不暇接的众窍，读出千变万化的地籁之声。在这个过程中，教师多次通过声调、手势的变化引领学生体会行文节奏的变化。反复的引读，促进了学生理解，也在学生脑海中形成了画面，同时也形成了良好的课堂氛围。】

三、品读：领悟天籁内涵

师：这是地籁。其实，如果不是庄子，我们可能不会注意天地间有一种叫作地籁的声音，我们更多听到的是人籁。那么，什么是人籁呢？

生：（齐）人籁则比竹是已。（板书：比竹）

师：比竹就是并排在一起的竹管。你们见过排箫吗？比竹类似这种乐器。当然，乐器本身是不会发声的，要发声还得靠谁？

生：人。

师：所以叫人籁。（板书：人）我们看，人籁发声，呼应者是——

生：（齐）比竹。

师：发动者是——

生：（齐）人。

师：（指板书）地籁发声，靠众窍和风；人籁发声，靠比竹和人。所以，地籁和人籁这两种声音有一个相同之处，谁看出来了？

生：它们都需要依靠别的东西才能发声。

师：也就是说，它们自己都不能直接发声，对吧？

生：（齐）对！

【点评："地籁靠众窍发声，人籁靠比竹发声"，注意，这是子游的认识，不是子綦的。】

师：什么是天籁呢？谁来读一读子綦的回答？

生："夫吹万不同，而使其自已也，咸其自取，怒者其谁邪？"

师：同学们，拿起笔来，把这句话用波浪线画出来。

（生画线）

师：我们一起看大屏幕，来读一读庄子笔下的天籁。

（生齐读此句）

师：与地籁和人籁相比，天籁发声靠什么？

生：我认为天籁发声不需要依靠别的东西。

师：你是怎么知道的？

生：“夫吹万不同，而使其自已也”，天籁发声靠的是自身。

师：那么，天籁的发动者是谁呢？

生：是它自己。

师：天籁的呼应者是谁？

生：也是它自身。

师：你又是怎么知道的？

生：“咸其自取，怒者其谁邪”，天籁的唯一呼应者就是它自己。

师：明白了！天籁发声依靠众窍吗？

生：（齐）不依靠。

师：天籁发声依靠比竹吗？

生：（齐）不依靠。

师：天籁发声是风吹出来的吗？

生：（齐）不是。

师：天籁发声是人吹出来的吗？

生：（齐）不是。

师：天籁发声，不靠人，不靠风，不靠众窍，不靠比竹，唯一依靠的是——

生：（齐）自己。

（板书：“自己”。最后形成板书如下）

风——地籁——众窍

人——人籁——比竹

自己——天籁——自己

师：这就是天籁。你看，夫吹万不同——

生：（齐）而使其自已也。

师：咸其自取——

生：（齐）怒者其谁邪？

师：天籁发声，完完全全靠它自己。依靠自己来发声，发出自己的声音，通过发声成为它自己，这就叫天籁。

（生齐读）

【点评：《齐物论》通篇都在消解，而不立论。它只是不断地解构即成的认识，但并不接着建构肯定的答案。

子游认为地籁是众窍发出的声音，人籁是比竹发出的声音，那么何为天籁？他的老师没有正面回答，而是用了反问。“夫吹万不同，而使其自已也，咸其自取，怒者其谁邪？”】

师：庄子并没有像写地籁那样写各种天籁的声音，其实，在我们的日常生活当中，到处都有这样的天籁。请大家完成课堂练习第三大题，写出不少于一种的天籁。

（生写生活中听到过的天籁，师巡视）

师：好的，同学们，你的笔下出现了怎样的天籁之声？我们来听一听。（生说并板书）

生：海浪的拍打声。

生：婴儿的哭声。

生：破土而出的小苗的生长之声。

生：鸟儿拍打翅膀的声音。

生：泉水的叮咚声。

生：竹子拔节的声音。

生：青蛙的呱呱声。

生：雨点的滴答声。

师：同学们，我们一起静静地看黑板。黑板上出现了排列在一起的八种天籁，把你们觉得有意思的天籁写在作业纸上。这样，你不但分享了同学的经验，也丰富了自己的精神世界。

（生安静地做记录）

【点评：八种天籁之音，与前面八种窍穴、八种地籁之声遥相呼应，教者用心可见。

天籁之丰富，即自然之丰富。此处的想象、书写、拓展，带领学生走进了细微的宇宙人情。写满黑板的天籁之声，也正是言语生命悄然绽放的天籁。】

师：我们一起抬头看黑板。“夫吹万不同，而使其自已也，咸其自取”，比如（指板书）——

生：（齐）海浪的拍打声。

师：比如——

生：（齐）婴儿的哭声。

师：比如——

生：（齐）破土而出的小苗的生长之声。

师：比如——

生：（齐）鸟儿拍打翅膀的声音。

师：比如——

生：（齐）泉水的叮咚声。

师：比如——

生：（齐）竹子拔节的声音。

师：比如——

生：（齐）青蛙的呱呱声。

师：比如——

生：（齐）雨点的滴答声。

师：当然，还有许许多多的天籁之声，我们可以在这里加上什么符号？

生：省略号。

【点评：地籁、人籁、天籁的比较与理解是本文的重点与难点。教师通过板书的图示，一次又一次地引导学生核对、梳理、确证。

在王老师的课上，哪怕面对如此难读的古文，学生也永远是“安全”的，无须畏难。因为老师搭好了理解的支架，且常常复习，步步回顾。经过这样反复比照，反复梳理，大家都能够理解，能够跟上。

若看课堂气质，师生应答随意自然，如聊天谈话，素朴和谐。教者顺应自然之道，课堂的品格正是道家文化的品格。

回到《齐物论》子游的问题之初，莫忘记子綦并不是要谈论三籁，而是要借助三籁谈论修行的境界。什么样的境界是天籁？外在看，形如槁木，面如死灰。这就是“物化”之后的“我”，与山中干枯的大树一样。心如窍孔，任大小风气吹过，不去辨别高下，不去问背后的主宰，只是随顺发声，自有声响，这就是天籁。

清代宣颖在《南华经解》中言：“待风而鸣者，地籁也；而风之使窍自鸣者，即天籁。”

当然，在修行的境界里，天籁不再是指一种声音，而是一种状态，一种物我为一、顺应自然的状态。庄子的心是通于无常的，是空性的，是作为山水而存在的，也是作为植物、动物而存在的，可以是鱼、是鸟，也可以是槁木、是孔窍。这种状态后来在慧能大师那里得到印证，正是“静我本心”“成一切相即心，离一切相即佛”。当把心放在万物之中，任风吹过，游于万物，也就实现了精神上的来去自由，通行无滞。

庄子未语禅，却是禅意的开端。】

四、玩读：猜想庄子境界

师：今天，我们学了庄子的《天籁》，认识了这样三种声音：第一种叫——

生：地籁。

师：第二种叫——

生：人籁。

师：第三种叫——

生：天籁。

师：你们觉得庄子本人最喜欢、最推崇的是哪种声音？

生：地籁。因为在本文中，地籁描写得最多。

师：很好，这是他的观点。

生：我觉得庄子喜欢天籁。

师：为什么？

生：因为他把“天籁”作为标题。

生：因为天籁是靠自己发出的声音。

师：你认为靠自己发出声音是庄子最推崇的，是吧？这是一个理由。当然，这是她的观点。你们不要让她的观点掩盖了你自己的观点，我想听到不同的观点。

生：人籁。

师：人籁？理由是什么？

生：因为音乐的声音特别美妙。

师：你喜欢欣赏音乐，觉得那个声音最美妙。还有不同的观点吗？

生：我认为应该是天籁。因为所有的声音都是天籁，都是自己发出来的，所以都是天籁。

师：所有的声音都是天籁！地籁、人籁也是天籁？真是石破天惊的观点，与众不同。

【点评：学生道出的真相石破天惊。“所有的声音都是天籁”，因为说到底，所有的声音“都是自己发出来的”。

站在此处回看子綦的反问：“夫吹万不同，而使其自已也，咸其自取，怒者其谁邪？”——那风那气吹来有万千种不同，不过是使孔窍自己发声，一切都是自己造成的，吹动它的还有谁呢？此语解构的是“众窍发声靠风”，“比竹发声靠吹”，而认为一切发声都是自己发声，在这个意义上，冯友兰等认为“地籁、人籁”就是“天籁”。

郭象在《庄子注》里的解释是：“夫天籁者，岂复别有一物哉？即众窍、比竹之属，接乎有生之类，会而共成一天耳。”唐代成玄英在《南华真经注疏》中进一步的解释是：“物皆自得之耳，谁主怒之使然哉！此重明天籁也。”

在一定意义上，一切发声都是自己发声，若可以具象，也就无处不是天籁。】

生：我觉得庄子对三种声音可能都喜欢，因为三种声音他都写了。

师：所以课文的标题应该改成——

生：三籁。（生笑）

师：真是太厉害了！当他说三种声音庄子都喜欢，甚至建议把课文的标题改成“三籁”的时候，我觉得他的声音就像天籁一般。

【点评：学生可能不知道《齐物论》，不知道“万物齐一”，但是能感觉到庄子对三种声音都喜欢。若天籁可以理解为就是纯自然之道，那么，学生在课堂上这种朴素的直觉与感受就是教育中的“天籁”！不必惊讶，因为儿童离哲学最近。】

师：哎呀，这个事情就麻烦了。观点太多，有人认为庄子喜欢天籁，有人认为庄子喜欢地籁，有人认为庄子喜欢人籁，有人认为庄子三种声音都喜欢。那么，庄子到底喜欢哪种声音？我们应该向谁请教？

生：庄子。

师：哎呀，那得回到两千多年前。（生笑）要不我把庄子请回来？你们想不想见见庄子？（音乐前奏响起）

师：庄子年纪比较大了，走路也比较慢，而且是从遥远的两千多年前走来，咱们得等等他。（生笑）来了，来了。（《那是谁》歌声响起，课件出示歌词）

那是谁　不喜不悲

那是谁　无怨无悔

那是谁　安然入睡

那是谁　以心相随

那是谁　无语无泪

那是谁　不错不对

那是谁　安然入睡

那是谁　那么美

风轻云淡　高山流水
花开花落　朝霞余晖
岁月如歌　来去如归
他说真美　真美

悲喜间　心静如水
天地间　日月同辉
生死之间　来去如归
他说都美　都美

那是谁　从不追随
那是谁　也不献媚
那是谁　不进不退
那是谁　那么美

那是谁　独饮独醉
那是谁　不用谁陪
那是谁　安然入睡
那是谁　那么美

师：同学们，知道这个人是谁吗？

生：庄子。

师：庄子，你们都认识。明白了吗？（学生有的点头，有的摇头，有的茫然）

师：有的人脱口而出“明白了”，有的人一脸茫然，眼睛直勾勾地看着王老师，还有的人轻轻地说“疯了，疯了”（生笑）。同学们，读《庄子》其实明不明白并不重要，真的。因为有的书，你可能三五天就能读懂；有的书，你可能三五个月也能读懂；而有的书，需要三五年才能读懂；有的书，可能需要三五十年才能读懂；还有的书，可能需要一辈子才能读懂；有的书甚至一辈子都不一定能读懂，只能下辈子回来继续读。《庄子》就是这样的书。你们明白了吗？下课。

【点评：拍案叫绝的结尾，亦庄亦谐。

“地籁、人籁、天籁，庄子可能更推崇哪一种？”此处的问绝非求解之问，而是启思之问。答案的丰富以及学生们的解释远远超出教师的预估与想象，那些回答与思考如此简单又如此深刻。不要忘记，儿童离哲学最近。

接下来，歌曲《那是谁》的引入出人意料，却又如此妥帖。那“不喜不悲”“不错不对”“不进不退”的人啊，是谁？现代摇滚乐与国学经典在这里互文互解，又是一次古今相认。

这其中的意蕴学生们懂还是不懂，不必问。国学课不同于一般的语文课，国学课主要的价值目标不是实用的技能、确切的知识、唯一的答案，而是文化的传承、文化的体认。所以，对于天籁，对于庄子，学生们今天能懂得多少，真的不重要。甚至在他们未来的人生里能否领悟到那一份化茧成蝶的逍遥、能否语禅论道，也单凭造化。现在，我们且只管播种。

难忘歌曲引入时学生们愉快的笑声，歌词呈现在屏幕上是白底黑字，颇具绘事后素之风。

待一曲终了，音消幕空，那玄之又玄的道，也一起消匿，落一片白茫茫大地真干净。】

绝望中的希望

——《好的故事》教学与评析

◆执教／王崧舟　评析／陈燕

【教学】

一、梳理难词，整体感知

师：同学们，今天我们一起学习鲁迅先生的散文诗，读——

生：（齐）好的故事。

师：请看大屏幕！哪位同学来读一读下面这段话？（课件出示，生朗读）

本文写于现代文学的初创时期，语言表达与现在不完全一样，有些词语比较难懂。初读课文时，遇到难懂的词语可以先跳过去。

师：读得非常流利、非常清楚！同学们，翻开课本，在初读课文的时候，哪些词语你是跳过去的？每人说一个。

生：伽蓝。

生：乌桕。

生：膝髁。

生：泼刺奔迸。

生：陡然起立。

生：皱蹙。

生：虹霓色。

师：好的，同学们，其实你们刚才跳过的这些词语，有相当一部分就属于现代文学初创时期的词语。那么，有没有同学知道现代文学初创时期在什么时候？

（生沉默）

师：其实，根本不需要查资料。细心的同学在课文当中就能找到答案。看，有人举手了——

生：在一九二五年左右。

师：你是怎么知道的？

生：这篇文章是一九二五年二月二十四日鲁迅写的。

师：找到这个日期的请举手。

（生纷纷举手）

师：这个同学很敏感，也很细心。原来，这篇课文保留了作者的写作时间，读——（课件出示，生齐读）

一九二五年二月二十四日。

师：这篇文章写于一九二五年二月二十四日，距我们现在将近一百年，现代文学的初创时期就是这个时间。我们一起来看看一百年前现代文学初创时期的词语。（课件出示）

鞭爆　膝髁　蒙胧　伽蓝　皱蹙　虹霓

师：会读吗？一起读！

（生齐读词语）

师：真好！这些就是你们在初读的时候曾经跳过去的词语。而这些词语到了今天，到了现在，写法就不一样了。（课件出示）

鞭炮　膝盖　蒙眬　庙　皱缩　彩虹

师：以前的“鞭爆”就是现在的——

生：（齐）鞭炮。

师：以前的“膝髁”就是现在的——

生：（齐）膝盖。

师：以前的“蒙胧”就是现在的——

生：（齐）蒙眬。

师：读音相同、意思相同，就是字形不同。所谓“蒙胧”，就是人快要睡觉的时候眼睛半睁半闭的样子。和眼睛有关，所以改成了“蒙眬”。

师：以前的“伽蓝”就是现在的——

生：（齐）寺庙。

师：以前的“皴蹙”就是现在的——

生：（齐）皱缩。

师：以前的“虹霓”就是现在的——

生：（齐）彩虹。

师：那么，为什么课文不把一百年前的词语换成现在的词语？

生：我觉得不可以。因为文章中保留的这些词语，可以写出当时的感情。如果换成现在的词语，虽然更容易懂，但是就读不出那种感觉了。

师：说得好！是的，这些词语不能换。它们就像是一个个需要保护的文物，正是这些词语，提醒我们注意这篇文章是有年代感的。我想，你们一定不会忘记这篇文章写于——

生：（齐）一九二五年二月二十四日。

师：当然，并不是所有跳过去的词语都跟年代感有关。有些词语，主要还是因为含义比较难懂。对这些词语，可以通过联系上下文来帮助我们理解它们的意思。比如——（课件出示）

……都倒影在澄碧的小河中，随着每一打桨，各各夹带了闪烁的日光，并水里的萍藻游鱼，一同荡漾。

师：我们一起读一读加点的词语——

（生齐读）

师：“澄碧”是什么意思呢？假如你联系了“澄碧”前面的“倒影”，又联系了“澄碧”后面的“小河”，你大概能够猜出来，所谓“澄碧”，指的是河水——

生：我觉得是指河水清澈见底。

生：我觉得是指河水澄澈碧绿。

生：我觉得是指河水很干净。

师：假如河水不干净，那么河中的倒影还能看清楚吗？

生：不能。

师：假如河水不澄澈，那么水中的萍藻呀、游鱼呀还能看得见吗？

生：不能。

师：好，通过联系上下文，我们大概猜出了"澄碧"的意思。我们再来看一看"荡漾"。你觉得要理解"荡漾"这个词，需要联系这一句话当中的哪个词语？看看谁对语言特别敏感，看看谁的眼力特别敏锐。

生：我觉得是"打桨"。

师："打桨"就是划桨。当船在划桨的时候，水波就会一圈一圈地漾开去，这就是——

生：（齐）荡漾。

师：明白了吗？正是通过联系上下文，我们读懂了"澄碧"，也读懂了"荡漾"。我们一起来读一读这句话——

（生齐读此句）

师："澄碧"也好，"荡漾"也好，都跟河水有关。其实它在告诉我们，这个"好的故事"主要是在哪里看见的？

生：在水里看见的。

师：是的，"好的故事"在水中。（板书：在水中）当然，联系上下文理解跳过去的词语不一定局限在一句话里面。有的时候可以看看前一句话，后一句话；看看前一段，后一段，甚至整篇文章。我们继续看——（课件出示，指名朗读）

许多美的人和美的事，错综起来像一天云锦，而且万颗奔星似的飞动着，同时又展开去，以至于无穷。

师：这里有一个比较难懂的词语，一起读——

生：（齐）错综。

师：要想理解这个词语，只联系这段文字是不行的。你需要打开视野，跨入下一段，甚至再下一段。我们继续看——（课件出示，指名朗读）

水中的青天的底子，一切事物统在上面交错，织成一篇，永是生动，永是展开，我看不见这一篇的结束。

师：联系这一段文字，你大概能够猜出“错综”的意思了。谁猜出来了？

生：我觉得“错综”是融合的意思。

师：跟“融合”的意思有点接近，但不是“融合”的意思。注意！要联系第二段文字来理解，甚至可以找一找第二段文字中有没有“错综”的近义词。

生：我认为是好几样东西交错在一起。

师：是的！第二段文字中，有一句话的意思跟她讲的意思几乎一样。哪一句？读出来！

生：（齐）“一切事物统在上面交错，织成一篇。”

师：这就是——

生：（齐）错综。

师：“错综”就是交错，织。读懂了“错综”，也读懂了“交错”，这两段话的意思就容易理解了。我们一起读——

（生齐读以上两段文字）

师：这两段话，这两个词，“错综”和“交错”在告诉我们，这一篇“好的故事”就像是一天——

生：（齐）云锦。

师：有没有同学看到过云锦？

（个别学生举手示意）

师：确实，云锦是很难看到的。看到过云锦的同学，那是非常幸运的。同学们，你们想不想看一看云锦？

生：（齐）想。

师：一起看——（课件出示云锦图片及文字）

借助资料，增长见识：

云锦是中国传统的丝织工艺品，云锦是世界非物质文化遗产，云锦已经有一千六百多年历史。

云锦色泽绚丽，云锦光彩夺目，云锦如同天上的云霞。

云锦用料精良，云锦织造精细，云锦图案精美，云锦格调精致，云锦达到了丝织工艺的巅峰，云锦被誉为“锦中之冠”。

——选自孙晨的《美如云霞　寸锦寸金》（有删改）

师：我们一起来读一读介绍云锦的资料。云锦——

生：（接读）是中国传统的丝织工艺品。

师：云锦——

生：（接读）是世界非物质文化遗产。

师：云锦——

生：（接读）已经有一千六百多年历史。

师：云锦——

生：（接读）色泽绚丽。

师：云锦——

生：（接读）光彩夺目。

师：云锦——

生：（接读）如同天上的云霞。

师：云锦——

生：（接读）用料精良。

师：云锦——

生：（接读）织造精细。

师：云锦——

生：（接读）图案精美。

师：云锦——

生：（接读）格调精致。

师：云锦——

生：（接读）达到了丝织工艺的巅峰。

师：云锦——

生：（接读）被誉为“锦中之冠”。

师：同学们，借助这段资料，你对云锦有什么感受？

生：感觉云锦的历史悠久，而且色彩明丽，很精致。

生：感觉古人的手很灵巧。

师：是的，这可是国宝！同学们，在“好的故事”中，作者说他梦到的这一切，就像是一天——

生：（齐）云锦。

二、聚焦梦境，感受美妙

师：（板书：像云锦）这就奇怪了，为什么“好的故事”会在水中？为什么“好的故事”像一天云锦？我们继续看大屏幕——（课件出示“课后思考与练习二”）

“好的故事”其实是一个梦境。这故事的美丽、幽雅、有趣体现在哪里？结合课文内容说一说。

师：谁来读一读“课后思考与练习二”？

（生朗读）

师：为什么认为“好的故事”就是个梦境呢？同学们，快速默读课文，找一找，画一画，课文的哪些地方让你认定“好的故事”其实是一个梦境？

（生默读课文并圈画，师巡视）

师：同学们，说“好的故事”其实就是个梦境，我们是可以找到依据的。那么，依据一在哪里？

生：“我闭了眼睛，向后一仰，靠在椅背上。”

师：“闭了眼睛”，说明后面看到的这一切都是在闭了眼睛之后。闭了眼睛看到的，当然只能是在——

生：（齐）梦境。

师：这是依据一。好，依据二在哪里？

生：“我在蒙胧中，看见一个好的故事。”

师：“蒙胧”就是快要睡着的时候，在蒙胧中看到这样的画面，当然只能是在——

生：（齐）梦境。

师：这是依据二。依据三在哪里？

生：“我仿佛记得曾坐小船经过山阴道。”

师：为什么说这也是依据？

生：他这里说是“仿佛记得”，就有一种做梦的感觉。

师：好像记得，好像又不记得，这种感觉只能在哪里产生？

生：（齐）梦境。

师：这是依据三。那么，依据四在哪里？

生：“我正要凝视他们时，骤然一惊，睁开眼，云锦也已皱蹙，凌乱，仿佛有谁掷一块大石下河水中，水波陡然起立，将整篇的影子撕成片片了。”

师：依据在——

生：睁开眼。

师：睁开眼，说明前面一直是闭着眼，闭着眼看到的自然是在——

生：（齐）梦境。

师：这是依据四。依据五在哪里？

生：“我无意识地赶忙捏住几乎坠地的《初学记》，眼前还剩着几点虹霓色的碎影。”这里是梦境留下的回忆。

师：没错，这是依据五。依据六在哪里？

生：“何尝有一丝碎影，只见昏暗的灯光，我不在小船里了。”

师：瞬间还在小船里，瞬间又不在小船里。变化如此神奇，这样的画面只能是在——

生：（齐）梦境。

师：这是依据六。你们真的很厉害！越往后，依据越难找。有人找到依据七了吗？

生：“我真爱这一篇好的故事，趁碎影还在，我要追回他，完成他，留下他。”

师：为什么？

生：因为他说“趁碎影还在”，说明梦还没有完全消失。

师：“碎影”在提醒我们，之前的“好的故事”就是梦的记忆。所以这是依据七。有没有依据八？挑战难度越来越大了！

生：“青天上面，有无数美的人和美的事，我一一看见，一一知道。”

师：请说说你的依据。

生：青天上面，怎么会有无数美的人和美的事，而且作者说“一一看见”，这是不可能的事情。

师：现实生活中，这样的事儿绝对不可能。但是，在梦境中，这样的事儿绝对是可能的。所以，这不可思议的事情再一次说明这是——

生：（齐）梦境。

师：同学们，如果继续追问下去，我想，一定还会有依据九、依据十，甚至还有更多的依据。你们发现的这些依据，足以证明“好的故事”其实就是一个——

生：（齐）梦境。

师：鲁迅先生用了三个词语来形容这个“好的故事”，第一个——

生：（齐）美丽。

师：第二个——

生：（齐）幽雅。

师：第三个——

生：（齐）有趣。

师：请把这三个词语圈出来。（板书这三个词语）

师：让我们一起走进这个美丽、幽雅、有趣的梦境。（课件出示，背景音乐响起，师生合作读）

我仿佛记得曾坐小船经过山阴道，两岸边的乌桕，新禾，野花，鸡，狗，丛树和枯树，茅屋，塔，伽蓝，农夫和村妇，村女，晒着的衣裳，和尚，蓑笠，天，云，竹，……都倒影在澄碧的小河中，随着每一打桨，各各夹带了闪烁的日光，并水里的萍藻游鱼，一同荡漾。诸影诸物，无不解散，而且摇动，扩大，互相融和；刚一融和，却又退缩，复近于原形。边缘都参差如夏云头，镶着日光，发出水银色焰。凡是我所经过的河，都是如此。

师：这么多的景物啊！明写的就有19种，如果算上省略号，那么，暗写的更是不计其数啊！你不觉得有点乱吗？

生：我不觉得乱。因为这是在梦中，梦里的景物就是给人一种变幻的感觉的。

师：一种景物叠着一种景物，只有梦境才会显得如此神乎其神啊！

生：我不觉得乱。这些景物其实还是有规律的，一类是植物，一类是动物，一类是人物，一类是景物。

师：好像是可以这么分类。那么，如果把所有的植物排在一起，比如：乌桕，新禾，野花，丛树和枯树，竹。把所有的动物排在一起，比如：鸡，狗。把所有的人物排在一起，比如：农夫和村妇，村女，和尚。把剩下的景物也排在一起。是不是会更好呢？

生：我觉得这样反而不像梦境了，而且也显得不真实了。

师：说到真实，我想到古人说过的一句话：从山阴道上行，山川自相映发，使人应接不暇。什么意思？你在山阴道上行走，两边的美景相互映衬、数不胜数，让你都来不及看了。真实的山阴道尚且如此，何况是梦中的山阴道呢？看似纷乱的景物，既是真实的反映，更是梦境的特点啊！同学们，读着这令人目不暇接的梦境，你的感觉是什么呢？

生：非常美，美得令人向往。

生：我有一种很舒服、很愉悦的感觉。

生：我觉得很有诗意，就像一首诗。

生：感觉梦里的一切都是美好的，世界很美好。

师：同学们，正像鲁迅先生所写的这样，“好的故事”多么——

生：（齐）美丽。

师：“好的故事”多么——

生：（齐）幽雅。

师：“好的故事”多么——

生：（齐）有趣。

师：梦境仍在继续。（课件出示，背景音乐响起）

河边枯柳树下的几株瘦削的一丈红，该是村女种的罢。大红花和斑红花，都在水里面浮动，忽而碎散，拉长了，如缕缕的胭脂水，然而没有晕。茅屋，狗，塔，村女，云，……也都浮动着。大红花一朵朵全被拉长了，这时是泼剌奔迸的红锦带。带织入狗中，狗织入白云中，白云织入村女中……。在一瞬间，他们又将退缩了。但斑红花影也已碎散，伸长，就要织进塔，村女，狗，茅屋，云里去。

生：（齐）“河边枯柳树下的几株瘦削的一丈红，该是村女种的罢。”

师：原来这个梦是有颜色的，这红色的梦境展开去，看——

生：（接读）大红花和斑红花，都在水里面浮动，忽而碎散，拉长了，如缕缕的胭脂水，然而没有晕。茅屋，狗，塔，村女，云，……也都浮动着。

师：梦境中的红色继续扩散着，一圈一圈荡漾着，于是——

生：（接读）大红花一朵朵全被拉长了，这时是泼剌奔迸的红锦带。带织入狗中，狗织入白云中，白云织入村女中……。

师：光怪陆离，让人目不暇接。但是，梦境是说变就变的，只见——

生：（接读）在一瞬间，他们又将退缩了。但斑红花影也已碎散，伸长，就要织进塔，村女，狗，茅屋，云里去。

师：我们知道梦境一般是没有颜色的。但是，这篇“好的故事”却是一个有颜色的梦。同学们请注意，在这些文字当中，出现了那么多描写红色的词语。我们一起来读一读——

生：一丈红。

生：大红花。

生：斑红花。

生：胭脂水。

生：大红花。

生：红锦带。

生：斑红花影。

师：这么多啊！红艳艳、红彤彤、红灿灿，带给你什么感觉？

生：带给我的感觉是希望，生机勃勃。

生：感觉热烈、幸福。

师：总之，在鲁迅先生的笔下，这个“好的故事”多么——

生：（齐）美丽。

师：多么——

生：（齐）幽雅。

师：多么——

生：（齐）有趣。

三、借助资料，揭示象征

师：人们常说，日有所思，夜有所梦。梦，常常跟人们的愿望、希望连在一起。那么，鲁迅先生为什么要写这样一个梦呢？这个“好的故事”对鲁迅先生又意味着什么呢？我们一起来看一段资料。（课件出示，指名朗读）

借助资料，把握意图：

一个“昏沉的夜”里，作者于工作之余闭眼休息的刹那间，在蒙眬中看见一幅很美丽的生活图画，其中“许多美的人和美的事，错综起来像一天云锦”。这一幅美丽的生活图画也绝不是模糊的，而是十分清楚和真实的，它像记忆中的江南农村的美丽景色那样实在，像河岸美景倒映在澄碧的河水中那样分明……作者希望着这样美丽的生活，是这篇作品的主要精神。

——选自冯雪峰的《论〈野草〉》

师：同学们，阅读这份资料，我们需要学会抓关键信息。这么长的一段资料，你认为关键信息是哪句话？

生：我认为应该是最后一句话："作者希望着这样美丽的生活，是这篇作品的主要精神。"

师：同意这一句的同学请举手。

（生纷纷举手）

师：借助资料，要学会捕捉关键信息。我们一起来读一读这句最关键的话。

（生齐读最后一句）

师：好！锁定这句话，我们继续捕捉关键信息。你觉得这句话中，最关键的是哪个词语？

生：我认为是"希望"这个词。

师：认为是"希望"的同学请举手。

（生纷纷举手）

师：把"希望"这个词写到题目的旁边。（板书：希望）

师：原来，这个"好的故事"，要表达的是鲁迅先生的——

生：（齐）希望。

师：原来，这个美丽、幽雅、有趣的梦境，要传递的是鲁迅先生的——

生：（齐）希望。

师：同学们一定还记得，这篇"好的故事"写于——

生：（齐）一九二五年二月二十四日。

师：课前，我请你们的语文老师布置了一个预习作业，找一找一九二五年的鲁迅先生的资料。谁能简单地分享一下自己找到的资料？

生：当时正处于北洋政府的统治之下，社会极其黑暗和混乱。

师：很好，这个信息很重要！谁还能继续分享？

生：鲁迅先生完成了他的散文集《野草》。

师：没错，这篇"好的故事"就选自鲁迅先生的《野草》。同学们，我也找了一份资料，帮助大家了解鲁迅先生。（课件出示）

借助资料，了解背景：

一九二五的中国，正处于半封建、半殖民地社会。帝国主义在上海租界公然屠杀、拘捕数百名手无寸铁的革命群众，制造了震惊中外的“五卅惨案”，血雨腥风笼罩着中国大地。

新文化战线被分化，一部分青年斗志冷却，有的退隐，有的高升，有的甚至公开背叛革命，这使鲁迅感到信念动摇的极度苦闷。

黑暗而残酷的现实，让鲁迅感到求索的怅惘、战斗的孤独。他说：“我时时说起自己的事情，怎样地碰壁，怎样地在做蜗牛，好像全世界的苦恼，萃于一身，在替大众受罪似的。”

——选自王泽龙的《论鲁迅一九二五年前后的创作》(有删改)

(生默读资料)

师：同学们，假如要你从这一段资料当中，找一个词语来形容一九二五年的鲁迅，你会找哪个词语？

生：苦闷。

师：(板书：苦闷)是的。当时整个社会处在白色恐怖之中，他觉得自己仿佛是一个人在战斗，他不知道战斗的方向在哪里。他能不苦闷吗？

生：孤独、怅惘。

师：是的。新文化战线被分化，一部分青年斗志冷却，有的退隐，有的高升，有的甚至公开背叛革命。他不知道自己的战友在哪里。他一个人在呐喊，一个人在彷徨。那个时候的鲁迅是怅惘的。(板书：孤独、怅惘)

我们说日有所思，夜有所梦，既然一九二五年的鲁迅是苦闷的、怅惘的、孤独的，那么，他应该看到的是一个苦闷的梦境啊！然而，他梦见的却是——(课件出示，生齐读)

这个故事很美丽，幽雅，有趣。许多美的人和美的事，错综起来像一天云锦，而且万颗奔星似的飞动着，同时又展开去，以至于无穷。

师：你不觉得奇怪吗？日有所思，夜有所梦。一九二五年的鲁迅是怅惘的，那么，他应该看到的是一个怅惘的梦境啊！但是——(课件出示，生齐读)

现在我所见的故事也如此。水中的青天的底子，一切事物统在上面交错，织成一篇，永是生动，永是展开，我看不见这一篇的结束。

师：好像没有道理啊？日有所思，夜有所梦。一九二五年的鲁迅是孤独的，那么，他应该看见的是一个孤独的梦境啊！但是——（课件出示，生齐读）

现在我所见的故事清楚起来了，美丽，幽雅，有趣，而且分明。青天上面，有无数美的人和美的事，我一一看见，一一知道。

师：为什么一个孤独的鲁迅、一个怅惘的鲁迅、一个苦闷的鲁迅，梦到的却是一个美丽的梦、一个幽雅的梦、一个有趣的梦？

生：因为他希望世界是美丽的、幽雅的、有趣的。

生：虽然当时鲁迅是苦闷的，但是他的内心向往的世界是美好的。

生：我认为鲁迅先生是想通过这篇文章寄托他的美好愿望。

师：你们的猜测有没有道理呢？我们再来看一段资料——（课件出示）

借助资料，验证想法：

作者憧憬于“美的人和美的事”，但现实是“昏沉的夜”，没有“美的人和美的事”，所以只能在梦中看见；醒来却“只见昏暗的灯光”，“何尝有一丝碎影”。表现了作者的怅惘和失望，也表现了作者的理想和现实的矛盾。

但作者最后还是坚信他看见了一篇好的故事，虽然“在昏沉的夜”。在黑暗的现实中，他强烈地追求美好的事物，把美好的事物描绘得非常“美丽，幽雅，有趣”，艳绚多姿，表面是在描写风景，眷恋故乡的景物，实际是有所象征或寄托……

——选自李何林的《鲁迅〈野草〉注解》

师：为什么梦境与现实完全相反、完全对立、完全矛盾，借助这段资料，你应该会有新的发现和理解吧？

生：因为现实非常黑暗，所以鲁迅先生才要在梦境中追求无数“美的人和美的事”。

生：我觉得这是一种对比。用梦境的美好来衬托现实的黑暗，反过来又用现实的黑暗来衬托梦境的美好，因为那是鲁迅先生的希望。

生：我知道鲁迅先生把这个梦境写得非常美丽、幽雅、有趣，实际上是有他的象征和寄托的。

师：原来，梦境不仅是一种理想和现实的矛盾的折射，更是一种理想的寄托、希望的象征啊！

四、融入梦境，升华主题

师：同学们，刚才我们已经了解了一九二五年的鲁迅先生，前面我们也已经细细地品读了这样一个美好的梦境。联系现实与梦境，你觉得这个“好的故事”象征着什么？寄托着什么？请你以“在昏沉的夜，这一篇好的故事”开头，写一写你的体会和理解。（课件出示）

在昏沉的夜，这一篇好的故事：

____。

（生独立完成小练笔，师巡视，发现优秀作业打星号）

师：同学们，把笔放下。请所有打星号的同学起立！我们一起来听一听，这篇好的故事，象征着什么，又寄托着什么。

生：在昏沉的夜，这一篇好的故事寄托着我对新中国美丽、幽雅、有趣的心愿，更象征着以后新中国的繁荣昌盛。这一篇好的故事是我心目中的世界，世界不是永远充满着战火硝烟的，也可以是美好的、和平的。这样的世界，这样的中国，才是我想看到的，未来的中国应该是美丽的、幽雅的、有趣的。

师：是的，这一篇好的故事从此成了鲁迅先生在黑夜中前行的灯塔。

生：在昏沉的夜，这一篇好的故事是有象征的。它象征着鲁迅先生的憧憬和理想。这个好的故事是有寄托的，它寄托着鲁迅先生对美丽、幽雅、有趣的世界的向往和眷恋。

师：没错。这是在绝望当中看见的希望。

生：在昏沉的夜，这一篇好的故事中河水潺潺地流着，发出好听的声音，像是在宣称世界美好、世界有趣。云朵、村女和茅屋都像是在显示着世界的和谐安静，还有生机勃勃，象征着许多美好事物在其中，是一个幽雅、美丽而有趣的世界。

师：这么多美好的细节都已经镌刻在你的脑海中，虽然它们稍纵即逝，但是鲁迅先生还是要把它们追回来，记下来。因为，那是对希望的寄托。

生：在昏沉的夜，这一篇好的故事其实象征着作者美丽的期望。作者把自己对美好生活、世界和平的追求寄托在了梦中，与“昏沉的夜”产生了矛盾。“昏沉的夜”指的是战乱中的中国、昏沉的中国，结尾是作者对中国的美好想法，作者想让中国变得和自己的梦一样，美丽、幽雅、有趣。

师：说得真好。昏沉的夜，那是现实；美好的梦，那是希望。人怎么可以失去希望呢？

生：在昏沉的夜，这一篇好的故事象征着鲁迅先生对中国总有一天会强大起来，总有一天会走出昏沉的夜的希望，寄托着鲁迅先生对未来的向往，对美的人和美的事的希望和憧憬。鲁迅先生认为中国总有一天会走向美好的明天，这样一个美丽、幽雅、有趣的故事，一定会在未来的某一天实现。

师：任何时候，都不能失去希望；任何时候，都不能放弃美好。

生：在昏沉的夜，这一篇好的故事如同一只自由鸽，喜悦欢快地在高空中翱翔；也如同一片美丽的云霞，挂在天边，让所有人看见。人们想要守护的是一个和平、美丽、幽雅、有趣的世界。

师：你用鸽了，你用云霞，诗 般地表达了自己的想法，就像好的故事是一首散文诗一样。同学们，你们借由这个故事，不仅读懂了鲁迅先生的这个梦境，也读懂了一九二五年的鲁迅先生。孤独中憧憬着美丽，绝望中守望着希望。

师：我们知道，一九二五年的鲁迅是苦闷的。血雨腥风笼罩中国大地，到处都是白色恐怖，但是，鲁迅先生总记得这一篇“好的故事”——（课件出示，生齐读）

这故事很美丽，幽雅，有趣。许多美的人和美的事，错综起来像一天云锦，而且万颗奔星似的飞动着，同时又展开去，以至于无穷。

师：一九二五年的鲁迅是怅惘的。新文化战线被分化，一部分青年斗志冷

却，有的退隐，有的高升，有的甚至公开背叛革命。但是，鲁迅先生总记得这一篇“好的故事”——（课件出示，生齐读）

现在我所见的故事也如此。水中的青天的底子，一切事物统在上面交错，织成一篇，永是生动，永是展开，我看不见这一篇的结束。

师：一九二五年的鲁迅是孤独的。黑暗而残酷的现实，让鲁迅先生感到求索的怅惘、战斗的孤独。但是，鲁迅先生总记得这一篇“好的故事”——（课件出示，生齐读）

现在我所见的故事清楚起来了，美丽，幽雅，有趣，而且分明。青天上面，有无数美的人和美的事，我一一看见，一一知道。

师：这一篇“好的故事”，是黑暗中的灯塔，是失望中的希望，是孤独中的信念和力量，它永是生动，永是展开，鼓舞着鲁迅先生战斗不止、革命到底。无论现实多么苦闷，无论生活多么怅惘，无论自己多么孤独。（板书：三个“无论”）

师：同学们，这就是我们今天学习的鲁迅先生的散文诗——

生：（齐）好的故事。

师：这个好的故事——

生：（齐）在水里。

师：这个好的故事——

生：（齐）像云锦。

师：这个好的故事多么——

生：（齐）美丽。

师：多么——

生：（齐）幽雅。

师：多么——

生：（齐）有趣。

师：我们终于知道，这个好的故事，写出了鲁迅先生的——

生：（齐）希望。

师：这个好的故事，也写出了鲁迅先生对未来中国的——

生：（齐）希望。

师：无论现实多么——

生：（齐）苦闷。

师：无论现实多么——

生：（齐）怅惘。

师：无论现实多么——

生：（齐）孤独。

师：其实，好的故事不仅仅是鲁迅先生的。我们每个人都有属于自己的——

生：（齐）好的故事。

师：那是因为，我们每个人都有属于自己的——

生：（齐）希望。

师：无论多么苦闷，无论多么怅惘，无论多么孤独，同学们，在未来的人生当中，让我们永远记住属于你自己的——

生：（齐）好的故事。

【板书设计】

好的故事

在水里　像云锦

美丽　幽雅　有趣

希望

无论　苦闷

无论　怅惘

无论　孤独

【评析】

那么远　那么近

——王崧舟老师《好的故事》品读

鲁迅很远。

因为鲁迅先生的作品很难读懂。从读者的角度来说，如果不借助任何背景材料，对鲁迅一无所知的情况下，去读《好的故事》，真的很难。更何况是六年级的学生。

鲁迅又是那么伟大，是我们的“民族魂”。鲁迅到底有多么伟大，他到底伟大在哪里？这个伟大的生命来自何方？又能带给我们怎样的温暖和启迪？这也是学生最好奇也最困惑的地方。

如何从学生的接受实际出发，帮助学生逐渐接近大师名家，这需要教学的智慧和艺术。感谢王老师，用最好的示范，告诉我们，如何慢慢地将这个好的故事浸润到学生心中，又如何让学生的生命与一个伟大的生命结缘。

一、年代很远：巧解难词，走进语言的最近发展区

“一九二五年二月二十四日”，这个时间节点，仿佛是打通学生和文章之间的密码。经由它，那些饱含着年代感的词、难懂的词，变得亲切、自然，不再陌生。当然，这得归功于王老师的三级解锁。

一级解锁：放手。“在初读课文的时候，哪些词语你是跳过去的？每人说一个。”看似随性的问答，实则契合学生的学情展开。

二级解锁：牵手。“将近一百年，现代文学的初创时期就是这个时间。我们一起来看看一百年前现代文学初创时期的词语。”“这些就是你们在初读的时候曾经跳过去的词语。而这些词语到了今天，到了现在，写法就不一样了。以前的‘鞭爆’就是现在的……”

陌生化的词语，要想解其意，其实不难。王老师将词语的“前世”和“今生”进行牵手，避免了词语逐个汇报的拖沓，一目了然，简单高效。

三级解锁：联手。“‘澄碧’是什么意思呢？假如你联系了‘澄碧’前面

的‘倒影’，又联系了‘澄碧’后面的‘小河’，你大概能够猜出来，所谓‘澄碧’，指的是河水——”“联系上下文理解跳过去的词语不一定局限在一句话里面。有的时候可以看看前一句话，后一句话；看着前一段话，后一段话，甚至整篇文章。”

联系上下文理解词语，作为六年级的学生再熟悉不过，那么该如何联系？联系什么？平心而论，学生像是雾里看花。王老师清晰地给学生指明了方向：可以联系前面和后面的词语，可以联系句子中的其他词语，还可以跨越句子联系理解……于是，“错综”“交错”等词的理解就水到渠成了。

经这一放一牵一联手，等同于打通文章的任督二脉，学生与文章近百年的隔阂，消失了。

二、梦境很远：造境还原，走进认知的最近发展区

这个好的故事，其实是一个美丽、幽雅、有趣的梦境。为了让学生感受到这梦境的美好，王老师在课堂上，通过充满诗意的引读，给学生营造了一个如梦如幻的情境。

1. 紧扣“云锦”，召唤梦境

“这两段话，这两个词，‘错综’和‘交错’在告诉我们，这一篇‘好的故事’就像是一天云锦。”“我们一起来读一读介绍云锦的资料。”

在作者眼里，“好的故事”就像是一天云锦。王老师在补充云锦资料时，一次又一次不厌其烦地领读“云锦”，足足读了12次。为何要这么大张旗鼓地解读云锦呢？笔者以为，这不是机械重复，更不是故弄玄虚，而是在学生心里激起万千波浪。云锦有多美，梦境就有多美。这是为进一步解读梦境积蓄体验的能量，积淀认知的力量啊！

2. 探赜索隐，确证梦境

“同学们，快速默读课文，找一找，画一画，课文的哪些地方让你认定‘好的故事’其实是一个梦境？”

这是一个寻梦的环节，课文中没有一字一句把这个梦境说破，但字里行间又都是隐隐约约、或明或暗的线索，让学生带着问题去寻找，你会发现这个环节很开放、很灵动。前前后后，林林总总，学生找到了将近10种有关梦境的依据。在寻找、思考、分享、聆听中，学生与其说是在证梦，不如说是在更深入、更细腻地进入文本、进入梦境精深幽眇的内涵。

3. 还原品味，重现梦境

李何林在《鲁迅〈野草〉注解》中认为："《野草》有诗一样的语言，有鲜明的形象性和非常协和优美的音乐性；像绘画一样富于色彩，像音乐一样具有协和的声音；用这种有声有色的语言，表现他要表现的生活感受，他的思想感情，他的生活的诗。"

的确，作为散文诗，鲁迅先生用他丰富的语言，让梦境鲜活、真实、如梦如幻。如何让学生真切地感受到梦境的美好？王老师用诗意的引读、精美的课件、恰到好处的音乐，在回环复沓的诵读中，让学生真切地感受到梦境的幽雅、美好、有趣。

在具体操作中，王老师对待梦境的不同片段采用了不同的教学策略。如果说第5自然段"梦中回忆'曾经'看见的好的故事"，师生合作朗读，像如歌的行板，又像每一处打桨，晃悠，自然，随性。那第7自然段"梦中的'现在'所见的好的故事"，则采用抓颜色词、品读颜色背后的情绪和意蕴，更像一首热烈奔放、节奏鲜明的圆舞曲。

三、象征很远：借助资料，走进思维的最近发展区

孟子主张："颂其诗，读其书，不知其人，可乎？是以论其世也。"王老师认为，了解作者的时代背景、生活环境、文化境遇，才能真正读懂那时候的作品，以及作品所要表达的思想内涵。

课文的象征意象是难点，课文的表达主旨是难点。对于难点的突破，王老师反复提及"一九二五年二月二十四日"这个时间，并借助资料，将课后题中的两段资料，以及学生搜集的关于一九二五年的鲁迅资料，再加上自己补充的一九二五年前后的资料，有机有序有策略地安排在不同的环节中，通过课堂问答、反复朗读、融合音乐、总结板书等方式，使学生的情感与一九二五年鲁迅的内心情感达到跨越时空的共鸣，水到渠成地让学生走进那个黑暗的年代，走

进鲁迅当时苦闷无助、彷徨孤独的内心。

这是理性思辨和情感体验的完美融合。从现场六位学生的感言中，我们深切地感受到：学生已在不知不觉中把自己的想法和理解融入《好的故事》当中，他们已经走进了鲁迅先生的精神世界，并与之共情共鸣。

四、理想很远：唤醒希望，走进人生的最近发展区

现实世界令人绝望，梦想世界则充满希望。明知是绝望，但仍然要和绝望抗争。这是鲁迅先生留给我们的力量。热爱故乡的人，才是有根的人，有魂的人。鲁迅的伟大，还因为他的目光从来没有离开过故土上的这些人。鲁迅的伟大，在于他用手中的笔，跋涉在一条永无尽头的回乡路上。

“无论多么苦闷，无论多么怅惘，无论多么孤独，同学们，在未来的人生当中，让我们永远记住属于你自己的——好的故事。”

至此，“好的故事”不再只属于鲁迅先生，不再只属于那个黑暗的年代。王老师在课堂问答、师生对话中，总是行云流水一般不断唤醒、不断点拨“好的故事”的当代意义和现世价值。他试图借助课堂上饱满的场景、鲜活的语言，以及无处不在的诗意的浸润与流淌，让“好的故事”转化为学生精神的营养、希望的种子。

这是王老师的课留给我们的回味和力量。从某种意义上说，王老师和鲁迅也是相通的，因为热爱，一直在路上，一直在跋涉，一直充满着希望。

如果把以往王老师的课，比作是高山流水的话，我们只能赏之，却很难仿之。但这堂课，王老师紧扣统编版教材的特点，紧扣课后思考与练习，将语文要素和课堂实践紧密结合，既高瞻远瞩又很接地气，给我们一线老师带来了极大的触动。原来，这么难的文章也可以行云流水地教；原来，课后的阅读材料可以这样丰富有机地使用；原来，语文要素和情感迸发真的可以做到共生共长；原来，读懂鲁迅的文章，也没那么难……

感谢王老师，经由他的课，让学生与伟大的鲁迅结缘，让我们与伟大的鲁迅在一起。

月色空明　闲人如是

——《记承天寺夜游》教学与评析

◆执教／王崧舟　评析／林志芳

【教学】

一、序曲："月"与心境相关

师：（课件出示苏轼图片）请看大屏幕，这是谁？

生：苏轼。

师：知道这个人的同学请举手。

（生纷纷举手）

师：（出示：3000多首诗词写到"月"的就有570多首心境）北宋大文豪，一生写了3000多首诗词，其中写到"月"的就有570多首。而且你会发现，苏轼写"月"往往跟什么连在一起？

生：心境。

师：请把"心境"这个词，写到课文标题的旁边。

（生写，师板书：心境）

师：记住这个词——心境。我们一起来看看苏轼写"月"的一些诗词是怎么跟心境连在一起的。（课件出示）

人有悲欢离合，月有阴晴圆缺，此事古难全。

——［宋］苏轼《水调歌头·明月几时有》

师：谁来读一读？

（生朗读）

师： 读得很有味道，我们一起来读一读。

（生齐读）

师： 读得真好！同学们发现没有，在苏轼的词当中，他认为人和月之间有一点是相似的。哪一点？

生： 月亮有阴晴圆缺的变化，人的心情也有悲欢离合的变化。

师： 没错，说得真好。在苏轼看来，人的悲欢离合就像是——

生： 月的阴晴圆缺。

师： 因为月的阴晴圆缺是自然的事，所以苏轼觉得人对待自己的悲欢离合，应该像对待月的阴晴圆缺一样，顺其——

生： 自然。

师： 苏轼在这里表达了一种非常豁达的心境。

【点评：1076年，苏轼在中秋之夜思念弟弟苏辙，把酒问月，写下了《水调歌头·明月几时有》。明月给了诗人想象和思考，诗人将人生的悲欢纳入对宇宙哲理的追寻中——人之悲欢离合如月之阴晴圆缺。此句是苏轼一生际遇的暗示，又是苏轼豁达心境的写照。

带学生朗读这句耳熟能详的词，不仅能帮助学生理解月之于苏轼的意义，更为理解苏轼逆旅中的人生态度做了铺垫。】

师： 我们继续看——（课件出示）

> **料得年年断肠处，明月夜，短松冈。**
>
> ——［宋］苏轼《江城子·乙卯正月二十日夜记梦》

师： 谁来读一读？

（一生声情并茂地读）

师： 读得太好了！哪个词读得特别棒？

生： 断肠。

师： 断肠就是极度悲伤的感觉。同学们，你们有过悲伤的时候吗？

（生纷纷点头）

师：人有悲欢离合，把这种悲伤的感受带进去，我们再来读一读。

生：（齐）料得年年断肠处，明月夜，短松冈。

师：其实，这首词是苏轼悼念自己妻子的。妻子去世已经整整十年了，苏轼努力地不去想她，但是做不到，特别是在什么时候？

生：明月夜。

师：没错。明月当空的晚上，正是苏轼最断肠的时候。在这里，你会发现月亮成了他对妻子哀思的一种寄托。

【点评：1075年正月二十日夜，苏轼梦见自己故去十年的妻子正在梳妆，梦中相顾无言，泪两行。梦醒之后，怅然慨叹，将自己无限的哀思寄寓笔端，写下这首《江城子·乙卯正月二十日夜记梦》。十年生死两茫茫，不思量，自难忘，此时明月如霜，鬓亦如霜。】

师：继续看——（课件出示）

夜阑风静欲归时，惟有一江明月碧琉璃。

——［宋］苏轼《虞美人·有美堂赠述古》

师：谁来读一读？

（一生朗读，将“琉璃”误读成“梳璃”）

师：最后一个词是“碧琉璃”。再来读一读。

（生再次朗读，将“琉璃”误读成“蓝璃”，部分学生笑了起来）

师：不要紧张，是“碧琉璃”。不怪他，因为他没见过琉璃，读错很正常。“碧琉璃”，一起读。

生：（齐）碧琉璃。

师：你也跟着读。

生：（正音读）碧琉璃。

师：你带着大家一起读。

（生正确地带读）

师：这就是学习！学习不怕犯错，不断地挑战错误、改正错误，这就叫进步。真好！我们一起再来读一读——

（生齐读）

【点评：“教科书”般的纠错片段。王老师循循善诱的背后是对学生深深的尊重、宽容和理解。】

师：真好！这首词是苏轼送给他的好友陈述古的。在苏轼看来，他跟好友之间的感情就像是倒映在江中的那一轮——

生：（齐）明月。

师：这是一轮怎样的明月？

生：纯洁。

生：明亮。

生：晶莹剔透。

师：就像碧琉璃一样。苏轼正是借这样一轮倒映在江中的明月，来表达自己跟朋友之间的情谊，纯洁、干净。来，我们一起读一读——

（生齐读）

【点评：1074年秋，苏轼的朋友陈述古将调往河南任职，行前设宴于杭州吴山有美堂。席间，苏轼创作《虞美人·有美堂赠述古》。这首离别之词虽有“使君能得几回来”的感怀，但语境并不沉重。当夜阑风静，一切都消散而去，唯有秋月如镜，秋水如碧，给人以空灵澄澈之韵。】

师：（课件出示：570多首，五分之一）同学们，像这样写明月的诗词，可不仅仅是这三首。苏轼一共写了多少首？

生：570多首。

师：占了他全部诗词作品的几分之几？

生：五分之一。

师：说明什么？

生：说明苏轼非常喜欢写月亮，而且非常擅长写月亮。

师：没错。苏轼对月亮情有独钟。那么，同学们，当苏轼因莫须有的罪名被贬到黄州的时候，他又会借月亮来抒写自己什么样的心境呢？请同学们翻开课文，自由朗读《记承天寺夜游》，注意读准字音，读通句子，难读的地方可以多读几遍。

（生自由朗读课文）

【点评：开课之处，王老师引入苏轼的三首词帮助学生发现苏轼笔下明月与心境的关系，既是拓展又是铺垫。三首词分别是写给弟弟、妻子、朋友的。与手足不能团圆之时，月是陪伴；与妻子天人永隔之时，月是慰藉；与朋友江头送别之际，月是见证。苏轼将自己的心绪寄予明月，明月也启示着苏轼的哲思与了悟。苏轼一生漂泊辗转，而明月如故人相随相伴。

这个板块的教学显然不是常规的课堂导入，而是学习的内容之一，像是引子或者序曲。】

二、整体感知："文理自然，姿态横生"的小品之妙

师：文章很短，一个自然段，85个字。但是，越是短小的文章，越不能小看它们。比如，这篇文章里的四字词语，就值得我们细细读一读——（课件出示：何夜无月　但少闲人）

师：谁来读一读这组词语？

（一生读）

师：带着大家一起读。

（生齐读）

师：（将"但"字加着重号）这里的"但"字，是不是"但是"的意思？

生：我觉得不是，应该是"只是"的意思。

师：你看过注释吗？

生：没有。我联系了文章内容。

师：你联系了内容，竟然判断出它是"只是"的意思。好厉害！其实，我们查注释也能发现，这里的"但"不是"但是"，是"只是"。继续看——（课件出示：月色入户　欣然起行）

师：谁来读一读？

（生有韵味地读）

师：读得很有味道。带着大家一起读。

（生领读）

师：真好。这里边有一个很普通的字“入”。你们是怎么理解这个字的？（将“月色入户”的“入”字加着重号）

生：我觉得这个“入”应该是“照入”的意思。

师：有道理。这是他的说法，一家之言，有没有第二家？

生：我觉得应该是“洒入”。

师：月光“洒入”，也有道理。有没有第三家？

生：我觉得“入”应该是“透入”的意思。

师：“透入”这个词一般人想不到，很好。照入、洒入、透入，三种了，三家之说。但是这三家只能归为一类，月色就是纯粹的月色，月光就是自然的月光。有没有第二类说法？

生：我觉得这个“入”有“进入”的意思。

师：“进入”，这是另一类说法。在她看来，月亮不仅仅是月亮，所以是“进入”。哪个读起来会更有味道呢？我们不忙着下结论，等会儿继续琢磨。

师：（课件出示：无与为乐　步于中庭）谁来读一读？

（一生读）

师：带着大家一起读。

（生领读）

师：（将课件中“欣然起行”的“行”字与“步于中庭”的“步”字加着重号）这两个字都有“走路”的意思。但是有差别。给“行”组个词语——

生：行走。

师：给“步”组个词语——

生：散步。

师：这样看来，“行”和“步”，哪个显得更从容、更随意？

生：“步”更从容、更随意。

师：（课件出示：积水空明　藻荇交横）再来看最后一组四字词语。比较难，生字特别多，谁来读一读？

（一生读）

师：读得字正腔圆。大家一起读。

（生齐读）

师：重要的词语读三遍，再来。

（生齐读）

师：真好！这里有一个词语，你们应该是第一次接触。（将课件中“积水空明”的“空明”加着重号）

生：（齐）空明。

师：再读。

生：（齐）空明。

师：什么意思？

生：形容水的清澈。

师：水很清澈。你一定看了注释，对吧？

（生点头）

师：谁能为“空明”找一个近义词？

生：澄澈。

师：非常好，第二个——

生：灵明。

师：这个词很少见，你是怎么知道这个词的？

生：它跟“空明”有一字相同，我觉得这两个词的意思也很相近。

师：读过一些书，肚里有点儿墨水了。好！第三个——

生：我觉得也可以用“明澈”。

师：很好！第四个——

生：晶莹。

师：“晶莹剔透”的“晶莹”。可以啊！有第五个吗？

生：空灵。

师：空灵，空明。好极了！这些近义词可以帮助我们更好地理解“空明”

这个词。好！咱们把这些词连起来读一读。注意要读准字音，读出节奏。（课件出示，生按节奏齐读）

何夜无月　　但少闲人

月色入户　　欣然起行

无与为乐　　步于中庭

积水空明　　藻荇交横

【点评：“空明”一词难讲解，也不容易理解。此处，王老师设计让学生找近义词，学生通过词语表面的意思去拓展寻找相近的词语，寻找的过程就是理解的过程。】

师：但是，你们有没有发现，课文是不是按照这些词语的排列顺序一步一步写下来的？

生：（摇头）不是。

师：打开作业纸，思考并完成课堂练习的第一大题。按照这篇课文的写作顺序，你觉得这几组词语应该如何重新排序？用横线把它们一一对应起来。（课件出示，生默读并完成练习）

起（起因）　　何夜无月　　但少闲人

承（过程）　　月色入户　　欣然起行

转（转折）　　无与为乐　　步于中庭

合（议论）　　积水空明　　藻荇交横

师：按照这篇课文的顺序，你觉得排在第一的应该是哪一组词语？

生：我觉得应该是“月色入户　欣然起行”。

师：同意的同学请举手。

（全班举手）

师：第二呢？

生：第二是“无与为乐　步于中庭”。

师：好，继续。

生：第三个是“积水空明　藻荇交横”。

师：同意的同学请举手。

（全班举手）

师：但是，这里我有个问题，为什么写到“积水空明　藻荇交横”的时候就成了文章的转折呢？

生：后面是他的结论，前面是他描写的景物，所以说是文章的转折。

师：你从后面倒回来看，后面写的是议论，前面写的是景色，所以你认为是转折，是吗？（生点头）她的思维是逆向的，有没有顺向的，从前面也可以看出来？

生：我觉得前面写的是他自己，后面又开始写积水，我觉得这是一个转折。

师：为什么？

生：写的东西不一样。

师：前面写的是谁？

生：前面写的是作者和张怀民。

师：在干什么？

生：在散步。

师：散步是一件事情还是一种景色啊？

生：是一件事情。

师：那么到这里呢？

生：到这里又开始写景色了。

师：前面写事情，后面写景色，这就叫——

生：转折。

师：真好！明白了吧？前面写景物，后面写议论，这也是转折。所以，无论从前往后看还是从后往前看，这个地方都是一种转折。

师：好极了！继续。

生：第四个就是“何夜无月　但少闲人”。

师：这个已经毫无悬念了，都一样吧？

（生点头）

师：全对的同学请举手。有错的，马上把它改过来。

师：同学们，一起看大屏幕。出现在你眼前的，是这篇文章的一个大秘密。

（生仔细看大屏幕）

师：我刚才说，这篇文章很短，一个自然段，85个字。但是，正如这样一句话：麻雀虽小——

生：五脏俱全。

师：这么短的文章，有起因，有经过，有转折，有议论，可谓环环相扣，波澜起伏。文章这样写，读起来才有味道。请一位同学读一读这篇文章，我们一起来感受文章的起承转合。

生：（朗读）《记承天寺夜游》。苏轼。元丰六年十月十二日夜，解衣欲睡，月色入户，欣然起行。

师：因为月色入户，所以——

生：欣然起行。

师：这就是文章的——

生：起。

师：继续读。

生：（朗读）念无与为乐者，遂至承天寺寻张怀民。怀民亦未寝，相与步于中庭。

师：一开始是念，接着是寻，最后是步。从念到寻，从寻到步，环环相扣，步步相连。这就是文章的——

生：承。

师：继续读。

生：（朗读）庭下如积水空明，水中藻、荇交横，盖竹柏影也。

师：刚才我们已经讨论过，前面一直写事，到这儿不再写事，因为继续写事就没有变化、没有节奏了。这儿开始写景，于是，这就成了文章的——

生：转。

师：继续读。

生：（朗读）何夜无月？何处无竹柏？但少闲人如吾两人者耳。

师：文章到此戛然而止。既是议论，又是抒情，这就是文章的——

生：合。

师：起承转合，环环相扣；风生水起，富有节奏。这样的文章，读起来才有味道。我们一起再来好好地读一读，感受节奏的变化。

（师生合作朗读全文）

【点评：利用四字词语，既进行字词教学，又完成文脉梳理，一举两得。

苏轼的散文代表了北宋古文运动的最高成就，有“苏文如海”之称。苏轼在《答谢民师书》中谈到自己的创作：“大略如行云流水，初无定质，但常行于所当行，常止于所不可不止，文理自然，姿态横生。”这篇《记承天寺夜游》正是如此，短短80多个字刻画出一个清冷皎洁的艺术世界。全文记事、写景、抒情、议论一气呵成，自然如行云流水，又曲折有致、富有意趣。】

三、品读赏析：走进一片月色如水

师：在这篇不足百字的文章里，苏轼称自己是什么人？

生：闲人。

师：把“闲人”这个词圈出来。

（生圈“闲人”，师板书：闲人）

师：什么样的人叫“闲人”？默读课文，静静地思考：文章的什么地方、哪个细节，让你感受到“闲人”特有的心境？你可以在这些地方圈一圈，画一画。如果你觉得有必要，还可以在旁边写上批注。一个词、一句话，都有价值。

（生自由圈画、批注）

师：（巡视）围绕“闲人”，都有自己的收获了，是吧？

生：（纷纷停下笔）是。

师：有人说，什么事都不用做的人，无所事事，叫闲人；有人说，什么事都不想做的人，碌碌无为，叫闲人。那么，苏轼心中的闲人是什么样的呢？我们从头开始，细细地读，慢慢地嚼。

【点评：整体感知之后，课堂进入细读赏析的环节。此时需要一个统领的问题。王老师抓的问题是苏轼自称“闲人”，那么“什么是闲人”？如何理解“闲人”？

月色空明，闲人如是。理解“闲人”的含义，才能真正读懂这篇文章。“闲人”正是文章的文眼。】

（一）理解“月色入户，欣然起行”

师：谁来读一读文章的起？（课件出示）

元丰六年十月十二日夜，解衣欲睡，月色入户，欣然起行。

师：读得清清楚楚，干干净净。同学们记住了吗？闭上眼睛告诉我，这件事发生的时间是——

生：元丰六年十月十二日夜。

（师连续问三名学生发生的时间）

师：好！睁开眼睛，看来，大家都记住了。元丰六年十月十二日夜，我相信月色不仅到过苏轼的家，也一定到过千家万户，你们同意吗？

生：（齐）同意。

师：元丰六年十月十二日夜，月色到过你家。你是一个二品大官，既要处理大大小小的公务，又要应付各种各样的人际往来，把你忙得焦头烂额。请问，你还记得月色到过你家吗？

（生茫然）

师：你一脸茫然，说明什么？

生：不记得了。

师：那你记得什么？

生：我只记得还有好多事要做。

师：他真不记得了。再问一位同学。元丰六年十月十二日夜，月色到过你家。你是一个生意人。现在生意不好做，前段时间你亏了一千多两银子。哎呀！把你急得像热锅上的蚂蚁。请问，你还记得月色到过你家吗？

生：（坚定地说）不记得。

师：你记得什么？

生：只记得生意亏损。

师：满脑子就是一个字——

生：亏。

师：两个字——

生：赚钱。

师：看来，他也不记得了，光想着赚钱了。再请一位同学来说一说。元丰六年十月十二日夜，月色也到过你家。你是一个读书人，寒窗苦读，整整十年，连个秀才都还没考上。马上又要考试了，你在背什么书呢？

生："四书五经"。

师：背一段我听听。比如，《论语》第一章，学而时习之——

（生背，未背完整）

师：你看看，连《论语》第一章都还没有背熟，这可如何是好啊？请问，你还记得月色到过你家吗？

生：（笑答）不记得。

师：你只记得什么？

生：我只记得过几天就要考试了，要好好复习！

师：大实话！是月色要紧，还是考试要紧？不用问了吧！同学们，元丰六年十月十二日夜，当官的不记得月色，做生意的不记得月色，苦读书的不记得月色。但是，有一个人记得清清楚楚，谁？

生：苏轼。

师：有他的文字为证！读——

生：（读）元丰六年十月十二日夜，解衣欲睡，月色入户，欣然起行。

师："欣然"是一种什么样子？

生：高兴的样子。

生：快乐的样子。

生：兴奋的样子。

师：那就把这种高兴的样子读出来——

（生齐读）

师：那就把这种快乐的样子读出来——

（生齐读）

师：那就把这种兴奋的样子读出来——

（生齐读）

师：我很纳闷！不就是月亮出来了，各位“苏轼”，你们为什么这么高兴呢？

生：俗话说：“世界上并不缺少美，只是缺少发现美的眼睛。”大家看到月亮，只会觉得被月亮照得无法入睡，而我却很高兴。

师：看，这位“苏轼”读过美学。好有文采！美被你发现了，能不欣然吗？

生：因为我一时兴起，突然发现月色很有意境，就想出去散步。

师：这位“苏轼”突然感到很有兴致，就想出去散步，多潇洒的一种人生。

生：我觉得月亮就是我的老朋友，他是专门来看我的。

师：难怪啊！原来在你的眼中，月亮已经不再是月亮了，月亮成了人，成了你的老朋友。朋友相逢，当然开心啊！我们一起读一读——

生：（齐）元丰六年十月十二日夜，解衣欲睡，月色入户，欣然起行。

师：其实，这句话中有一个字含蓄地向我们透露出这样的意思：月亮不只是月亮，月亮就是苏轼的——

生：好友。

师：没错，好友。还不是一般的好友，月亮就是苏轼的——

生：知己。

师：太好了，知己！你是从哪个字中读出这层意思的？

生：我是从“入”字体会到的。

师：说说你的体会。

生：这个“入”字让我觉得月色就仿佛进入了苏轼的心中一样，每天陪伴着他，就仿佛是他的知己。

师：如果是“照”，没有感情；如果是“洒”，没有灵魂；如果是“透”，没有神采。“入”却不一样，月亮活了，主动来到苏轼的家里。因为他们早就是知己了。

师：你们一定不会忘记——（课件再次出示）

人有悲欢离合，月有阴晴圆缺，此事古难全。

——［宋］苏轼《水调歌头·明月几时有》

（一生读）

师：是明月这位知己，让你的心境一下子变得豁达起来。你们再看——（课件再次出示）

料得年年断肠处，明月夜，短松冈。

——［宋］苏轼《江城子·乙卯正月二十日夜记梦》

（一生读）

师：是明月这位知己，为你寄托了无限的哀思。你们再看——（课件再次出示）

夜阑风静欲归时，惟有一江明月碧琉璃。

——［宋］苏轼《虞美人·有美堂赠述古》

（一生读）

师：你们发现没有，苏轼跟明月太熟了，明月对苏轼太了解了，因为，他俩就是——

生：（齐）知己。

师：所以，知己不远万里来到苏轼的家里，他能不高兴吗？他能不开心吗？他能不欣然吗？一起读一读——

生：（齐）元丰六年十月十二日夜，解衣欲睡，月色入户，欣然起行。

【点评：学习文章的“起”。教师首先用的是角色扮演、想象比较法。通过创设情境的代入式问答，引导学生理解：元丰六年十月十二日夜，那轮将圆的秋月也曾照进千家万户，但案牍劳形的官员、苦心经营的商人、累于功名的书生因心有羁绊，皆难以拥有享受月色的闲情。但苏轼不同，本已解衣上床的他，一见月色便兴冲冲地穿衣，复从床上爬起，那是怎样的童稚之态、赤子之情！

比较品读之后，开课时的三首词再次出现，就教学设计，此处像是文章中的呼应，月如苏轼的知己，月曾陪伴他走过杭州、黄州、惠州。对学生学习感受而言，再见到三首词，也会亲切如故。】

（二）品味“无与为乐，步于中庭”

师：如果说明月是苏轼远在天上的知己，那么在接下来的叙述中，你将会发现，原来人间也有一位苏轼的知己。（课件出示）

念无与为乐者，遂至承天寺寻张怀民。怀民亦未寝，相与步于中庭。

师：这位人间知己是——

生：（齐）张怀民。

师：张怀民！为什么这么说？你能在文章里找到依据吗？

生：我是从“遂”字体会到的。“遂”就是“于是”的意思，他在月色入户要睡觉的时候，还想着要去寻张怀民，一起去散步。

师：你有一双慧眼！“遂”是什么意思？

生：于是。

师：于是，就。还有什么意思？

生：马上。

生：立刻。

生：立即。

师：你看，“遂”就是马上、立刻，就是不假思索、毫不犹豫地去找谁？

生：（齐）张怀民。

【点评：“遂”字随性，“寻”字急切。】

师：知己啊！继续寻找蛛丝马迹——

生：我觉得应该是“亦”字。苏轼没有睡，怀民也没有睡，他们俩都发现了月色入户，只是怀民没有去找苏轼，而苏轼一想便“遂至承天寺寻张怀民”，说明他知道张怀民肯定也没有睡，所以一定要去找他，跟他一起去散步。

师：去之前，苏轼想怀民应该也没睡。到了承天寺，发现——

生：怀民果然没有睡。

师：去之前，苏轼想怀民应该也喜欢看月色。到了承天寺，发现——

生：怀民也喜欢看月色。

师：这就叫心心——

生：相印。

师：这就叫志同——

生：道合。

师：这就叫心有灵犀——

生：一点通。

师：知己啊！还有不一样的发现吗？

【点评：“亦”字写出意料之中。】

生：我觉得还有“相与”。因为“相与”是一起、共同的意思，说明他俩是一起去散步的，所以就证明苏轼和张怀民是人间知己。

师：相与就是一起，相与就是共同。

【点评：“相与”跟“无与”遥相呼应，有对比变化之美。】

师：不是知己，这么晚了还会在一起散步赏月吗？

生：不会。

师：不是知己，会有这样共同的爱好和情趣吗？

生：不会。

师：知己啊！天上有明月作知己，人间有怀民作知己，那是一种怎样的欣然啊！我们一起读。

生：（齐）念无与为乐者，遂至承天寺寻张怀民。怀民亦未寝，相与步于中庭。

【点评：学习文章之“承”。苏轼被明月唤起，念无与为乐者，遂至承天寺寻张怀民。张怀民何许人也？他字梦得，是清河，即今河北清河县人。元丰六年贬谪黄州结识苏轼，他当时也处于人生的低谷，和苏轼可谓“同是天涯沦落人”。两人认识时间不长，却是志同道合。

在品读“承”这个环节时，执教者没有补充材料介绍张怀民，而是设问：为什么说怀民是苏轼的人间知己？到原文中寻找证据。此时的品词释义就不是被动接受，而是学生主动发现的过程。】

（三）品味“积水空明，藻荇交横”

师：就这样，我跟怀民在中庭漫步。只见——

（课件出示：庭下如积水空明，水中藻、荇交横，盖竹柏影也。）

师：我们就像鱼儿在水中随意地走，随意地看。走到东边，我们看见——

生：（朗读）庭下如积水空明，水中藻、荇交横，盖竹柏影也。

师：走到西边，我们看见——

生：（朗读）庭下如积水空明，水中藻、荇交横，盖竹柏影也。

师：我们慢慢地走，慢慢地看。走到南边，我们看见——

生：（朗读）庭下如积水空明，水中藻、荇交横，盖竹柏影也。

师：走到北边，我们看见——

生：（朗读）庭下如积水空明，水中藻、荇交横，盖竹柏影也。

师：无论走到哪里，我们都能看见——

生：（齐）庭下如积水空明，水中藻、荇交横，盖竹柏影也。

【点评：复沓引读，王老师常用的手法。有趣的是这“东南西北”的设计，月色如水，人如水中之鱼自由游荡，课堂有了古乐府《江南》的趣味。教学何尝不是文本之上的再一次的艺术创作呢！】

师：各位“苏轼”，你们看到了什么？

生：积水空明，藻荇交横。

师： 圈出来！

（生用笔圈出这两个词语）

师： 各位“苏轼”，把你们看到的读出来——

生：（齐）庭下如积水空明，水中藻、荇交横，盖竹柏影也。

师： 不对！（稍停顿）苏轼是来看月色的呀！月色在哪里？

生： 当晚月色非常明亮，月光照入中庭，中庭的地面上就像有积水一样，所以说是积水空明。

师： 哦！原来“积水空明”写的不是积水，而是——

生： 月光非常明亮。

师： 月色空明。那么，藻荇交横呢？真的是在写水草纵横交错吗？

生： 不是的。月亮照着竹柏，它们的影子投到了地上，所以写的还是月色。

师： 原来，你们看到的积水空明是——

生：（齐）月色。

师： 原来，你们看到的藻荇交横也是——

生：（齐）月色。

师： 空明的月色，月色空明啊！（板书：月色空明）

师： 既然写的都是月色，那么，干脆把“月色”两字直接加上去吧。（课件出示：庭下月色如积水空明，水中藻、荇交横，盖竹柏影也。）

师： 现在，我把“月色”两字加上去，清清楚楚，明明白白。不好吗？

生：（纷纷应答）不好！不好！

师： 为什么不好？下结论容易，而为结论找出理由，很难！四人小组先悄悄地讨论。

（生四人小组自由讨论）

生： 如果加了“月色”两个字，这句话就没有意境了。如果知道是月色，那就不会有藻荇交横了，因为知道那是竹柏的影子。

师： 一句话，开头写了“月色”两个字，后面那种梦幻般的意境就没有了。有意思！

生： 如果不加的话，会给人一种悬念。

师： 一种悬念。加上“月色”两字，这种悬念还有没有？

生： 没有了。加上后就已经摆明了。

师： 那就太直白了，是吧？

生： 是的。

师： 太直白，当然就没有悬念了。那么，能为“直白”找一个反义词吗？

生： 委婉。

师： 不加“月色”，就显得委婉。再找一个反义词。

生： 我觉得还有“含糊”。（生笑）

师： 我想，你要找的应该不是“含糊”，而是——

生： 含蓄。

师： 孺子可教也！对啦，跟“直白”相反的是“委婉”，是“含蓄”。加上“月色”两个字，委婉没有了，含蓄没有了，悬念没有了，意境没有了。

（课件出示：庭下如积水空明，水中藻、荇交横，盖竹柏影也。）

师： 这样写多么含蓄，多么有意境啊！一起读——

（生齐读）

师： 因为，那一刻，你——苏轼，已经完全融入月色之中，你甚至忘了月色，忘了自己，你进入了一种空明境界。一起读——

（生齐读）

【点评：学习文章之“转”。庭中赏景，月色空明。作者用如金之墨点染营造出一个空明澄澈、疏影摇曳、幽静迷离的夜景。“积水空明”突出月光的皎洁、空灵，“藻荇交横”有“云破月来花弄影”之趣，但描绘的是竹柏，其意高洁，更显清雅。

品读此句，王老师用复沓引读来引导学生入情入境，然后用“试误”，引导学生揣摩暗喻之妙。】

（四）品味“何夜无月，但少闲人”

师： 当你恍然大悟，原来这就是月色，这就是竹柏的影子，你被这样的美感动了。于是，你情不自禁地发出这样的感慨——

（课件出示：何夜无月？何处无竹柏？但少闲人如吾两人者耳。）

（生齐读）

师： 到处有月亮，到处有竹柏，但唯一缺少的是谁？

生：（齐）闲人。

师：（指向一生）我记得你是做官的，那一夜，你为什么没有看见如此美妙的月色？

生： 因为我只想着那些官司的事情。

师： 你觉得自己是闲人吗？

生： 不是。

师： 看！少了一个闲人。（指向另一生）如果我没记错的话，你是做生意的。那一夜，你为什么没有看见如此美妙的月色？

生： 因为我一心想着要挣钱。

师： 你觉得自己是闲人吗？

生： 肯定不是。

师： 看！又少了一个闲人。（又指向另一生）你就是那个《论语》还没有背熟的读书人。那一夜，你为什么没有看见如此美妙的月色？

生： 因为我在复习，我想着如何考个好成绩。

师： 你觉得自己是闲人吗？

生： 不是闲人。

师： 看！又少了一个闲人。怎么到处找，都找不到一个闲人呢？请问，在你们的生活中，闲人多不多？

生：（齐）不多。

师： 太少了！闲人太少了！没有闲人，哪来的月色？没有闲人，哪来的竹柏？没有闲人，哪来的风景？哪来的天地大美啊！于是，苏轼跟自己说，我得把它们记下来——（课件播放背景音乐《江上清风游》，课件逐句出现全文，

师诵读全文。生听完诵读后鼓掌）

【点评：学习文章之“合”。苏轼与好友月下漫步，以“闲人”自谓自得。在他看来，“江山风月，本无常主，闲者便是主人”，“闲”字中既有闲情雅趣，又有心无挂碍的怡然自得。此处的教学，教师将重点放在对“闲人”的理解上，正是对本板块主问题的回应。使用的教学方法仍是角色扮演，教者匠心恰如文章构思，有铺垫必有呼应。

回看整个板块的教学，教师依照文章的顺序带领学生逐句品析。虽是文言教学，但却见不到生硬的释义讲解，执教者处处巧妙设问，引导学生逐步走入文境。其中的文言学习难点如“但”“遂”“亦”等都是学生在上下文语境中自然完成。

教学中，王老师课堂艺术化的特质继续带给我们审美的体验。课件中画面、朗读时的配乐以及教学设计中的排比、呼应等令人沉醉其间。随着学习的深入，我们也似乎来到元丰六年的那个夜晚。十月——已是深秋，十二日——月是将满未满。这一晚苏轼与好友漫步承天寺，月色如水水如天。】

四、补充拓展：触摸一种人生态度如苏轼

师：美不美？

生：美。

师：妙不妙？

生：妙。

师：确实美妙。但是，同学们，那是因为你只知其一，不知其二啊——

（课件出示）

注释：

①【记承天寺夜游】此文写于作者贬官黄州期间。

……

④【张怀民】作者的朋友，当时也贬官在黄州。

师：同学们，请看注释①。我想，你的目光会自然地留在一个词语上，这个词语是——

生：（齐）贬官。

师：同学们，请看注释④。我想，你会惊讶地发现，你的目光又一次停留在那个词语上——

生：（齐）贬官。

师：什么叫贬官？

生：贬官，就是我做了一个非常大的官——宰相，我给皇帝提意见，皇帝却说："你提的意见不好，你不是我的忠臣，我不需要你了。"然后我的官职降低，自然就不在皇帝身边辅佐，被贬到别的地方去了。

（生笑）

师：就是这个意思。可你说得好轻松，你们听得也好轻松。为什么？因为你们都没有被贬过官，没体会！不说了，说了也没感觉。咱们一起看看，苏轼身上到底发生了什么。（课件播放纪录片《苏东坡》中"乌台诗案"片段，时长约3分钟）

【点评：补充《记承天寺夜游》写作的背景，课境开始"突转"。如果说，前面的学习过程中，师生共同走入的是一份闲情雅趣，接下来则是这闲情背后人生的变故沉浮、惆怅悲凉。】

师：同学们，这就是著名的"乌台诗案"。看了这一段历史，我想问问你们，此时此刻你的心里是什么感受？

生：我非常同情苏轼。

生：我为他打抱不平。

师：愤愤不平，这是你的感受。

生：我觉得心寒。

生：我认为苏轼很不幸。

师：你为苏轼的不幸感到——

生：很难受。

生：我觉得很压抑。

生：我觉得很惋惜。

师：同学们，正常人大概都会有你们这样的感受——难受、心寒、不平、压抑、气愤、惋惜。但是，一起看——（课件出示《记承天寺夜游》全文）

师：这就是苏轼贬官黄州时写下的文章，它的标题是——

生：（齐）记承天寺夜游。

师：在这篇文章中，你们看出了他的难受吗？

生：没有。

师：你们看出了他的不平吗？

生：没有。

师：你们看出了他的压抑吗？

生：没有。

师：你们看出了他的痛苦吗？

生：没有。

师：为什么？

（生高高举手，跃跃欲试）

师：把手放下，打开作业纸，用心感受，用心思考。我想，元丰六年十月十二日夜，你有话要说。（课件播放背景音乐《江上清风游》，生思考并写心里话。师巡视，发现优秀写话打上星号）

师：各位“苏轼”，把笔放下！不管你有没有写完，也不管你写多写少，这些都不重要。重要的是，在你提笔的那个瞬间，你已不再是你，你完完全全地成了谁？

生：（齐）苏轼。

师：请打了星号的各位“苏轼”起立！我们一起来听一听，元丰六年十月十二日夜，“苏轼”有话要说——

生：（朗读写话）元丰六年十月十二日夜，我和好友张怀民在承天寺赏月。只见庭下如积水空明，水中藻、荇交横，盖竹柏影也。

我的心中一片平和。我从朝廷大官被贬到黄州任团练副使，但是我却不得签署公事，让我做一个有职无权的闲官。我苏轼虽然没有像王勃一样豪情壮志，写出千古名句“落霞与孤鹜齐飞，秋水共长天一色”；也没有像欧阳修一样写出“环滁皆山也。其西南诸峰，林壑尤美”。但是，我苏轼什么大风大浪没有见过，我早已看透了世间的本真。我被关押了一百多天，被嘲笑，被凌辱，我的内心已经破碎不堪。只有经历了破碎不堪之后，我才平和下来。明月呀明月！你多么像是天上的另一个我呀！你就像是我的心，纯粹、透明，不再抱怨。（生鼓掌）

师：我怀疑你是苏轼转世。（生笑）你对明月一如既往地情有独钟，你借明月一如既往地表达心境。在经历了“乌台诗案”的生死考验之后，你的心变得更加纯粹、更加透明。只能说，这样的人才是你心目中的——

生：闲人。

师：有请下一位“苏轼”——

生：（朗读写话）元丰六年十月十二日夜，我和好友张怀民在承天寺赏月。只见庭下如积水空明，水中藻、荇交横，盖竹柏影也。

我的心中一片自在。我只是好奇，如此美景竟只有我与怀民二人欣赏。他人怎不相知？世间如我与怀民二人相似的闲人甚是稀少。我愿以诚示天，让这嘈杂的世间少几分敌意，多一分祥和。我并不会因为被贬官到黄州而感到愤愤不平，我会以随遇而安、乐观旷达的胸襟来面对生活，用眼睛发现美，感受生活中的美好！

（生鼓掌）

师：什么样的人是闲人？以诚示天、与天其时，这是闲人；随遇而安、乐观旷达，这是闲人。好，（话筒递给另一生）“苏轼”，把你的心里话说出来，明月替你做证。

生：（朗读写话）元丰六年十月十二日夜，我和好友张怀民在承天寺赏月。只见庭下如积水空明，水中藻、荇交横，盖竹柏影也。

我的心中一片从容。我只是写了一封《湖州谢上表》，怎么就落入了这般难堪的境地！不过天上有知己——月亮，世间也有知己——张怀民。我和张怀民已经看清人生，淡泊名利，内心怡然自得，我的人生要像李白写的那样：

“人生得意须尽欢，莫使金樽空对月。”不能浪费光阴，诉说命运的不公，要活在当下，珍惜生活。（生鼓掌）

师：人生就是选择。你可以选择怨恨，也可以选择放下；你可以选择仇恨，也可以选择宽容。苏轼，你选择了放下，选择了宽容。我知道，在你的心目中，只有这样的人才称得上——

生：闲人。

师：“苏轼”，把你的心里话说出来，怀民替你做证。

生：（朗读写话）元丰六年十月十二日夜，我和好友张怀民在承天寺赏月。只见庭下如积水空明，水中藻、荇交横，盖竹柏影也。

我的心中一片光明。我欣赏这里的美景，我庆幸自己摆脱了官场，我庆幸自己不会在官场的尔虞我诈中沉沦。现在在我眼前的，是澄澈的月光，是我信任的知己，是光明的未来。从今以后，我不会再为贬官而伤心，不会再为排挤而失意，我找回了真正的自我！

（生鼓掌）

师：真正的自我，就是“真我”。多少人，在官场中失去了真我；多少人，在商场中失去了真我；多少人，在考场中失去了真我。像苏轼一样，一个找回真我的人，才叫——

生：闲人。

师：有请最后一位“苏轼”。（话筒递给一生）“苏轼”，把你的心里话说出来，所有在场的人替你做证。

生：（朗读写话）元丰六年十月十二日夜，我和好友张怀民在承天寺赏月。只见庭下如积水空明，水中藻、荇交横，盖竹柏影也。

我的心中一片自在。我遭遇坎坷又如何，不就是失去了地位、权力而已嘛，它们都乃身外之物，皆可抛！人有悲欢离合，月有阴晴圆缺，此事古难全。只有顺其自然，才能活得自在，才是人生至理！

（生鼓掌）

师：多么豁达的胸襟，多么自在的心境啊！这样的人，我们才可以称之为——

生：闲人。

【点评：苏轼因“乌台诗案”差点丢了性命，被关押一百多天，经历通宵诟骂之辱，其实是惊魂不定、踉踉跄跄来到黄州。在黄州，他以戴罪之身任团练副使，既不能签署公文，也没有朝廷供奉，且不能擅自离开此地。为了养家糊口，他不得不在东坡耕种，与山野农夫为伍。此时，京城中的朋友无一人来信问候，苏轼写出的信也无一人回复，正是“有恨无人醒”“寂寞沙洲冷”。同样在黄州，因为命运的巨大变故使苏轼对生命有了通透的思考。在自然天地间，在儒、释、道的文化中苏轼深刻自省，悟得生命的大自在、大智慧。也是在黄州，苏轼写下了他一生中最伟大的篇章，如《念奴娇·赤壁怀古》《赤壁赋》《定风波》，以及《记承天寺夜游》。写作这篇文章时，“乌台诗案”过去刚刚四年，四年的时间不长，那些不堪回首的日子一定还会偶然入梦。知道这些，再看“闲人”的慨叹，这期间除了自得的“闲情”，还有被“闲置”的幽默自嘲，甚至无奈。当然，优美的诗文是对凄苦的挣扎与超越，这何尝不是命运的另一种补偿。

围绕文章的写作背景，教师本来有太多内容可讲、太多感慨可叹，然而王崧舟老师没有过多地展开，而是让学生自己谈感受，然后用写话的方式，让他们走近伟大的灵魂。语文需要深刻的文本解读使境界开阔，更需要理性的克制，使教学尊重学生的认知心理及接受程度，深入浅出、由博返约。】

五、尾声：空明月色恰如闲人

师：同学们，在经历了贬官，经历了被人诬陷，经历了失去人身自由和权力，经历了生死考验之后，我们依然看到苏轼的心境是那样从容，那样自在，那样平和，那样光明。这样的心境，像什么？

生：像明月。

师：像空明的月色。（板书：如）正所谓——

生：（齐）闲人心境如月色空明。

师：元丰六年十月十二日夜，苏轼又一次写到了“月色”（在“月色”两个字下面加上三角符号）。其实，他真正要写的是自己的“心境”（在“心境”两个字下面加上三角符号）。

师：苏轼笔下的月色是如此“空明”（在“空明”两个字下画上双横线）。这空明的月色映衬的正是“闲人”的心境（在“闲人”两个字下画上双横线）。

师：同学们，只有心境空明的闲人，才会遇到这样的夜晚——（配乐读）

生：（齐）元丰六年十月十二日夜，解衣欲睡，月色入户，欣然起行。

师：只有心境空明的闲人，才会找到这样的知己——

生：（齐）念无与为乐者，遂至承天寺寻张怀民。怀民亦未寝，相与步于中庭。

师：只有心境空明的闲人，才会看到这样的美丽月色——

生：（齐）庭下如积水空明，水中藻、荇交横，盖竹柏影也。

师：只有心境空明的闲人，才会悟到这样的人生真谛——

生：（齐）何夜无月？何处无竹柏？但少闲人如吾两人者耳。

师：这样的人，才是真正的——

生：（齐）闲人。

师：同学们，你们愿意成为这样的闲人吗？

生：（纷纷回答）愿意。

师：做闲人，可没这么容易啊！下课！

【点评：课至尾声，点明“月色”与“心境”的关系——闲人心境如月色空明，月色空明乃闲人心境。其实，“空”与“闲”意义相通。庄子云：“大智闲闲，小智间间。”伟大的心灵不是没有悲欢，而是不会为悲欢所掌控、所占据。当心无挂碍，自然光明如月。

课以读收尾，是文章整体复现，也是再次的逐句品读回味。在一遍一遍的朗读中，学生已然成诵。课末，王老师问：你们愿意成为这样的闲人吗？学生的回答不假思索——“愿意”！其实不急着回答，因为你们尚未经历岁月；其实不急着回答，因为世间的事远非“愿意”“不愿意”可以了得。

此课此文的意义，一定不止在语文，甚至不止在文化，它一定是为课堂上的生命种下了某种精神的埋伏。多年之后，若他们在生命的某种际遇之下忽有所悟，忽然想起苏轼，就一定会想起这一课，想起元丰六年十月十二日夜黄州承天寺上空那轮明镜似的秋月。愿他们能会心微笑。愿这微笑，与苏轼漫步庭前时的微笑重叠，也与王崧舟老师执教此课时的微笑重叠。——执教这一课前，王老师不慎摔伤，伤痛半年多，在教学视频中仍能见他行走不便，但他的笑自始至终那般从容安定，温和自得。】

【评析】

该有一课　朗朗如月

《记承天寺夜游》一课，是王崧舟老师文言四课之“月”。没有一个物象能像月这般独得中国文人的喜爱，也没有一个意象能像月这般折射出中国文化的温润与光彩。

《记承天寺夜游》是写月的妙品。全文仅80余字，但意境超然，韵味隽永。北宋的古文运动虽由欧阳修发起，却完成于苏轼。他反对“浮巧轻媚，丛错彩绣”的骈体文和当时“怪僻而不可读”的时文，提出了“自出新意，不践古人”的主张。他的散文上承唐代古文余绪，下启明清小品先河。其最可爱者往往为小品，而《记承天寺夜游》当属其冠。文章写于1084年，其间，苏轼被贬黄州。

苏轼在黄州一度陷入了人生的低谷，他自己写道：“得罪以来，深自闭塞，扁舟草履，放浪山水间，与樵渔杂处，往往为醉人所推骂，辄自喜渐不为人识。平生亲友，无一字见及，有书与之亦不答，自幸庶几免矣。”就是在这惊魂不定、潦倒失意之时，他在无言的山水前，在佛道的智慧中省视自己的内心，完成了精神的突围。苏东坡的可爱或者伟大不仅仅在于他“是个秉性难改的乐天派”，在巨大的变故面前仍能豁达开朗，而是在“以佛治心”“以道治身”之后仍能以天下为己任，继续以儒治世。他是真的看清了这个世界，仍然爱它。林语堂称东坡是“世间不可无一，难得有二”之人。他投入地生活在每个瞬间、每个当下，时时适明月清风，便不羡长江之无穷。

余秋雨在《苏东坡突围》一文中认为苏轼在黄州走向成熟。这种成熟“是一种明亮而不刺眼的光辉，一种圆润而不腻耳的音响，一种不再需要对别人察言观色的从容，一种终于停止向周围申诉求告的大气，一种不理会哄闹的微笑，一种洗刷了偏激的淡漠，一种无须声张的厚实，一种并不陡峭的高度”。诚如斯言。

可惜，北宋积贫积弱的局势逐渐形成，统治阶级内部政局反复多变，党争此起彼伏，再度回到朝堂的苏轼因其正直求实、“一肚子不合时宜”的态度再度被贬。一生道路坎坷。好在苏轼在精神的家园里早已归去，也无风雨也无晴。苏轼宁愿做一个“闲人”。他在一首词中唱道：“几时归去，作个闲人。对一张琴，一壶酒，一溪云。”显然，这种“闲”有艺术的精神。苏轼能“闲世人之所忙”，于是能“忙世人之所闲”，他要做一位忙着与天地、自然、自己对话的“闲人”。苏轼的“闲”，蕴含着诗情般的审美经验，也有孩子般调皮的天真；蕴含着面对挫折释然开怀的豁达，也有冷峻而深刻的哲思，甚至自我揶揄调侃的幽默。王老师在教学此课时，正是在“闲人”上用力，对“闲人”的理解既是教学目标，又是教学线索，让学生借由这则文言短篇触摸一种人生的境界。“何夜无月？何处无竹柏？但少闲人如吾两人者耳。”当清风绕指，明月入怀，这一声穿越时空的慨叹蕴含多少意味呢？

王老师懂苏轼之月，甚至我相信苏轼就是王老师心中的朗朗明月。忽然想到将王老师与苏轼做比较，应该有趣。江弱水以“博弈”论诗文，认为苏轼是靠“博”取胜，而不善“弈”。即他是掷骰子式的天才，诗文书画无不出手就是好。他的诗文自然如流水，并不刻意于布局的精巧。《记承天寺夜游》虽小小篇什，婉曲有致，却属于日记式写作，如行云流水，随物赋形，行于所当行，止于所当止而已。王崧舟老师同样天赋过人，诗文书画俱佳。当然，他最好的艺术品是他的课。王老师的作品不胜在“博”的豪气，他的课大多精心布局，精巧如弈，在他的教学设计中我们常常看到类似文章中修辞的使用，比如“排比”“互文”“突转”“悬念”。但这一课的好绝不在设计或者艺术，而是课心、文心的和谐呼应。是同样儒、释、道兼具的王老师在千年之后对苏轼的一种默契致意，一种颔首微笑。

与2011年《望月》一课相比，我们似乎可以松一口气。面对《记承天寺夜游》这样的经典，课者不必纠结语文的某种“工具”性、实用性，只需在审美及文化上用力就够了。历史地看，现代语文教育进程也同样是一步步走向实用化，然后再由实用化向文化回归。当然，这一过程绝不是直线往返的过程，而是无时无刻不充满着曲折的迂回、矛盾与斗争。

放下纠结，我们仿佛看到苏轼与怀民信步庭中，闲游漫语。合上它，元丰六年十月十二日黄州承天寺上空那轮澄澈明净的月色仿佛仍照在我们身上似的。

该有一课，朗朗如月。

赞莲花之性　传君子之道

——《爱莲说》教学与评析

◆执教／王崧舟　评析／林志芳

【教学】

一、铺垫“先行知识”，理解花之隐喻

师：同学们请看大屏幕，这是什么花？（课件出示菊花图）

生：（齐）菊花。

师：喜欢菊花的同学请举一下手！

（生自由举手）

师：说到菊花，必须得说到一个人，你们知道是谁吗？（课件出示陶渊明画像）

生：（齐）陶渊明。

师：东晋大诗人陶渊明，爱菊爱到了骨子里。不信？有诗为证。请看，在《九日闲居》（其二）中，他这样写道——（课件出示，指名朗读）

酒能祛百虑，菊为制颓龄。

——［晋］陶渊明《九日闲居》（其二）

师：在陶渊明看来，饮酒，能驱除各种烦恼；食菊，能延缓生命衰老。饮酒，是不是真的就能驱除各种烦恼，很难说。李白不是写过这样的诗吗？抽刀断水——

生：水更流。

师：举杯消愁——

生：愁更愁。

【点评："酒"在陶诗中出现得非常多，世人想起陶渊明，只道"落花无言，人淡如菊"，却忽略了他曾日日饮酒消愁。事实上，在归园田居的日子里，他也有"日月掷人去，有志不获骋"的无奈与不甘。】

师：但是，食菊能延缓生命衰老，倒是有一定的科学道理。当然，陶渊明爱菊，还有更深的原因。我们继续看，在《和郭主簿诗》（其二）中，他这样写道——（课件出示，指名朗读）

芳菊开林耀，青松冠岩列。

——［晋］陶渊明《和郭主簿诗》（其二）

师：是啊！你们看，凛冽的秋霜，令百花凋零，但是——

生：（齐）山林中，盛开的菊花傲然夺目。

师：肃杀的秋风，使万木摇落，但是——

生：（齐）山岩上，苍翠的青松巍然挺立。

师：看得出，陶渊明爱菊，爱的是菊不怕风霜、不惧严寒的骨气。我们一起来读一读——（生齐读诗句）

【点评：菊有"傲霜"之意。】

师：其实，陶渊明爱菊，还有更独特的原因。我们继续看，在《饮酒》其五中，他这样写道——（课件出示，指名朗读）

采菊东篱下，悠然见南山。

——［晋］陶渊明《饮酒》（其五）

师：有点悠然的味道了，谁再来读一读？（指名朗读）

师：他把自己放进去了，悠然之意，溢于言表。一起来读。（生齐读诗句）

师：陶渊明在干吗呢？你们看，东篱下——

生：（齐）采撷我的菊花。

师：悠然间——

生：（齐）南山在我眼前。

师：这是多么自在、多么逍遥的生活啊！这是他不为五斗米折腰放弃官职后的生活。当那么多人为了功名利禄争得头破血流的时候，陶渊明却过着这样的生活——（指名朗读诗句）

师：当那么多人为了荣华富贵拼得你死我活的时候，陶渊明却依然过着这样的生活——（指名朗读诗句）

【点评：这首诗的标题是《饮酒》，微醺的诗人在东篱下采撷菊花，偶然间抬起头来，目光恰与南山相会。人悠然闲逸，山静穆高远。这种人与自然相望相契的感觉正是“以物观物”“物我两忘”的“无我之境”。诗人在这样的情境里获得静穆淡远的暂时安顿，此中真意，欲辩忘言。】

师：是啊，离开官场，离开名利场，离开尔虞我诈，离开钩心斗角，回归自然，回归田园，这才是陶渊明想要的生活。于是，从陶渊明之后，菊花就不仅仅只是菊花，菊花有了一种象征——（课件出示：菊花→隐逸）

生：（齐）隐逸。

师：把“隐逸”这个词记下来。

（生做笔记）

师：隐居田园，自由安逸，就像东篱下的菊花一样。

【点评：学习陶渊明写菊花的三句诗。诗中“菊花”的意义由浅入深，从现实食用之物到坚韧品性的代表，再到“物我合一”的隐逸文化特指。】

师：（课件出示牡丹图）这是什么花？

生：（齐）牡丹。

师：喜欢牡丹的同学请举手。

（约三分之一同学举手）

师：要是生活在唐朝，你们对牡丹就不是这个态度了。不信，我们一起看——（课件出示）

惟有牡丹真国色，花开时节动京城。

——［唐］刘禹锡《赏牡丹》

师：这是大诗人刘禹锡为牡丹写下的诗，谁来读一读？

（指名朗读）

师：这个“动”是什么“动”？

生：惊动。

生：轰动。

生：震动。

师：把这份感情读出来。

（生齐读）

【点评：为关键的字组词不失为帮助理解的好办法。毕竟文言词汇以单音节居多，联系前后语义组词后，可以帮助学生理解诗句。】

师：难怪，诗人白居易在《牡丹芳》一诗中会这样写道——（课件出示，指名朗读）

花开花落二十日，一城之人皆若狂。

——［唐］白居易《牡丹芳》

师：我想，你们的眼睛都聚焦到一个字眼儿上，哪个字？

生：狂。

师：男女老少，为谁而狂？

生：（齐）牡丹。

师：大街小巷，为谁而狂？

生：（齐）牡丹。

师：花开花落，为谁而狂？

生：（齐）牡丹。

师：我们一起读一读。

（生齐读）

师：所以，诗人徐凝在《牡丹》一诗中情不自禁地发出这样的感叹——（课件出示，指名朗读）

何人不爱牡丹花，占断城中好物华。

——［唐］徐凝《牡丹》

师：谁不爱牡丹？谁敢不爱牡丹？好像不爱牡丹，你就是个另类，你就会跟全部唐朝人格格不入。正因为有那么多人为牡丹痴，为牡丹疯，为牡丹狂，于是，就有人——（课件出示，指名朗读）

种以求利，一本有直数万者。

——［唐］李肇《唐国史补》

师：种牡丹，挣大钱。一株牡丹，价格多少？

生：价格竟然高达数万钱。

师：你们看，牡丹不光国色天香，牡丹还成了摇钱树，成了聚宝盆啊！（课件出示：牡丹→富贵）所以，从唐朝开始，牡丹也有了某种象征，象征什么？

生：（齐）富贵。

师：请把“富贵”这个词记下来。

（生做笔记）

【点评：牡丹属于盛唐。那种繁花锦簇、雍容华贵的气质是那个时代的精神写照。在这个环节中，执教者用诗带领学生理解了牡丹之于富贵的隐喻。】

师：（课件出示莲花图）这是什么花？

生：（齐）莲花。

师：莲花就是荷花。喜欢莲花的同学请举一下手。

（生自由举手表态）

师：陶渊明独爱菊，世人甚爱牡丹。但是，也有人却独爱莲花，谁——（课件出示周敦颐图片）

生：（齐）周敦颐。

师：我们一起来看一看周敦颐的简介。（课件出示）

周敦颐（1017—1073），字茂叔，号濂溪，道州（今湖南省道县）人。北宋哲学家，宋明理学的开山鼻祖。著有《太极图说》《通书》等。为官清正廉洁，爱民如子。

师：这里有几个非常重要的信息。第一，周敦颐是哪里人？

生：湖南人。

师：第二，周敦颐开创了什么学派？

生：宋明理学。

师：你们可能没听说过“宋明理学”，但你们应该听说过孔子吧？

生：（齐）知道。

师：孟子，知道吧？

生：（齐）知道。

师：2000多年前，孔子和孟子开创了中国历史上最伟大的思想学派——儒家学派。儒家学说，看重仁义道德，看重君子美德，影响了一代又一代的中国人。但是，儒家学说后来慢慢衰落，看重仁义道德、看重君子美德的人越来越少。到了北宋的时候，有一个人，你们知道是谁吗？

生：（齐）周敦颐。

师：是的，周敦颐。周敦颐开创了宋明理学，复兴了儒家学说。慢慢地，仁义道德、君子美德，又一次成为我们这个民族最核心、最持久的价值观。你们说，周敦颐厉不厉害？

生：厉害。

师：好，我们来看第三个重要信息。周敦颐做过官，老百姓是怎么评价他的？

生：清正廉洁，爱民如子。

师：千万不要小看这短短的八个字，可以说，字字千金啊！我们一起说——

生：（齐）清正廉洁，爱民如子。

师：这样一位伟大的哲学家，这样一位深受百姓爱戴的好官，为什么要写《爱莲说》呢？请大家翻开课文，自由朗读《爱莲说》。注意读准字音，读通句子。**（课件出示《爱莲说》原文，生自由朗读）**

【点评：课至此时，方出现作者介绍，引出《爱莲说》。

回顾开课之初的教学内容，执教者用大力气带领学生拓展学习了关于菊花和牡丹的诗句并了解花之隐喻，这自然不是“闲话”或者“随笔”，而是为后文精心准备的“先行知识”或“背景知识”，了解这些之后，再进入课文学习就水到渠成了。

加涅在谈到教学设计时认为“教学包含一套外在于学生的、设计用于支持学习内部过程的事件”。在王老师的这一课里，此处的铺垫拓展当然属于精心设计的“教学事件”，它的目的是促进学生的认知。若从教学艺术上看，它类似写作中的“伏笔”。】

二、找出主要信息：领悟“烘云托月”之妙

师：读完课文的同学，请你用单横线画出所有写菊花的句子，用双横线画出所有写牡丹的句子，用波浪线画出所有写莲花的句子。

（生默读，画出相关句子）

师：好！通读全文后我们知道，《爱莲说》其实写了三种花。第一种花是——（课件出示菊花图）

生：菊花。

师：请把所有写菊花的句子找出来——（指名朗读写菊花的句子，相机出示）

> 晋陶渊明独爱菊。
>
> 菊，花之隐逸者也。
>
> 菊之爱，陶后鲜有闻。

师：我们一起读一读！

（生齐读）

师：第一句，我们能理解。第二句，读了陶渊明写的那些诗，应该也没有问题。第三句，讲什么？

生：对菊花的喜爱，陶渊明之后很少听说了。

师：哪个字是“很少”的意思？

生：“鲜”字。

师：“鲜”的读音是第三声。陶渊明之后，喜爱菊花的人越来越少，几乎没有怎么听说了。

【点评：“鲜”是学习难点，这里的读音与意义学生都不常见，需要特别强调。】

师：好像不是这样。不信，我们现场做一个调查，台下听课的老师，喜爱菊花的请举一下手！

（大部分老师举手）

师：你们看，菊之爱，陶渊明之后大有人在啊！所以，这话写得好像不符合事实啊！你们怎么看？

【点评：借用“鲜有闻”与现场仍有许多老师爱菊引发认知冲突，引导学生思考作者笔下菊之所指。】

生：像陶渊明这么喜爱菊花的人，在陶渊明之后就很少听说了。

师：你强调了喜爱的程度，有点道理。

生：陶渊明爱菊，爱的是菊花的品格。

师：你的意思是，一般人爱菊，爱的是菊的外形。

生：像陶渊明那样爱菊爱到骨子里的人，很少很少。

师：那么，怎么算是爱到骨子里呢？还记得菊花的象征吗？

生：隐逸。

师：隐居田园，自由安逸，就像东篱下的菊花一样。这算是爱到了骨子里。所以，这里的“菊之爱”，其实就是什么之爱？

生：隐逸之爱。

（课件出示：隐逸之爱，陶后鲜有闻。）

师：是的，陶渊明淡泊名利，隐逸田园，他是真正的隐士。但是，陶渊明之后，真正的隐士就很少听说了。作者真正感叹的，不是菊之爱，而是“隐逸之爱”。我们一起读——

（生齐读）

【点评：简短的三句话凝练了“何人爱菊”“菊象征什么”“世人对菊的态度”三层意思。因为上一板块已经对陶渊明与菊花做了足够的铺垫，此时的学习变得水到渠成。】

师：好！文章还写了第二种花，什么花？

生：牡丹。

师：谁来读一读描写牡丹的句子？（指名朗读写牡丹的所有句子，相机出示）

自李唐来，世人甚爱牡丹。

牡丹，花之富贵者也。

牡丹之爱，宜乎众矣。

（生齐读）

师：理解了“菊之爱”，我想，理解“牡丹之爱”也应该没有问题了。“牡丹之爱”，其实就是什么之爱？

生：富贵之爱。

师：（课件出示：富贵之爱，宜乎众矣。）天下熙熙，皆为利来；天下攘攘，皆为利往。熙熙攘攘，都是为了——

生：富贵。

师：当然，爱富贵没有什么错，君子爱财，取之有道，关键是要爱得有道。我们一起读——

（生齐读）

【点评：与“菊花”的学习模式完全相同。】

师：好！我们来看文章写的第三种花，什么花？

生：莲花。

师：请把所有写莲花的句子找出来——（指名朗读所有写莲花的句子）写莲花的句子特别多，我们筛选一下，也就是三句话——（课件出示）

予独爱莲。

莲，花之君子者也。

莲之爱，同予者何人？

师：我们一起读一读！

（生齐读）

师：理解了“菊之爱”，理解了“牡丹之爱”，我想，“莲之爱”的理解也应该没问题了。“莲之爱”就是什么之爱？

生：君子之爱。

师：我们一起读——（课件出示：君子之爱，同予者何人？）

【点评：对莲花的描写千呼万唤始出来。但执教者并没有迅速把教学重点放在细节上，而是同样筛选出关键信息，引导学生把握课文的主要内容。

从整体设计看，此处三种花的教学形成一组“排比”，这种教学修辞的使用不是出自教学艺术化的纯粹追求，而是促进学生认知的需要。当学生掌握了这样一种学习模式，在遇到相似的情景时就会很快领会分析问题的关键，并运用之前的认知储备去处理它。】

师：我们知道，《爱莲说》真正要写的只有一种花——

生：莲花。

师：所以，莲花写得最详细也最传神。既然真正要写的只是莲花，为什么还要写菊花？还要写牡丹呢？

生：这是在对比。

生：为了更加衬托莲花。

生：我觉得这是反衬，反衬周敦颐喜爱莲花。

师：是的，这是对比，这是衬托，这是反衬，也可以叫作“烘云托月”。（板书：烘云托月）请把这个词记下来。

（生做笔记）

【点评：《爱莲说》全文仅有116个字，但章法分明，笔意超越。文章通篇使用的“衬托”手法向来为人称道。有学者认为，文中的“菊花”是正衬，“牡丹”是反衬。把菊花之隐逸、牡丹之富贵与莲花之高洁相对比，更能突出“爱莲”之主题。

在这一板块，王老师带领学生分别找出描写三种花的句子，然后将它们分析比较，使学生对全文结构形成整体把握，理解“烘云托月”写法之妙。】

三、理解莲与君子的联系，体会“借物喻人”之意

师：费了这么大的劲儿写菊花、牡丹，只是为了烘托谁？

生：莲花。

师：作者是从哪几个方面来写莲花品性的？根据自己的理解完成课堂练习第一题。（板书：莲花品性）

（生默读课文，完成“课堂练习一”）

师：通过思考和练习，我想，我们一定已经明白，周敦颐是从七个方面来写莲花品性的。我请一位同学来分享自己的思考。（课件出示“课堂练习一”）

莲的颜色	不蔓不枝
莲的姿态	出淤泥而不染
莲的花茎	濯清涟而不妖
莲的叶柄	中通外直
莲的香气	可远观而不可亵玩
莲的外形	香远益清
莲的位置	亭亭净植

师：在周敦颐的笔下，莲的颜色有什么特点？

生：出淤泥而不染。

师：什么叫出淤泥而不染？

生：就是从淤泥里长出来，没有被污染。

师：比如，本来是洁白的莲花，从淤泥里长出来，依然是——

生：洁白的。

师：本来是碧绿的荷叶，从淤泥里长出来，依然是——

生：碧绿的。

师：这就叫出淤泥——

生：（齐）而不染。

师：继续看！在周敦颐的笔下，莲的姿态有什么特点？

生：濯清涟而不妖。

师：什么叫不妖？

生：不妖媚，开得端庄、大方。

师：你们应该都见过莲花，莲花给你一种什么感觉？

生：清新。

生：很纯洁的感觉。

师：与妖媚、妖艳肯定不沾边，是吧？这就叫濯清涟——

生：（齐）而不妖。

师：继续看！在周敦颐的笔下，莲的花茎有什么特点？

生：中通外直。

师：莲的叶柄有什么特点？

生：不蔓不枝。

师：莲的香气有什么特点？

生：香远益清。

师：莲的外形有什么特点？

生：亭亭净植。

师：在周敦颐的笔下，莲的位置又有什么特点呢？

生：可远观而不可亵玩。

师：好！莲花的七大特点，全部连对的同学请举手——

（绝大多数学生举手）

师：细细地读，慢慢地品，我们发现，周敦颐笔下的莲花是那样独特、那样传神。我们看——（对照"课堂练习一"再次提问，生齐答）

【点评：聚焦《爱莲说》中描写莲花的语段，这些句子中不乏生字难词，也存在不好理解的句式。但王老师并没有字字解释、句句串讲，而是以连线练习的方式让学生在比较与选择中完成理解。连线题的好处在于：化难为易，为学生的理解提供支架。】

师：既然周敦颐对莲的观察如此仔细，对莲的描写如此传神，他应该不会忘记，莲除了颜色、姿态、花茎、香气外，还有这些——（课件出示莲叶图片）

师：这是什么？

生：（齐）莲叶。

师：莲叶可以入药，有清热解暑的功效。

（课件出示莲蓬图片）

师：这是什么？

生：（齐）莲蓬。

师：莲蓬可以入药，有化瘀止血的功效。

（课件出示莲藕图片）

师：这是什么？

生：（齐）莲藕。

师：莲藕可以食用，有健脾开胃的功效。

（课件出示莲子图片）

师：这是什么？

生：（齐）莲子。

师：莲子可以食用，有养心安神的功效。

师：你瞧！莲叶、莲蓬、莲藕、莲子，多有价值啊！为什么不写这些呢？

【点评：文中之莲是审美对象而非实用对象。】

生：因为他要写的是莲正直的品性。

生：在莲众多的特点中，他最欣赏的是莲的君子气概。

师：原来，周敦颐真正要写的不是莲，而是谁？

生：（齐）君子。

师：（板书：君子美德）那么，问题来了，你们怎么看出他写莲就是在写君子美德呢？请大家再细细地默读课文，想一想，周敦颐写莲的这些特点跟君子之间有着怎样的联系。想明白了，就请完成课堂练习第二题。（课件出示“课堂练习二”）

莲花，出淤泥而不染	君子，刚正不阿
莲花，濯清涟而不妖	君子，洁身自好
莲花，中通外直	君子，泰而不骄
莲花，不蔓不枝	君子，通达正直
莲花，香远益清	君子，自尊自重
莲花，亭亭净植	君子，德布四方
莲花，可远观而不可亵玩	君子，高洁独立

（生默读课文，完成“课堂练习二”）

【点评：连线练习的第二次运用，提供理解支架。】

师：我们知道，在周敦颐看来，莲，花之君子者也。他写莲的特点，其实就是在写君子的美德。我请一位同学来分享自己的思考。

师：周敦颐写莲花出淤泥而不染，其实是在比喻——

生：君子，洁身自好。

师：周敦颐写莲花濯清涟而不妖，其实是在比喻——

生：君子，泰而不骄。

师：周敦颐写莲花中通外直，其实是在比喻——

生：君子，通达正直。

……

师：这种写法叫什么?

生：借物喻人。

师：（板书：借物喻人）请把这个词记下来。

（生做笔记）

师：借莲花之物，喻君子之德。在周敦颐的笔下，莲花就是君子，莲花的品性就是君子的美德。（课件出示“课堂练习二”）所以，周敦颐说，予独爱莲之出淤泥而不染，其实，他真正爱的是——

生：（齐）君子，洁身自好。

师：周敦颐说，予独爱莲之濯清涟而不妖，其实，他真正爱的是——

生：（齐）君子，泰而不骄。

……

师：同学们，看到这样的莲花，想到这样的君子，你的心里会涌起一种怎样的感情？

生：我心中涌起了敬爱之情。

生：对莲花的喜爱之情。

生：我对莲花充满了崇敬之情。

师：这样的莲花让人喜爱，这样的莲花让人敬爱，你们体会到的感情，正是当时周敦颐体会到的感情。所以，周敦颐说，予独爱莲。这里的“爱”，是喜爱，更是崇敬。（板书：独爱莲）

师：让我们一起，怀着喜爱之情，怀着崇敬之心，来好好地读一读周敦颐的《爱莲说》。

（课件出示课文并配乐，师生合作轮读）

【点评：《爱莲说》通过描写莲的外形和特点，表达了作者对清通俊雅的君子人格的赞美与向往。据史料记载，本文创作于1068年，周敦颐彼时任南康郡守。他曾于府治东侧开辟一块四十余丈长宽的莲池，池中建赏莲亭，南北曲桥连岸，夏秋之交，莲花盛开，亭亭玉立。周敦颐凭栏赏莲，爱莲花之高洁，感宦海之混沌，写下了这篇千秋美文。文章借物喻人，也是作者以我观物时产生的“物我交流的回响”。

莲在文中喻君子，这是学生容易看懂的，但莲的品性与君子为何相关？这是教师不教，学生很难自悟的。在这一板块的教学中，王老师两次使用连线题，以练促读，帮助学生理解与思考。至于对君子品行的深入描述，王老师没有涉及，甚至对相关词语也未做任何解释——这些词语只怕解释了学生也未必能真正理解，接下来教师用故事与之互证。】

四、走进作者故事，感悟“知行合一”的高洁人生

师：这就是周敦颐笔下的《爱莲说》。我们知道，一个真正的君子，不光要说到，更要——

生：（齐）做到。

师：我们来看看周敦颐做到了没有呢。这是周敦颐的故事——（课件出示，指名朗读）

周敦颐担任江西南安的司理，负责案件审判。他的顶头上司要判一个犯人死刑。周敦颐审理后，认为此人罪不当死。上司非常生气，坚持己见。

周敦颐愤然说："为讨好上司而乱杀人，我坚决不干！"他交出官印，准备辞官。上司从没见过这样刚正不阿的下级，就重新审案，最终免了犯人的死罪。

——据《宋史·周敦颐传》

师：这一年，周敦颐才29岁。这一年，《爱莲说》还没有开始写。但是，你在哪里看到了他的莲之爱？

生：我从"刚正不阿"看出了莲之爱。

师：你又是从哪里看出"刚正不阿"的呢？

生："周敦颐愤然说：'为讨好上司而乱杀人，我坚决不干！'他交出官印，准备辞官。"

师：周敦颐这样做，对他自己可能意味着什么？

生：没有官做了。

生：养家糊口的钱也没有了。

生：可能会被上司报复，有性命之忧。

师：这些都有可能，周敦颐也知道会有这些可能。但是，他为什么还要这样做呢？

生：为了公正。

师：人命大如天啊！上司刚愎自用、草菅人命，而周敦颐呢，却像莲花一样不蔓不枝、刚正不阿。我想，当周敦颐挂印辞官的画面在你眼前出现的时候，你的耳边一定会响起他的《爱莲说》——（课件出示完整课文，指名朗读）

师：我们一起来读！

（生齐读）

【点评：君子之刚正不阿。】

师：我们继续看——（课件出示，指名朗读）

广东端州出产端砚，非常名贵。端州知府贪得无厌，垄断采石以牟取暴利，百姓怨声载道。

周敦颐担任提刑官，去端州巡视。知府送端砚作为厚礼。周敦颐说："我确实喜欢端砚，但人格比端砚更值钱。"他不仅拒收礼物，还下令任何人都不得私自采石。禁令一出，贪风顿止。

——据《濂溪先生周元公年表》

师：这一年，周敦颐55岁。这一年，距周敦颐写出《爱莲说》已经过去8年了。他可曾忘了自己的《爱莲说》？你从哪儿看出来的？

生："我确实喜欢端砚，但人格比端砚更值钱。"

师：由此你看出了他怎样的品性呢？

生：洁身自好。

师：我想，当周敦颐拒收端砚的画面在你眼前出现的时候，你的耳边一定会又一次响起他的《爱莲说》——（课件出示）

予独爱莲之出淤泥而不染，（　　　　），中通外直，（　　　　），香远益清，（　　　　），可远观而不可亵玩焉。

（指名朗读，完成填空）

师：我们一起来读！

（生齐读）

【点评：君子之清正廉洁。】

师：我们继续看——（课件出示，指名朗读）

周敦颐从四川合州卸职回京，正好遇上回京述职的王安石。他们相聚王府，谈政治，谈哲学，雄辩滔滔，心心相印。

王安石主持变法时，遇到各种阻力，他如履薄冰、独木难支。这时，周敦颐挺身而出，他说："新政谋天下太平，是数百年来都不容易做到的事。"

——据《周敦颐集》

师：这一年，周敦颐已经57岁。再过5个月，他就驾鹤西去。在生命的最后时刻，他心里装的是谁？

生：老百姓。

生：国家。

师：莲之爱，他可曾忘记？君子之爱，他可曾失去？我想，当周敦颐挺身而出的画面在你眼前出现的时候，你的耳边一定会又一次响起他的《爱莲说》——（课件出示）

予独爱莲之（　　　　），（　　　　），（　　　　　），（　　　　），（　　　　），（　　　　），（　　　　）焉。

【点评：君子之心怀天下。】

（指名朗读，完成填空）

师：我们一起来读！

（生齐读）

师：是啊，真正的君子，说到做到，这叫知行合一！这就是周敦颐！

【点评："诵其诗，读其书，不知其人，可乎？是以论其世也。"读《爱莲说》，不能不去了解周敦颐。面对官场浑浊，他没有消极避世，更没有随波逐流，而是旗帜鲜明地做一个正直、高尚的君子，做一个廉洁、进取、受人敬重的好官。"石韫玉而生辉，水怀珠而川媚"，《爱莲说》正是因为暗含着人品与文品的深刻统一，才为历代人们所喜爱、所传诵。

当王老师引导学生走进周敦颐的人生故事，就为前文的君子品性做了最好的注解，也将《爱莲说》的教学目标落地。值得提醒的是，王老师在作者故事与文本内容之间建立连接的方式——一次次引导回读，正是通过回环复沓式地读，加深了学生对文意的理解，也完成了积累与背诵。】

五、点染余韵：感悟莲之文化传承

师：（课件出示周敦颐图片并配乐）1000多年前，周敦颐写下了《爱莲说》。他用自己的文字，更用自己的实际行动，化身为一朵圣洁的莲花。（课件出示，师生配合读）

出淤泥而不染，

濯清涟而不妖，

中通外直，

不蔓不枝，

香远益清，

亭亭净植，

可远观而不可亵玩焉。

师：当然，周敦颐所处的那个年代，爱莲的人不多，爱君子的人不多，所以，他感慨地说，莲之爱，同予者何人？他是多么希望有更多的人像他那样爱莲、爱君子啊！可以告慰这位圣贤的是，自《爱莲说》以后，自他高洁的人格被人传扬之后，爱莲的人多起来了，爱君子的人多起来了。“莲”成了中华民族又一个高贵精神的象征。（课件出示鲁迅照片）

师：他是谁？

生：（齐）周树人。

师：家喻户晓的鲁迅先生。中国现代文学的奠基人之一。我们一定记得他写过的诗，横眉冷对——

生：（齐）千夫指。

师：俯首甘为——

生：（齐）孺子牛。

师：先生是这样说的，更是这样做的。你们知道吗？鲁迅先生，也就是周树人，是周敦颐的第31代孙。他以自己的精神，化身为一朵圣洁的莲花。（课件出示）

出淤泥而不染，

濯清涟而不妖，

中通外直，

不蔓不枝，

香远益清，

亭亭净植，

可远观而不可亵玩焉。

师：他出淤泥而不染——

生：（齐）濯清涟而不妖。

……

师：（课件出示周恩来图片）他是谁？

生：（齐）周恩来。

师：中华人民共和国第一任总理。他是中国人民最敬爱的周总理，为了国家，为了人民，鞠躬尽瘁——

生：（齐）死而后已。

师：你们知道吗？周总理就是周敦颐的第32代孙。他以自己的高风亮节，化身为一朵圣洁的莲花。（课件出示）

出淤泥而不染，

濯清涟而不妖，

中通外直，

不蔓不枝，

香远益清，

亭亭净植，

可远观而不可亵玩焉。

师：他出淤泥而不染——

生：（齐）濯清涟而不妖。

……

师：同学们，这就是“文化”，这就是“传承”。（板书：永传承）

师：（指着板书）今天，我们一起学习了周敦颐的——

生：（齐）《爱莲说》。

师：从表面上看，周敦颐写的是——

生：（齐）烘云托月，莲花品性独爱莲。

师：实际上，周敦颐真正要写的是——

生：（齐）借物喻人，君子美德永传承。

师：（指着板书）1000多年前，周敦颐想告诉世人——

生：（齐）莲花品性独爱莲。

师：1000多年后，我们以实际行动告诉周敦颐——

生：（齐）君子美德永传承。

师：下课！

【点评：课至尾声，王老师补充了鲁迅与周恩来的事例，原来鲁迅与周恩来是濂溪先生的后人，这种生命的关联令人慨叹。王老师引导学生走近这两位现代的君子，用1000多年前《爱莲说》中的文字与他们的品行互文互解，也就完成了一种文化基因的相认。是的，莲之品性是周氏家族的文化基因，也早已成为中华民族的文化基因。在语文课上，让我们带领学生一一辨认。】

【评析】

文化本位的课程自觉

研习王老师《爱莲说》时，正是7月。看过视频，我便到大明湖边看荷。溪亭日暮，在水边坐下，顿觉暑热消去。大明湖的水汽本身便有一股清冽的香，托着田田的叶子、盈盈的荷花。每年我都会来这里赏荷，今年不同，因为心里装了课。

《爱莲说》一课，仍然鲜明地体现着王老师文言启蒙的基本理念。对小学阶段的学生而言，文言学习的目标不在于掌握一定的文言知识，培养学生阅读文言文的能力，而是让学生初步感知文言形式，在教师的引导下能理解部分简短文言文的主要意思，初步感悟其文化意蕴便可以了。文言知识不是教学重点，在这样的教学里，没有句句串讲、字字落实，文言语感的涵养全落在“读其言”“通其意”“背其文”上。

课中的一个细节值得注意，在拓展的众多诗句中，只要是稍有难度的，王老师都在课前导学案以及授课时的PPT课件上附了白话注解。所以，在整堂课的学习中，字面意思本身不会成为学生认知的障碍。妙的是，这些注解始终未被教师刻意点明，王老师在课堂中从未有诸如“请看注释”这样的用语，教师与学生似乎保持着一种心照不宣的默契：那些注释可以帮助你理解诗句，如果需要，你可以去看，现在我们继续讨论我们的话题。这种不言说的好处在于，不会破坏课境中“场”的建立。王老师的课，确实常常着力于建构一个“心理场”，他用描述性的语言，配以音乐、美术，以及教学修辞中的反复、排比等手段，营造出一个浓浓的审美场域。场论心理学借用了物理学中“场”的概念来解释心理活动，它把环境或个人看作是一个整体的存在，任何心理与行为都在这个整体的制约下发展、变化。德国著名心理学家苛勒使用场论提出了“顿悟说”，认为学习是忽然顿悟的结果，这种顿悟不是个别刺激物所产生的反应，而是对整个情境理解的结果。在这样的课堂中，我们往往忘记了认知的动机，课文不是外在于我们的学习对象，而是师生共同经历的一段精神之旅。这个过程当然有认知发生，但它更是艺术的、审美的。

当然，“心理场”的营造是过程、手段，也可视为目的之一，但绝不是课堂教学的终点。在《爱莲说》一课的教学中，传承“莲”之文化，才是王老师想要带领学生到达的地方。这体现了王老师文言启蒙课一贯的文化本位自觉。“莲”是中国文化典型的意象，以莲喻人，最早出现在屈原的笔下——“制芰荷以为衣兮，集芙蓉以为裳。不吾知其亦已兮，苟余情其信芳”。但将“莲”与“君子”品性联系起来，写得丰盈充实的，是周敦颐。一篇《爱莲说》古朴自然、简洁明快，又骈散结合、错落有致。周敦颐用百余字结撰成文，却用一生为文做注。黄庭坚曾盛赞他“人品甚高，胸怀洒落，如光风霁月”。

在课堂中，王老师特意强调了周敦颐上承孔孟、下启程朱的文化地位。周敦颐也曾接触佛学，甚至有学者认为《爱莲说》中“莲”之意象与佛教相关，但是，周敦颐最终坚守践行的仍是儒家的道路。相较于隐居的陶渊明，周敦颐的人生态度更为积极进取，有“出淤泥而不染”的高洁，也有“士不可不弘毅”的责任与担当。在他的精神世界里，我猜测，他比采菊东篱、日日饮酒的陶潜可能获得了更多的心灵安顿。课中，王老师拓展了周敦颐生平的三个典型事例，又补充周恩来、鲁迅的事例，在我看来，这也是本课重要的教学内容。我们试图让学生认同并传承的文化，从来不是一个僵化的符号，而是与社会人生有着密切关系的一种生命格局。

想到这些，我在心中默念着王老师在课中带着学生反复诵记的句子：“予独爱莲之出淤泥而不染，濯清涟而不妖，中通外直，不蔓不枝，香远益清，亭亭净植”；也默念着鲁迅先生青年时期所作的七律：“扫除腻粉呈风骨，褪却红衣学淡妆。好向濂溪称净植，莫随残叶堕寒塘。”(《莲蓬人》)

大明湖边，荷塘风起。这些零碎的关于课的思绪飘开去，眼前，一一风荷举。

薛法根经典课堂实录

薛法根，江苏省苏州市吴江区教师发展中心书记，吴江区组块教学研究室主任，吴江区程开甲小学校长，特级教师，正高级教师，享受国务院政府津贴。

真理都是朴素的，好课都是简单的

——《剪枝的学问》教学与教后感

◆执教／薛法根

【教学】

板块一：听写字词

师：同学们已经预习了课文，现在一起来写一写课文中的生字词。专心听，这个字就在里面，鸡蛋、鸭蛋、脸蛋，想想老师让你们默写哪一个字？（一生在黑板上默写）

生：（生齐答，并默写）蛋！

师：哪一个蛋是不能吃的？

生：脸蛋。

师：还有哪些蛋也不能吃？

生：手榴弹。

师：音同字不同，你这样说是要得零蛋的。（生笑）

生：（纷纷抢答）零蛋不能吃；笨蛋不能吃；坏蛋不能吃。

师：挥舞要用什么？（生齐答：手。）那跳舞呢？（生齐答：脚。）手舞足蹈呢？（生齐答：手脚并用。）老师要让你们默写哪一个字？

生：（齐）舞！

师：依靠，可靠，来年就靠它们结桃子。

生：（齐）靠。

师：这次写一个词语。第一句：桃园里的桃子都成熟了，一个个光鲜红润，像胖娃娃的脸蛋。第二句：这个小伙子做事一向丢三落四，很不成熟。第三句：中国的高铁技术已经很成熟了。

生：（齐）成熟!

师：大家看第一个字，和他写得一样的同学请举手。（生举手）书写“蛋”字的时候要注意，撇和捺要写得舒展，这个字就写得美观了。（示范书写）

师：大家看第二个字，跟他写得一样的同学请举手。（生纷纷举手）这个“舞”字也有一个主笔要写得舒展才美观。

生：（指黑板上的字）中间这个长横，不能写得太短。（师相机修正）

师：大家看第三个字“靠”，怎样让这个字写得美观?

生：把“非”的两竖拉长。

师：“非”的两条腿已经够长的啦!（生笑）

生：“告”的第二横写舒展。

师：（相机修正）这一横一拉长，这个字就写得美观了。大家看最后一个词——

生：（齐）成熟!

师：你们看“成熟”这两个字写得“成熟”吗?（两个字写得一大一小）

生：不成熟!（生笑）

师：这个“成”字一定要注意关键笔画——斜钩要写舒展。（师相机修正）

师：刚才老师说的三句话中都带有“成熟”这个词。“桃园里的桃子都成熟了”，这里的“成熟”如何理解?

生：已经结果子了。

师：“结果”不一定“成熟”。

生：桃子熟了，可以吃了。

师：桃子“成熟”的时候吃起来是什么味道?

生：甜的。

师： 那不成熟的时候吃起来是什么味道？

生： 苦的、涩的。

师： 对，涩涩的。“这个小伙子做事一向丢三落四，很不成熟。”是不是说这个小伙子还不可以吃？（生笑）

生： 说明他还没长大，还没懂事。

师： 这个“成熟”就是长大、懂事的意思。

师： “中国的高铁技术已经很成熟了。”是不是说中国的高铁技术长大了、懂事了？（生笑）

生： （纷纷回答）中国的高铁技术发达，中国的高铁技术先进……

生： 是说中国的高铁技术已经完美了。（生赞叹）

师： 一个词在不同的语句中，含义是不一样的。今后预习课文的时候，发现那些新鲜的词语，不仅要查词典，而且要联系句子想一想词语的意思。（生齐读字词）

师： 课文的字词要会读、会写、会理解，当然还得会运用，会运用那就“成熟”了。

板块二：学习概括

师： 课文会读吗？（生：会。）读得懂吗？（生：读得懂。）那么，“我”几次到王大伯家的桃园，分别是什么时候？

生： 两次。

（生纷纷议论）

师： 想一想再说。

生： （修正）三次。第一次是“我”去王大伯家桃园，王大伯正在剪枝；第二次是“我”和小伙伴们在桃园嬉戏；第三次是“我”在桃园看到桃子又大又多。

师： 他一开始说两次，后来说三次。到底是几次呢？（生：三次。）你们看，“成熟”真的需要一个思考的过程！（生笑）我们再听其他同学是怎么说的。

生：一次是冬天，还有一次是春天，还有一次是夏天。

师："还有一次……还有一次……"，还有吗？（生笑）按照顺序说。

生：第一次是去年冬天，第二次是春天，第三次是暑假里。

师：现在请你们翻开课文，把这三个表示时间的词画下来。

（生画词，师板书）

师：跟老师写得一样的同学请举手。（生举手）我们一起读一读。

生：（齐）去年冬季的一天；春天到了；暑假里。

师："我"在这三个时间去了王大伯家的桃园，每次看到的景象一样吗？

生：不一样。

师：去年冬季的一天，"我"看到了什么？春天到了，"我"又看到了什么？暑假里，"我"看到的又有什么不同？

生：去年冬季的一天，"我"看到王大伯和几位叔叔正忙着剪枝。

师："忙着剪枝"，把这个关键词画下来。

生：春天到了，"我"看见桃花开了，王大伯的桃园红云片片。

师：关键词是什么？

生："红云片片"。

师：是不是王大伯家桃园的上空飘着片片红云？

生：不是，这里是把桃花比作了红云。

生：说明桃花开得非常茂盛，一团团、一簇簇的。

师：桃花盛开了，开得一片片的，那叫旺盛"!把"红云片片"画下来。

生：暑假里，"我"看见一棵棵桃树上挂满了光鲜红润的桃子。

师：把"挂满了桃子"画下来。谁可以把这三句话连起来说一段话？

生：去年冬季的一天，我"看见王大伯和几位叔叔正忙着剪枝；春天到了，"我"看见王大伯家的桃园红云片片，桃花都开了；暑假里，"我"看见桃园里都挂满了光鲜红润的桃子。

师：多完整，多流畅!会这样说的同学请举手。（生纷纷举手）你们都想说吗？（生齐答：想!）那就都不说了。（生笑，一生仍举着手）你还举着手干吗？

生：我想问一下，第5自然段的“暑假里”为什么不能说“夏天里”呢？

生：“暑假”就是在“夏天”过的。（生笑）

生：因为暑假里有时间去王大伯家的桃园。（生笑）

师：你对语言的感觉真的与众不同！“暑假里”和“夏天里”都表示时间，但是说法不同，含义也略有差异，暑假是在夏天，可以表明主人公是一个学生。（生纷纷点头）这三句话就是课文的主要内容，读完一篇课文要学会“概括”，（板书：概括）请写下来。

师：概括的时候一定要注意两点：第一，按照课文的写作顺序概括。这篇课文是按什么顺序写的？

生：时间顺序。

师：春夏秋冬，是一年四季的时间顺序；早上，上午，中午，下午，傍晚，这是一天的时间顺序；小时候，长大后，这是什么时间顺序？

生：成长的时间顺序。

师：按照顺序来概括，条理有序。第二，要抓住关键词语来概括。我们刚才画的关键词，概括得就比较准确，比较简要。你们会概括吗？

生：题目就能概括这篇文章的内容。（生惊奇）

师：这篇课文讲什么？

生：剪枝的学问！

师：太了不起了！有的时候课文可以用一句话来概括，甚至一个词也可以概括，而题目往往就概括了课文的主要内容或者所要表达的思想。这位同学真是善于思考，与众不同！

板块三：体会心理

师：“我”三次去王大伯家的桃园，看到的景象都不一样，心里的想法一样吗？（生：不一样。）心里的想法，我们称之为“心理活动”。（板书：心理活动）比如，“我”在走进桃园之前的心理活动是什么样的？

生：“满怀好奇”！（板书）

师：画下来，一起读——

生：（齐）满怀好奇！

师：下面请你们快速默读课文，哪些词语描写了“我”当时的心理活动？请把它们画出来。

（生默读，画词）

生：我画的词语有：一脸疑惑，将信将疑，又惊又喜。（板书）

生：（纷纷补充）盼望；着急；充满信心；恍然大悟……

师：课文中没有“恍然大悟”这个词，但结尾那句话表达的意思就是“恍然大悟”。这位同学真了不起!把这个词写在这句话的旁边。

（生批注）

生：课文中有一个描写蜜蜂心理活动的词是欢天喜地。

师：请你把这句话读一读。

生：（读）“浓郁的花香引来了无数的蜜蜂，它们欢天喜地地在花间飞舞。”

师：蜜蜂在花间是欢天喜地的，那我们在花间是怎么样的呢？

生：在奔跑，在嬉戏。

生：也是欢天喜地的。

师：这个词写的是蜜蜂欢天喜地，其他也是——

生：（齐）“我”和伙伴们欢天喜地的。

师：因为我们心里是欢天喜地的，所以看到的蜜蜂也是欢天喜地的，看到的桃花也是欢天喜地的。这种写法以后才会学到，今天被你们发现了，真好!

生：（齐读板书）满怀好奇，一脸疑惑，将信将疑，又惊又喜。

师：既然是心理活动，“我”心里一定是有想法的。比如满怀好奇，联系课文看一看，“我”对什么好奇？心里想什么？说给大家听一听。

生：为什么王大伯家的桃子又大又甜？

王大伯为什么能成为远近闻名的种桃能手？

生：王大伯家树上结的桃子那么大、那么甜，他是怎么做的？

师：一脸疑惑的时候，“我”心里会想什么呢？

生：王大伯为什么要把桃树上好好的枝条剪掉呢？

生：王大伯是远近闻名的种桃能手，为什么会做出对桃子不利的事？

师：一般人都认为粗壮的枝条才能结出又大又甜的桃子，王大伯的做法太奇怪了！“我”一脸疑惑。那“我”又惊又喜的时候会想些什么？

生：原来王大伯种桃的秘诀就是把那些只吸收营养而不结果实的枝条剪掉啊！

生：怪不得王大伯能成为远近闻名的种桃能手呢！

生：这么大、这么甜的桃子，可真好吃啊！（**生笑**）王大伯种桃太厉害了！

师：桃子有多大？（**生用手比画**）你见过胖娃娃的脸蛋吗？（**生互相看**）像他的脸一样圆，一样大！（**生笑**）我们在阅读的时候遇到这些描写心理活动的词要想一想，这样才能读到人物的心里去。

师：听说王大伯家桃树上的桃子总是那么大、那么甜的时候，我——（**生：满怀好奇**）；看到王大伯和几位叔叔在“咔嚓、咔嚓”地剪粗壮的枝条，我——（**生：一脸疑惑**）；听了王大伯的一番解释，我仍然——（**生：将信将疑**）；暑假里，看到满树挂满了像胖娃娃脸蛋一样的桃子时，我——（**生：又惊又喜**）。你们看，作者的心理活动一样吗？

生：不一样，发生了变化。

师：所以我们阅读时要关注人物的心理变化。其实我们每个人的心理都在发生变化，比如，昨天你们听说今天有一位老师要给你们上课，你们——（**生：满怀好奇**）；上课前，看到站着一个小老头，他能上好课吗？（**生笑**）你们——（**生：一脸疑惑**）。（**生笑**）

师：课上到现在，你们——

生：将信将疑。（**生笑**）

师：好的，下课的时候，我一定会让你们——

生：又惊又喜。（**生笑**）

师：读书的时候要读出人物的心理变化，写文章的时候也要把自己的心理变化写出来。

板块四：练习朗读

师：我们能不能把这种心理变化通过朗读表现出来？请你们练习朗读第2至3自然段。（生练习朗读）

师：谁来读第2自然段？

（一生朗读第2自然段）

师：这位同学读得怎么样？

生：（纷纷评价）很好；有感情；把心理活动读出来了；把满怀好奇的心理和着急的语气读出来了……

师：这位同学读得最有感情的是这个表现着急的句子，请你再来读一读。

生：（有感情地）“王大伯，您怎么啦？干吗要把这些好好的枝条剪掉呢？”

师：把着急、疑惑的心理活动读出来了!这句话是人物说的语言，我们称为“对话语”。（板书：对话语）这句话是一个孩子对王大伯说的，所以读的时候要有“角色意识”，像孩子一样读，语气、语调要有变化。（板书：角色变化）

（生练习朗读对话语，进步明显）

师：这段话中，前面两句不是人物说的话，我们称为“叙述语”。（板书：叙述语）叙述语要读得自然、流利，语气、语调不要起伏太大。现在谁来再读一次第2自然段？

（一生朗读，非常出色）

师：老师奖励你继续往下读!

（生朗读第3自然段）

师：给他掌声!他读得越来越好了!其实他读得最好的是最后一句话，我们再听——

生：（压低声音，轻声读）“我将信将疑：剪去这些枝条，来年真的能长出更多更大的桃子吗？”

师：他把“将信将疑”的感觉读得非常好。这一句读得比较轻，像自言自语一样。这一句是人物的“心里话”，（板书：心里话）只能放在心里，不能说出来。如果大声读会怎么样呢？（一生大声地朗读“我”的心里话）王大伯一听，非常生气：你这是什么意思？（生笑）所以心里话要读得怎么样？

生：读得轻柔一点；声音低一些。

师：轻声细语，（板书：轻声细语）不要用“实声”读，要用“虚声”读。现在，请你们练习朗读这个段落，要读得有声有色。

（生自由练读）

板块五：理解寓意

师：王大伯剪枝的学问是什么？

生：就是把那些只吸收营养不结果实的枝条剪掉，来年就会长出更多、更大、更甜的桃子。

师：你们听明白了没有？

生：（纷纷回答）明白了！

师：你们明白了什么？（生笑）

生：减少一样东西是为了增加一样东西。（生鼓掌）

师：你们听明白了没有？

生：（纷纷回答）明白了。

师：你们明白了什么？（生笑）

生：把那些粗壮的不结果实的枝条剪掉，营养就会留给那些结果实的枝条，桃子就可以长得又多又大又甜。

师：你们听明白了没有？“减少一样东西是为了增加一样东西”，说得很抽象，他像哲学家一样。（生笑）他翻译一下，意思就清楚了：不结果实的枝条减少了，结出的桃子就增多了。

生：适量减少一些不需要的东西，就是为了后面更大、更多的收获。（生鼓掌）

师：你们听明白了没有？

生：减少了只吸收养分不结桃子的枝条，就可以增加又大又甜的桃子。

师：纠正一下，“就可以长出更多、更大的桃子”。剪去无用的枝条能长出更多、更大的桃子，这就是剪枝的学问。桃树是这样，我们生活中是不是也有这样的学问？

生：减少坏习惯，增加好习惯！

师：要把坏习惯“咔嚓”掉，养成好习惯。

生：我想说的是能量守恒定律。（生无语）

师：他说能量是守恒的。一棵桃树，它的营养是有限的，被那些无用的枝条吸收一部分，那剩下的营养就少了；人也是这样，一个人的时间和精力是有限的，如果被那些不良的习惯和爱好占用，那么剩下的时间就少了，你的成长就缓慢。

生：如果你在无用的事情上浪费了时间，花在做有用的事情上的时间就会减少。（生鼓掌）

师：太精辟了！“剪枝”就是要取也要舍，有舍才有得!这个学问就在生活当中，你只要留心观察、独立思考，处处皆是。今天回家做一个作业，把《剪枝的学问》读给你的爸爸妈妈听，读完之后听听他们对剪枝的学问是如何理解的，如果有新鲜的解释，请你记下来，同学之间互相交流一下，看谁的爸爸妈妈最有学问。（生笑）下课，你们现在的心里是——

生：又惊又喜!

【教后感】

真理都是朴素的，好课都是简单的。真正的好课，在于“剪枝的学问”，在于一个朴素的道理：舍得，有舍才有得。你教得越多，学生忘得也越多。阅读教学亟须“剪枝”，把那些看似有用实则无用，或无大用的内容，毫不迟疑地“咔嚓”掉，留下那些有用的“核心内容”，给学生足够的时间，学得充分一点，透彻一点。

《剪枝的学问》尽管是一篇简单的叙事性作品，但可以教的内容还是很多的。我从三年级学生的学习需要出发，确定了五个教学内容，设计成相应的五个教学板块活动：

“听写字词”板块，旨在识记生字词，重在教学生把握汉字的关键笔画，写得舒展一些，写得美观一些。低年级书写求准确，中年级书写应该求美观；低年级识字学词求准确认读，而中年级则要求联系语境理解词义。

“学习概括”板块，旨在初步理解课文内容，重在教学生概括叙事性作品的基本方法“按顺序、抓关键词”。低年级的阅读理解在“了解大意”，中年级的阅读理解则在“概括内容”。不同的作品，概括的方法也有所不同，有了恰当的方法，才会在练习中形成能力。

“体会心理”板块，是大纲规定的教学内容，在课后的习题中已有所“暗示”。这个板块的教学须充分展开：先教学生认识什么是“心理活动”；再找出相应的词语”；进而联系文本语境，体会“心里的想法”；最后巧妙地运用于生活，体会心理活动的真实变化。由此，学生明了“心理活动”在阅读与写作中的意义和价值。其中“欢天喜地”一词的教学，看似多余，实际上是在学生已有水平上所做的恰到好处的点拨、指引。教学，应该促进学生的发展，而不是原有水平的重复。

“练习朗读”板块，旨在读出人物的心理活动，即心理变化。重在指导学生区分不同的叙述语言应该用不同的朗读方法：叙述语，自然平稳；对话语，角色变化；心里话，轻声细语。这样的归纳和点拨，简单清晰，学生可学可用，进步是显而易见的。教学，就是要看得到学生的进步和实实在在的变化。教和不教，学和不学，真的要不一样！

“理解寓意”板块，旨在培养学生独立思考的能力和习惯。重在对“剪枝的学问”由浅入深的递进式理解。最基本的要求是要学生准确概括王大伯剪枝的做法及道理，然而学生的理解水平是有差异的，有些学生的思维已从课文跳到了课外，一下子提出了“减少一样东西是为了增加一样东西”这样极为抽象的认识，更有学生在讨论中提出了“能量守恒定律”“舍得”等鲜活的认识。作为教师既要看到学生思考能力的发展，也要看到更多的学生仍处于“似懂非懂”的状态。因此，我屡次用“你们明白了什么”这个问题让学生说出自己的理解，而不是重复别人的话语。当一个人能够用自己的话语，清楚明白地表达自己的观点和思想的时候，才是他真正理解的时候。找到属于学生自己的语言，就是文本寓意理解教学的目标定位。从教学的结果来看，学生对寓意的理解和体会，应该是比较深入的，是在他们已有认识水平上的提升。

五个教学板块，每一个板块的教学内容、教学目标及教学活动都聚焦在一个“点”上，没有枝枝蔓蔓，并与实际的教学效果相一致。这样的教学，教师胸有成竹，学生学有所得，可以说是简单至极。当然，也有老师质疑，五个板块之间缺少内在的关联，似乎与学生阅读文本的自然姿态不相符。此话亦有道理，如果板块与板块之间，有一条线索可以紧密地串联起来，无论是教还是学，或许都会更流畅一些。但是，在教学内容的确定性和教学过程的流畅性不能兼得的情况下，我选择了教学内容的确定性。因为，这是事关学生能否获得实实在在发展的关键要素。教学只有抓住了这些关键的要素，才能教得简单一些，学得充分一些。

阅读教学的学问，不外乎“舍得”二字。

周益民经典课堂实录

周益民，特级教师，国家“万人计划”教学名师。2010年被中国教育报评为“全国推动读书十大人物”。江苏教育出版社月刊《教育研究与评论》特约主编。出版有《童年爱上一本书》《造梦课堂》《寻梦课堂》《做个书生教师》《静悄悄的课程建设》等著作。

《九色鹿》（第二课时）教学与评析

◆执教／周益民　评析／郭史光宏

【教学】

一、引入与揭题

师：在一片景色秀丽的山林中，有一只鹿。这只鹿双角洁白如雪，身上有九种鲜艳的毛色，漂亮极了，人们都称它——（生：九色鹿）九色鹿是一只神鹿，鹿中之王，一心救人。在当地流传着这样一首歌谣。（指名读，生齐读）

（课件出示：遇见神鹿，万福安康；遇见神鹿，吉祥吉祥。）

师：故事中还有一个人物，是我们不愿提起的，他叫——

生：（齐）调（tiáo）达。

二、梳理故事前后关系，点出“义”的主题

师：在这个故事中，前后很多情节是有因果关系的。请你们快速读课文，试着用关联词语“因为……所以……”说一说前后有关联的内容。

（生边读课文，边思考）

生：因为九色鹿救了调达，所以调达答应不暴露九色鹿的住处。

生：因为调达财迷心窍，所以把九色鹿的住处告诉了国王，九色鹿非常气愤。

师：调达的行为怎么样?

生：很可耻。

生：因为调达背信弃义，恩将仇报，所以受到了惩罚。

师：同学们越来越会寻找了，许多“因为……所以……”就藏在课文的细微之处。

……

师：故事中还有一些是你没想到，或者是你不愿意去想的，用“竟然”这个词语说一说。

（生思考）

生：九色鹿救了调达，但是调达竟然忘恩负义。

师：去掉“但是”，再说一遍。

生：九色鹿救了调达，调达竟然忘恩负义。

师：这样表达，语句就更简洁、通顺了。

生：九色鹿长得很漂亮，王妃竟然想用它的毛皮做衣裳。

师：你为什么没想到？

生：九色鹿是一只神鹿，美丽、善良，怎么可以伤害它？

师：问得好！怎么忍心伤害这么美好的事物？

生：国王竟然听了王妃的话，带领军队去抓九色鹿。

师：王妃使用了什么手段呢？文章里有一个字——

生：（齐）缠。

［课件出示：见（　）勇为　忘恩负（　）　见利忘（　）　背信弃（　）］

师：刚才同学们说了很多。调达落水，九色鹿不顾自己的安危去救他，这就叫——

生：（齐）见义勇为。

师：九色鹿对调达有救命之恩，调达竟然忘记了这个恩情，还要出卖它，这就叫——

生：（齐）忘恩负义。

师：调达见有利可图，不顾做人的基本道义，泄露了九色鹿的住处，这就叫——

生：（齐）见利忘义。

师： 调达对九色鹿有承诺，决不说出它的住处，但他违背了自己的诺言，这就叫——

生：（齐）背信弃义。

师： 同学们有没有发现，这些词语都跟哪个字有关？

生：（齐）义。

师： 对，都跟“义”有关。（板书：义）同学们请注意，“义”的第一笔是什么？

生：（齐）点。

三、走进故事，强化对人物形象的感受

师： 阅读故事，首先要把自己的心放进故事里。九色鹿的故事在中国已经流传了1000多年，无论聆听还是阅读，都让人不能平静。请大家再次轻声读课文，用心体会：哪些地方让你忍不住跷起大拇指，哪些地方让你真想踹上一脚，哪些地方让你心跳加速，还有哪些地方让你终于松了一口气。当然，你也可以有别的体会。（课件出示）

要跷起大拇指的——

真想踹上一脚的——

让我心跳加速的——

终于松了一口气的——

（生读课文）

师： 我们按顺序讨论吧。哪里让你忍不住跷起大拇指？

生： 九色鹿立即纵身跳进河中，将落水人救上岸来。这让我想为它跷起大拇指，因为九色鹿见义勇为。

师： 还有谁对这个地方也有感觉？

生： 九色鹿不怕牺牲自己的生命去救一个不认识的人，所以我要为它跷起大拇指。

师： 九色鹿救起调达后，你有什么体会？

生： 调达得救后非常感谢九色鹿，但九色鹿告诉调达自己不需要回报，不

用调达做自己的奴仆。这里让我对九色鹿非常钦佩。

师： 我们来看看九色鹿和调达的这段对话，同桌分角色读一读。只读对话，不读提示语，但要体会他们各自的语气。（课件出示课文片段，同桌分角色朗读）

> 落水人名叫调达，得救后连连向九色鹿叩头，感激地说："谢谢你的救命之恩。我愿永远做你的奴仆，终身受你的驱使……"
>
> 九色鹿打断了调达的话，说："我救你并不是要你做我的奴仆。快回家吧。只要你不向任何人泄露我的住处，就算是知恩图报了。"

（指名读）

师： 读得不错，两位同学读出了两种不同的语气。"调达"，我也想和你对话，好不好？（师生分角色朗读。在学生刚读到"终身"时，教师就开始读九色鹿的话）

师： 我跟刚才那位同学读的哪里不一样？

生： 刚才那位同学是在调达说完"终身受你的驱使"后才接着读的，但您是在调达还没说完时就开始读了。

生： 我知道您为什么这么读，因为书上说九色鹿"打断了调达的话"。

师： 打断别人说话是不礼貌的行为。这只九色鹿是不是不礼貌呢？

生：（齐）不是。

师： 九色鹿为什么要打断调达的话？

生： 因为它不想让调达做自己的奴仆，它救人不求回报。

生： 九色鹿救调达根本就没想到要回报，更别说做什么奴仆了。

师： 一个"打断"，写出了九色鹿的无私与果断。请两位同学试着再读一读这组对话。

（两位学生分角色朗读，"打断"部分处理得很好）

师： 调达听完，郑重发誓，决不说出九色鹿的住处，然后千恩万谢地走了。你们想象一下，调达会怎么发誓呢？

生： 我发誓永远不会向别人泄露你的住处！

生：我对天发誓，我这一生都不会泄露你的住处！

师：“对天发誓”，语气加强了。

生：无论什么情况，我都不会泄露你的住处。

师：调达又是叩头，又是发誓，但最后还是违背了自己的誓言。还有要跷大拇指的地方吗？

生：我要为乌鸦跷大拇指。危急时刻是乌鸦高声叫喊为九色鹿报信。它既善良，又勇敢。

师：你来读读这部分，把当时情况的紧急表现出来。

（生读）

生：我要为国王跷大拇指。

师：为什么？国王可是带军队来捉拿九色鹿的！

生：国王后来改正了错误，还下令全国臣民永远不许伤害九色鹿。

师：你还是不能说服我。第一，国王竟然带军队捉拿九色鹿，实在不应该。第二，本来就不应该伤害九色鹿，国王只是做了应该做的事，怎么还给他跷大拇指？

生：因为国王金口玉言，轻易不会改变主意。现在知道错了，而且还能改正，所以还是要肯定他。

师：从这个角度看，国王确实也有值得肯定之处。那么，哪里让你们真想踹上一脚？

生：调达看了皇榜，心想发财的机会来啦，就进宫告密。之前调达还说永远不说出九色鹿的住处，发财的机会一来，就动心了。

师：让你真想踹上一脚？

生：对。

师：而且狠狠地？

生：对！（生笑）

师：假如当时你在现场，你会如何制止调达？

生：调达，你说过永远不会泄露九色鹿的住处，现在在金钱面前就忘了自己的誓言，你还有没有良心？

师：一句反问很有力。

生：“陛下，您知道吗？正是这个人，在快要淹死时，我救了他。他发誓永不暴露我的住地，谁知他竟然见利忘义！”读到这里，让我想踹上一脚。

师：踹谁？

生：调达。因为调达发誓永不会泄露九色鹿的住处，现在却因为金钱出卖九色鹿。

生：调达，难道你连良心都没有吗？连你的恩人都要背叛，你对自己的诺言是不是从来都不遵守？

师：滴水之恩当涌泉相报。九色鹿对调达可是——

生：救命之恩。

师：刚才两位同学其实都是在说做人——

生：要有义气，要守信用。

师：对，做人要讲道义。

生：我想踹王妃，她做梦梦见了九色鹿，就想用它的毛皮做衣服，那么美好的事物怎么能去伤害呢？

师：王妃也是有责任的。

生：我想踹国王。他竟然带兵捕捉九色鹿，实在不应该。

师：但他是被王妃缠得无奈才发兵的！

生：作为国王，要有主见，怎么对王妃言听计从？

生：这么没有主见，还怎么治理国家呢？

师：看来，国王负有不可推卸的责任。

……

师：同学们从人物的表现分析人物的性格和内心，并且注意到人物之间的关系，很深刻。下面再来说一说，让我们心跳加速的是什么？

生：“九色鹿从梦中惊醒，发现自己已处在刀枪箭斧的包围之中，无法脱身。再一看，调达正站在国王身边。”

师：为什么你心跳加速？

生：因为九色鹿可能会被抓住。

师：你是为它的命运而担忧。相信大多数同学都是在这个地方心跳加速。

生："她突发奇想：如果用这只鹿的毛皮做件衣服穿上，我一定会显得更加漂亮！"我是在这里心跳加速的，我为九色鹿的命运而担忧。

生：我是在这里心跳加速的："只见一个人在汹涌的波涛中奋力挣扎。"

师：其他同学有话要说吗？

生：你为什么要为调达担心？对这样的小人有什么担心的？

生：故事开始，我们并不知道他是个忘恩负义的人，当他掉进河里，生命遇到危险，我们当然要为他担心。

生：你这么说有点道理，但我们现在知道调达的为人，我肯定不会心跳加速。（生笑）

师：我理解你，大家疾恶如仇，自然不会同情调达。而那位同学更有一颗慈悲之心，因为那毕竟也是一条生命。我尊重你们不同的情感体验。那么，哪里让人终于松了一口气？

生："国王非常惭愧。他斥责调达背信弃义，恩将仇报，并重重惩罚了他，还下令全国臣民永远不许伤害九色鹿。"

师：九色鹿安全了，用成语表达，叫作——

生：转危为安。

生：化险为夷。

师：九色鹿命运的转变跟它对国王说的那段话密切相关，请同学们读一读。（课件出示，指名读）

> 九色鹿非常气愤，指着调达说："陛下，您知道吗？正是这个人，在快要淹死时，我救了他。他发誓永不暴露我的住地，谁知他竟然见利忘义！您与这种灵魂肮脏的小人一起来残害无辜，难道不怕天下人笑话吗？"

师：读得很流畅。如果注意句中停顿，表达的效果会更好。（课件出示：

他发誓/永不暴露我的住地，谁知/他竟然见利忘义！您与这种灵魂肮脏的小人/一起来残害无辜，难道/不怕天下人笑话吗？）谁能把当时九色鹿的语气表现得再强烈些？如果能加上手势就更好了。

（一生朗读，手指前方，语气到位）

师：很有力度，尤其是最后的反问。（板书：有力）

师：九色鹿尽管很生气，但并没有气昏头。它在跟国王讲什么？

生：九色鹿告诉国王事情的经过。

师：九色鹿把事情的来龙去脉讲给国王听，让国王了解究竟是怎么一回事，它是在跟国王讲理。九色鹿当时非常气愤，生命受到威胁，但它非常冷静，讲的话很有理。（板书：有理）

生：我读出九色鹿非常沉稳，碰到这样见利忘义的人，它能用道理说服别人。

师：沉着冷静，不愧是鹿王。请你读一读这段话，要讲清事理。

（生朗读）

师：“陛下，您知道吗？”你从这句话中读出了什么？

生：九色鹿很有勇气，敢跟国王讲道理。

生：我觉得九色鹿很有礼貌。

师：“陛下”是对国王的尊称。当九色鹿的生命受到威胁，面对忘恩负义的小人时，还这么讲礼节。

（板书：有礼）

生：九色鹿很尊重国王。

师：在当时的情况下，如果气急败坏，反而会激怒国王，适得其反。九色鹿很有礼节，很冷静。你们看，这段话里包含着多么丰富的信息，九色鹿有力、有理、有礼。谁来读一读这段话？（指名读）

师：故事中的这段话很重要。在另一个版本中，九色鹿是这样说的——（课件出示）

“我乃鹿王，云游贵邦。一心助人，救人于危难之中。一天，我在水中救起一个快要淹死的人，现在这人就站在我的面前。他违背誓言，恩将仇报。……生命虽然可贵，但是卑鄙和邪恶的生命，终究要受到惩罚。”

师：这段话给你们什么感觉？

生：九色鹿很有鹿王的气势。

生：我觉得九色鹿很有气质。

生：“我乃鹿王，云游贵邦”，感受到九色鹿的高贵。

师：语言是内心的反映。说这段话时的九色鹿确实高贵、圣洁，不可侵犯。

师：同样的意思，不同的表达，你喜欢哪段就读哪段。

（生自由朗读，大多数选择课外的版本）

师：听了九色鹿的话，国王非常惭愧。他斥责调达背信弃义，恩将仇报，并重重惩罚了他。接下来老师扮演调达。“各位，我错了，当初九色鹿救我的时候，我不该郑重起誓。如果没有起誓，就不算背信弃义，我就可以带着国王的军队来抓它了。”你们说对吗？

（生纷纷说不对）

生：九色鹿救了你，你不感谢它，你算什么人？

师：这叫忘恩负义。如果九色鹿没有救过我，我可以带人抓它吗？

生：如果九色鹿没有救你，你不就被水淹死了吗？

师：我没有掉进水里，我就在山中行走。

生：那你也不能伤害无辜，你这样会受到惩罚。

师：你们能不能结合“义”字说一说？

生：如果伤害无辜的话，你就违背了道义。做人必须遵守道义。

师：遵守道义是作为一个人最基本的条件。

生：遵守道义是做人的底线。

生：你出卖了九色鹿，下次再掉进水里，就没人来救你了。（生笑）

师：我以后就在陆地上行走，不靠近水边。

生：它是神奇的鹿，是绝无仅有的，以后再也没有了。

师：那如果还有一只呢？（生笑）

生：也不能。九色鹿是那样美好，我们不能破坏美好的事物。

师：不论什么情况，调达都不应该出卖九色鹿。这里，九色鹿已经成为一种美好事物的象征。

四、九色鹿形象讨论与情节改编

师：九色鹿的故事流传到现在已经有1000多年了，在不同的人心中有不同的九色鹿形象。这是两位著名画家笔下的九色鹿，（课件出示两幅九色鹿图片）你们发现了什么？

生：九色鹿的头上都有光环。

师：画家为什么这么设计？

生：表示九色鹿很神圣。

生：头上有光环是因为它有神力。

生：它是善良的鹿，光环代表着正义。

师：刚才我们说了九色鹿是神鹿、鹿王。我们看看九色鹿是怎么说的？（课件出示，生朗读）

我来人间降吉祥，
我回仙山去远荡。
缥缈彩云间，
蓬莱是家乡。

师：蓬莱是传说中的一座仙山，是神仙居住的地方。我们来看一看，调达落水之后，九色鹿是如何来救他的。（课件播放视频）

师：视频中，九色鹿跳进河里，河水遇九色鹿自动分开，非常神奇。如果与课文中的描写对照，发现这里的矛盾了吗？

生：与“九色鹿从梦中惊醒，发现自己已处在刀枪箭斧的包围之中，无法脱身”是矛盾的。

师：这个矛盾该怎么解决呢？你们来编一编。九色鹿具有神力，面对刀枪箭斧的包围，九色鹿会怎么样？大家讨论一下。

（学生热烈讨论）

生：九色鹿面对刀枪箭斧的包围并没有慌乱，它大喊一声，所有的刀都飞上了天空，士兵们都吓了一跳，跌倒在地。九色鹿趁机逃了出去。

师：九色鹿怎么离开的？

生：趁那些士兵在慌乱中，它瞬间就跑出去了。

师：瞬间消失，然后它在远处跟国王说了那段话。

生：对。

生：面对刀枪箭斧的包围，九色鹿发出了神力，头上闪闪发光，敌人的刀枪箭斧全部飞上了天，“咔嚓”一声全都断了，士兵连连给它叩头。

师：然后九色鹿对着他们义正词严地说了那段话。

生：九色鹿喊了一声，森林里的鸟全都飞到了它的身边，将它带走。

师：这个想象富有浪漫色彩，九色鹿飞上了蓝天，有意思。

生：九色鹿在天空中对着国王说了那段话。

师：它是怎么飞上天空的？

生：驾着云彩。

师：这个想象非常美妙。它驾着祥云飞上了蓝天，不愧是鹿王。

生：九色鹿大喊一声，森林中所有的鹿都出来了，帮着它逃跑。

师：所有鹿都过来了。刚才我们说了九色鹿是鹿王，很从容，所以最好把“逃跑”换掉。

生：它从容地离开了这个地方。

生：九色鹿闪闪发光，姿态优雅地离开了这个地方。

生：九色鹿突然长出了一对翅膀，飞上了天空，飞向了远方。

师：同学们的想象很丰富，使这个故事更加富有传奇色彩。我们看看这个版本是怎么写的——（课件出示）

“埋伏着的武士们把九色鹿团团围住，射出了一支支箭，顷刻间九色鹿四周燃起熊熊火焰，射来的箭全都被烈火烧断了。这时天上金光万道，九色鹿飞腾而去。”

师：这就是神奇的九色鹿。

五、简介背景，推荐书籍

师：九色鹿光彩照人，高洁神圣，这个故事最早出现在敦煌莫高窟的壁画上。（课件出示壁画）

师：1981年，根据这个故事拍摄的动画片《九色鹿》，已经成为经典。这里是两本关于九色鹿的书，画面精美，文字精致，值得大家阅读。（课件出示封面）下课！

【评析】

一、简明的要求，扎实的语言训练

课文《九色鹿》，故事简单，人物鲜明，语言浅白，对四年级学生来说，在理解上几乎毫无难度。于是，如何挖掘有意义的语文训练点，如何提出挑战学生思维的问题，就成了教师的难点。稍有不慎，便会使学生在已知区辗转徘徊，无效劳动。本课中，周老师没让学生随意复述课文内容，而是要求学生运用“因为……所以……”和“竟然”的句式，进行较高层次的创造性复述。指向明确的要求促使学生动脑，在浅白易懂的课文中，搜寻一条条线索与脉络。“因为……所以……”的表达抓住了故事的因果关系，“竟然”的表达则凸显了故事的转折部分。如此设计，在训练学生的概括与表达能力之余，也梳理了课文脉络。

二、有趣的问题，具体的阅读指导

阅读故事，除了读懂内容，还要读出感觉。为此，周老师巧妙设计了四个问题，让学生带着问题去感受课文：要跷起大拇指的；真想踹上一脚的；让我心跳加速的；终于松了一口气的。四个问题从读者的阅读感受出发，具体可感，趣味横生，有别于一般作业的刻板僵化。问题看似随意，其实指向文学欣赏的重点：前两个问题，涉及人物评价；后两个问题，涉及情节铺排。

三、巧妙的追问，深入的主题探索

《九色鹿》这个故事，带有浓厚的教化色彩。通过阅读故事，学生自己便能感受到九色鹿的好与调达的坏。周老师通过成语（见义勇为、忘恩负义、见利忘义、背信弃义），引导学生概括出课文中“义”的主题。至此，教学构思称得上“巧妙”，然而接下来的设计才真正显出“高深”。

走进故事，周老师化身调达，以一连串环环相扣的追问，一一检验先前归纳出的主题。背信弃义：“如果没有起誓，就不算背信弃义，我就可以带着国王的军队来抓它了。”忘恩负义：“如果九色鹿没有救过我，我可以带人抓它吗?”一位学生在讨论的过程中说：“它是神奇的鹿，是绝无仅有的，以后再也没有了。”周老师机智回应：“那如果还有一只呢?”学生在教师的追问中不断摇头，不断反思。终于明白，即使无信、无恩，甚至对方只是一只普通的鹿，调达也不应该出卖它。“义”的内涵，在质疑与思辨中逐渐深化，从有条件的“义”，升华为无条件的“义”。九色鹿的象征意义就在脑海中呈现出来。周老师的教学设计，不仅巧妙，而且高深。

四、丰富的征引，缺失的传说元素

《九色鹿》经过改编后，神秘莫测的九色鹿，被改得平凡普通；绚烂多彩的美丽传说，成了单调无趣的教育故事。课文编者似乎急着要说出其中的教育意义而随意讲了一个故事，把其中丰满的细节都删去了。殊不知，删去的正是《九色鹿》作为经典传说所引以为傲的神秘色彩。

周益民老师研究儿童文学多年，对民间文学的涉猎尤其深广，自然洞察到了其中不足。课堂上，周老师调动课外资源，试图补充课文缺失了的传奇色彩。“遇见神鹿，万福安康；遇见神鹿，吉祥吉祥。”课堂伊始，周老师以一首歌谣揭题，尝试为九色鹿树立“神鹿”形象，营造神秘氛围。随着教学推进，周老师引入了《九色鹿》其他版本的文字，让学生比较不同表达所塑造的不同形象。接着，通过视频资料，突出九色鹿的“神鹿”特点，让学生发挥想象力，改编故事情节，试图以读者的想象力，弥补课文的缺失。最后的“简介背景，推荐书籍”环节中，敦煌莫高窟的壁画、动画片以及书籍的推荐，大概都是周老师为补充课文不足而做的努力。

五、优秀的教学，短小轻薄的教材

从教学设计的角度来看，无论语文训练的设置、阅读方法的指导、主题探索的深入、传说元素的补充，都充满令人赞赏的闪光点。课堂上所运用的各种技巧与方法，其背后体现出的是教者深厚的学养，值得我们关注与借鉴。我从周老师的课中，得到了许多阅读教学方法上的启发。

然而，似乎也因教学设计的不凡，更凸显了课文的短小轻薄。在第三个教学环节中，学生根据教师设计的四个问题重读课文，尝试让自己融入故事里读出感觉。短小轻薄的课文，经不起四个问题的检验。从学生的回应中，我察觉他们并未真正为文本所触动，更多时候，他们只是为回答而回答，给出的回应趋向一致。尤其是第三和第四个问题，文本并未成功营造紧张的节奏与氛围，学生只是凭着理性与应付问题的心态作答。

课文的短小轻薄，还表现在"情节改编"的环节。抽去各种细节描写，《九色鹿》原文中的传奇色彩被大大削弱。课文中，无论是文字的叙述，还是插图的描绘，都让九色鹿显得平庸失色。尽管周老师做了许多努力，如引入动画片段、展示图书插画等，试图还原九色鹿的神鹿光芒，但学生还是难以进入。从学生改编情节的表现来看，他们的思维并未被充分激活。这是否与学生的第一印象有关？倘若学生初次接触的《九色鹿》是饱含各种细节、充满奇幻想象的版本，情况是否会不同？

六、单纯的课堂，复杂的浮想联翩

看过不少周益民老师的课，部分来自现场，更多来自文字。其中有《外公是棵樱桃树》作品导读课、《小王子》作品交流课、绕口令主题课、庄子童话课，等等。相比之下，这一次《九色鹿》的教学显得有点逊色。不是周老师的教学设计出了问题，而是教材本身局限了课堂所能达到的高度。"亲近母语"创始人徐冬梅老师的话多少能表达我的想法："课程内容永远大于教学方法，也就是说，如果选择的文本是不好的文本，你再教，也是南辕北辙。你拿来的食材本身就是腐烂的，怎么炒出香味，且孩子们吃了还有害。我们应该无限相信孩子们的学习潜能。"

语文教材的贫乏，儿童文学的丰饶，周老师是有深刻体会的。他毅然跳出传统教材的框框，投身儿童文学的海洋，并且在民间故事、儿歌童谣、整本书读书会等领域如鱼得水。若干年后，周老师为何又回归传统语文教材，讲起课本中的课文？也许，他是在自我挑战，尝试将近年的心得融入传统教学；也许，他是想倾诉衷肠，在大家较能接受的框架内，展示自己的思考；也许，他是在批判教材，以戴着镣铐跳舞的姿态，让大家把那副镣铐看得更清楚。

无论如何，周益民老师是清醒的。回归，是为了挣脱；妥协，是为了超越。我甚至感觉到一丝“知其不可而为之”的西西弗斯精神。这一堂《九色鹿》的课令我浮想联翩，在这里似乎有点过度诠释。

传承教育经典，引领教学风尚。

《小学语文教学》杂志社　编

30个名师经典课堂实录（下）

编委会

总主编　杨永建

主　编　杨　伟　郭艳红

分册主编　郭艳红　郝　波

编　委　郝　波　宋园弟　郝　帅　杨壮琴　田　晟　张　艳　刘　妍　张　茹　史慧芳　曹　霞

山西出版传媒集团　山西教育出版社

图书在版编目（CIP）数据

30个名师经典课堂实录 /《小学语文教学》杂志社主编. — 太原 ：山西教育出版社，2022.2

（小语人丛书）

ISBN 978-7-5703-0506-3

Ⅰ. ①3… Ⅱ. ①小… Ⅲ. ①小学语文课-教案（教育） Ⅳ. ①G623.202

中国版本图书馆 CIP 数据核字（2019）第129319号

30个名师经典课堂实录

30 GE MINGSHI JINGDIAN KETANG SHILU

《小学语文教学》杂志社 / 编

出 版 人	李 飞	**选题策划**	李梦燕
责任编辑	李梦燕	**助理编辑**	郑 丽
复 审	海晓丽	**终 审**	康 健
装帧设计	薛 菲	**印装监制**	蔡 洁

出版发行 山西出版传媒集团・山西教育出版社

（地址：太原市水西门街馒头巷7号 电话：0351-4729801 邮编：030002）

印 装 山西基因包装印刷科技股份有限公司

开 本 720mm×1020mm 1/16

印 张 29

字 数 439千字

版 次 2022年2月第1版 2022年2月第1次印刷

书 号 ISBN 978-7-5703-0506-3

定 价 88.00元（上、下册）

如发现印装质量问题，影响阅读，请与山西教育出版社联系调换。电话：0351-4729718。

目　录

上　册

张学伟经典课堂实录

张学伟，全国著名特级教师，中学高级教师。全国“名校联盟”秘书长。曾荣获全国第二届青年教师阅读教学大赛一等奖。被评为全国语文教学改革先进个人。致力于“慧读教学，语用课堂”的研究。“张学伟语文工作室”在全国分设教育基地近十座。

《螳螂捕蝉》教学与评析

◆执教／张学伟　评析／支玉恒

【教学】

一、厘清结构，抓住联系（大故事与小故事）

（一）揭题

师：同学们，今天我们要学习的课文是《螳螂捕蝉》。这是一个寓言故事，也是一个成语故事。这个成语其实是由两句话组成的：螳螂捕蝉——

生：黄雀在后。

师：《螳螂捕蝉》这个寓言故事，它是由两个故事组成的，一个大故事里面包含着一个小故事。那么，这究竟是怎样的两个故事呢？我们今天就来研究它。

【点评：破题——开门见山，点出课文特点。】

（二）读小故事

1. 读词语

师：我们读一组词语。（课件出示）

高高在上　悠闲　自由自在　喝露水

拱着身子　举起前爪　捕蝉

伸长脖子　啄食螳螂

拿着弹弓　瞄准

（学生逐行读，教师指导“拱、爪”的读音。每一行读完，知道分别描写的是蝉、螳螂、黄雀、少年。）

【点评：此环节既检查了词语的朗读，又梳理了课文的几个主要角色。】

2. 读段落

师：这一组词语来自课文的两个段落，谁来读一读？（课件出示）

花园里有一棵树，树上有一只蝉。蝉高高在上，悠闲地叫着，自由自在地喝着露水，却不知道有只螳螂在它的身后。那螳螂拱着身子，举起前爪，要去捕蝉，却不知道有只黄雀在它的身后。

黄雀伸长脖子正要啄食螳螂，却不知道我拿着弹弓在瞄准它呢。蝉、螳螂、黄雀，它们都一心想得到眼前的利益，却没顾到自己身后正隐伏着祸患呢！

师：这就是课文的小故事，名字叫《螳螂捕蝉》。我们来读一读。

（生自由读；指名两位学生读）

师：这两位同学真是读得不错，但是，（夸张地说）跟我比还差一点点！（生笑）我听他们的朗读，好像还缺少一点感觉。什么感觉呢，我先不说。真正地会读，一定是边读边想。我们先来想一想：此时此刻，蝉，高高在上，饮露高歌，它在想______；螳螂，一心一意，拱身取蝉，它在想______；黄雀，伸长脖子，欲取螳螂，它在想______。

生：蝉会想：今天天气真好，我无忧无虑地喝着露水，多好啊！

生：蝉想：今天的露水真甜啊。

师：也就是说，此时此刻，蝉的心里想的是——

生：露水。

师：眼里盯的是——

生：露水。

师：那螳螂呢？它的眼里盯着——

生：蝉。

师：心里想着——

生：蝉。

师：黄雀的眼里和心里都是——

生：螳螂。

师：是啊，我们可以用一句话来概括此时的蝉、螳螂和黄雀，那就是——我的眼里只有你！（生笑）它们只盯着眼前的美味，却不知道身后的——

生：危险！

师：我们再来读这段话。关键是要读出那种感觉，你们知道是什么感觉吗？

生：危险的感觉。

生：紧张的气氛。

师：对，这段话的描写表面上很平静，其实却——

生：暗藏杀机。

生：隐藏凶险。

师：变化其实是从段落中的一个字开始的。我们读的时候，前面可以读得比较平缓，但是读到一个字的时候，语气就突然变了，要表现出很紧张、很危险。你们知道是哪个字吗？

生：却。

师：对，一定要读好“却不知道”这几个字的突然变化。（指名读，该生读得比较平淡）

师：大家能感觉到危险吗？

生：不能。

师：大家给她出出主意，该怎么读？

生：前后的语气不一样。

师：非常好，前后语气变化要明显一点——前面蝉那么自在、那么专注，声音要平缓，突出它的悠闲，后面速度突然加快，才能表现出紧张、危险。再试试！

（生再次朗读，有明显进步）

师：你们有感觉了吗？

生：有。

师：谁再来感觉一下？

（一男生声情并茂地朗读，学生鼓掌）

师：这么厉害啊！选一位女生来跟他比一比。

（一女生朗读，学生鼓掌）

师：这几位同学的朗读，你们满意吗？

生：满意！

师：我也很满意！但是，他们的朗读，跟我比——

生：（笑）还差一点点。

师：我来读一读，好不好？

生：（齐）好。

（教师朗读，对语气的变化、语速的快慢和轻重的处理恰到好处，学生热烈鼓掌）

师：大家一起来读一遍。

（生齐读，体会语气的变化）

【点评：这一部分，师生交流朗读——通过语气的前后变化，更突出了祸患的“隐伏”以及“蝉、螳螂、黄雀”的忘乎所以、浑然不觉。值得一提的是，教师的导读更像是一场游戏、一次比赛，在情趣盎然的氛围中，不知不觉地，学生从会读到熟读，对文章的理解也逐步加深。这也正是笔者多次所说的：读是过程也是方法，读是手段也是目的。】

（三）读大故事

1. 理故事

师：刚才我们学习的是小故事。我们再来读第二组词语——（课件出示）

转来转去　毫不介意　螳螂捕蝉　恍然大悟

师：虽然只有四个词语，但是它们包含的课文内容却很多。转来转去的是谁？

生：少年。

师：（叙述）少年一大早就拿着弹弓，在花园里转来转去，一转就是——

生：三天。

师：露水打湿了他的衣服，他也毫不介意。那么，他打着鸟了吗？

生：没有。

师：他的目的是什么？

生：吸引吴王的注意。

师：然后——

生：然后乘机提意见。

师：对了。醉翁之意不在酒，少年之意不在——

生：打鸟。

师：果然，吴王发现了他的反常举止，过来问他，他乘机讲了一个故事，就是——

生：螳螂捕蝉。

师：吴王很聪明，听了这个故事，心领神会，恍然大悟，终于取消了一个错误的决定——攻打楚国。

【点评：教学中，重点内容要学习，训练的地方要放慢脚步，所谓“响鼓还得重锤敲”。这正如张老师对朗读的指导，一遍一遍，逐渐深入，逐步提高。对非重点训练部分，则一笔带过，如这部分对“大故事内容”的梳理。老师总是想在这里搞一个“概括内容”的训练，仿佛结论若不是从学生嘴里说出来，就不能体现学生学习的自主性。殊不知，这些内容极其简单，学生读过课文也早就明白了，训练的意义不大。况且，一节课的时间和容量有限，集中精力打歼灭战，突出主要的训练目标才是最重要的。】

2. 读对话

师：我把文章最精彩的部分，即吴王和少年的对话放在了屏幕上（**课件出示课文中吴王和少年的对话**），请大家来读一读。你们觉得用什么方式读比较好？

生：分角色朗读。

师：那好，大家练习。一个做吴王，一个当少年。开始！

（生合作练习，然后请两位学生到台上分角色朗读，一个扮演“吴王”，一个扮演“少年”）

吴王：你早晨跑到花园里来干什么？看你的衣裳都被露水打湿啦！

师：（问大家）他像吴王吗？

生：不像。

师：吴王是怎样的？

生：要有大王的架势。

师：对了。语气要有君王的尊严，要有大王的架势。再来！

吴王：（挺直身子，声音变粗）你早晨跑到花园里来干什么？看你的衣裳都被露水打湿啦！（生鼓掌）

少年：（比较拘谨）禀报大王，我在打鸟。

师：（提醒）这个少年真没礼貌啊。

少年：（顿悟，做"拱手"动作）禀报大王，我在打鸟。

吴王：你打着鸟了吗？（语气为疑问，似乎问少年有没有打着鸟）

师：这个吴王眼神不好啊。你想一想，少年打过鸟吗？

生：没有。

师：对啊，吴王明明知道他根本没打鸟，所以，他不是问少年有没有打着鸟，而是反问他：你根本就没打鸟，怎么还说"我在打鸟"，这不是说瞎话吗？这句话应该怎么说？

吴王：你——打着鸟了吗？"（重音放在"打着"两个字上，语气分明是在说少年根本没打鸟。师生喝彩）

少年：我没有打着鸟，却见到一件挺有意思的事。

吴王：什么事啊？

少年：（做手势，仿佛指着树上的蝉）花园里有一棵树，树上有一只蝉。蝉高高在上，悠闲地叫着，自由自在地喝着露水，却不知道有只螳螂在它的身后。那螳螂拱着身子，举起前爪，要去捕蝉，却不知道有只黄雀在它的身后。

吴王：（夸奖）你看得真仔细！那黄雀要捉螳螂吗？

师：这个吴王，真不会夸人！

吴王：（竖起大拇指）你看得真仔细！那黄雀要捉螳螂吗？

少年：（继续指树上）是的，黄雀伸长脖子正要啄食螳螂，却不知道我拿着弹弓在瞄准它呢。（稍停顿，用郑重的语气）蝉、螳螂、黄雀，它们都一心想得到眼前的利益，却没顾到自己身后正隐伏着祸患呢！

吴王：（恍然大悟，连声说）对！对！你讲得太有道理了！

师：两个“对”字读得可不一样啊！再读。

吴王：对——对！你讲得——太有道理了！（第一个“对”声音低，第二个“对”要提高声音，表示“恍然大悟”）

师：两位同学都读得很棒！你们看，少年说了那么多的话，其实，他就是为了说那句最重要的话——

生：（齐）蝉、螳螂、黄雀，它们都一心想得到眼前的利益，却没顾到自己身后正隐伏着祸患呢！

师：再次给“吴王”和“少年”鼓掌！（生鼓掌）一起读一遍好吗？

（师生分角色朗读。学生边读边做表情、动作，体会人物的情感）

【点评：教师相机指导朗读时，重点让学生把握三点：第一，注意读出人物的不同语气，注意人物的身份；第二，注意人物的情绪变化，加上适当的神情、动作来为对话“增色”；第三，注意体会少年讲故事的目的——劝说吴王，用“劝说”的口气来读。读，是理解，也是表达，这二者又是融合在一起的。理解逐渐深入，要求逐步提高，训练注重实效。】

3. 加题目

师：这个大故事大家读得有滋有味！刚才那个小故事的名字叫“螳螂捕蝉”，那么，这个大故事叫什么呢？我们还可以用四个字来给它起个名字。

生：……

师：我们先来想一想：概括一个故事的内容，我们首先要找到什么？提示一下大家，《三国演义》里有“关云长水淹七军”“赵子龙单骑救主”，《红楼梦》里有“林黛玉初进荣国府”，这些故事都是先说什么？

生：先说人物。

师：对。我们要先找到故事的主角。这个大故事的主角是——

生：少年！（板书：少年）

师：说完了主角，然后说什么？根据我刚才提示的几个故事名再想一想。

生：接着说主角做了什么事。

师：对。少年主要做了一件什么事呢？

生：少年借螳螂捕蝉的故事来劝说吴王不要攻打楚国。

生：少年给吴王提建议。

师：不错。我用一个字来概括。（板书：谏）这个字，谁认识？

生：谏（jiàn）。

师：谁知道“谏”的意思？

生：“谏”就是提意见。

师：“谏”就是提意见？同学之间互相提意见，能叫“谏”吗？

生：不能。

师：给父母、老师提意见，能叫“进谏”吗？

生：不能。

师：那给谁提意见才叫“进谏”？

生：古代指给皇上提意见。

生：给大王提意见。

师：对了，给君主提意见才叫——

生：进谏。

师：（指板书“少年____谏”）我这里少一个字。少年是怎样进谏的呢？谁来填上一个字？

生：巧。少年巧谏。

生：妙。少年妙谏。

师：少年聪明不聪明？

生：聪明。

师：一个字——

生：智。少年智谏。

师：对了！应该是——

生：（齐）少年智谏。

师：还可以怎么说呢？少年不是直接给吴王提意见，而是婉转地提意见，这叫——

生：少年婉谏。

师：少年是转个弯，好像是画个曲线给吴王提意见，这叫——

生：少年曲谏！

（板书：巧、妙、智、婉、曲，把“智”字写得最大）

师：（在黑板上画个大圈）这个大故事的名字叫“少年智谏”，（在大圈内画个小圈）小故事叫“螳螂捕蝉”。“螳螂捕蝉”这个故事最能体现“少年智谏”中的哪个字？

生：智！

【点评：这个加标题的练习设计巧妙，它指向的是学生的概括能力，又紧紧地结合课文内容，学生并没有走出“故事”。值得我们注意的是，这个“概括内容”的活动是有层次的：先找到主角（人物），再说明事情，最后推敲语言。学生在活动中也学会了“概括故事”的一般方法。几个字的对比探究，实际上是在琢磨语言文字。把训练游戏化，把学习情境化，这样的训练近于无痕，学生轻松，教师不累，效果很好。】

二、填补空白，内化表达（进谏前与纳谏后）

师：大故事和小故事我们弄明白了，可是这还不够，我们再来看看故事中的两个人物。第一个是少年，他的所作所为，所思所想，我们已经知道了。另一个关键人物——吴王，他的想法在开始和最后有了很大的转变，相信在这个事件中他也会有很多收获、感悟和启发。我们来走近吴王，看看他的想法。

（课件出示）

吴王准备出兵攻打楚国，遭到了一些大臣的反对。

吴王想：____________，固执地说："谁敢来劝阻我，我就处死他！"

师：故事开始的时候，吴王想要伐楚，遭到了大臣们的强烈反对。那些大臣，他们不是巧谏，不是妙谏，不是婉谏，不是曲谏，更不是智谏，而是——

生：直谏！

师：对了，直接反对！吴王说，敢有谏者，死！谁敢进谏，杀！这个时候，吴王在想什么呢？

生：他在想：我攻打楚国，肯定可以胜利，他们为什么要反对呢？

生：他想：我一定要攻打楚国，给他们看看！

师：同学们，楚国可不是小国啊，而是个大国。但是吴国现在攻打楚国，应该还是胜算很大的。你们想，如果攻打下楚国，就会获得更多的钱粮，还会获得更大的地盘，最重要的是，楚国这个大国都被打败了，那些小的诸侯国自然就——

生：屈服了。

师：对啊，这都是伐楚的——

生：好处。

师：这时候，你跟吴王说，别的国家会乘虚而入，他信吗？

生：不信。

师：因为他只盯着伐楚的——

生：利益！

师：这有点像——

生：螳螂！

【点评：这段的想象其实是紧扣"螳螂捕蝉"的含义展开的——吴王只看到"攻打楚国取胜的希望很大"，却没有意识到"其他诸侯国乘虚而入，后果将不堪设想"。这里，不动声色地把"伐楚"和"捕蝉"联系到了一起。】

（课件出示）

听了少年这番话，吴王恍然大悟，____________，连声说：“对！对！你讲得太有道理了！”

师：听了少年的一番话，吴王忽然有了顿悟，他明白了什么呢？现在你就是吴王，你来说说。

生：我明白了，如果我们去攻打楚国，其他诸侯国一定会来进攻我们，后果将不堪设想啊。

生：我发现了：攻打楚国其实和“螳螂捕蝉”是一样的。楚国好比是那只蝉，吴国就是螳螂，而其他诸侯国就像黄雀。

师：（接）如果——

生：如果吴国去攻打楚国，就好像螳螂去捕蝉，其他诸侯国一定会像黄雀一样乘虚而入，啄食“螳螂”的，到那时候，吴国就危险了。

师：是啊，这就叫——

生：螳螂捕蝉，黄雀在后！

师：给他鼓掌！这是吴王明白的第一点。他还明白了什么呢？伐楚之举可以作罢，对聪明的吴王还有怎样的启示呢？

生：以后我们做任何事，不仅要看到眼前的利益，还要注意身后的隐患。

生：我们做事，不能光盯着好处，还要考虑到危险。

生：任何事都有好的一方面，也有坏的一方面，要考虑周全。

师：这叫有一利——

生：必有一弊。

生：做事情时，既要瞻前，也要顾后，不能钻头不顾尾。

师：说得好，“钻头不顾尾”，非常生动！

生：我觉得考虑任何事的时候，要知道好的事情里也有不利的因素，坏的事情里也会有好的方面。

师：这叫祸福相依。同学们都是哲学家啊！

（生笑）

师：跳出“伐楚”这件事，吴王又明白了这些道理。那么，当吴王想到少年，想到少年的“智谏”，再对比一下大臣们的“直谏”，他又会有什么感悟呢？

生：他会明白：智谏比直谏好，让人更容易接受。

生：婉转地给人提意见效果会更好。

【点评：紧扣“螳螂捕蝉”的含义——认识到“伐楚”即是“螳螂捕蝉”；明白寓意；体会“智谏”的好处。】

（课件出示）

又一天早朝，吴王对众大臣说：______________。

师：同学们，朝堂上，吴王一定会把自己思想前后的变化，自己的感悟，自己受到的启发跟大臣们分享的。那么，他会怎样讲呢？大家准备一下，待会儿我请一位“吴王”来讲一讲，其他同学扮演大臣！

吴王：（模仿君王语气）众位爱卿，我今天先宣布一个决定。

师：好，开门见山！但是我提个建议：作为大王，不会自称“我”！大王一般都怎样称呼自己呢？

生：孤、朕、寡人、本王。

师：对！但是春秋战国时期还不能自称“朕”。“朕”是从秦始皇开始才成为皇帝的自称的。这里就自称“孤”或者“寡人”吧，所谓“称孤道寡”嘛！

【点评：顺手一笔，捎带出一点历史知识。】

吴王：寡人决定不再去攻打楚国了，因为我听了一位少年给我讲的故事后明白了一个道理。现在，楚国好比就是那只蝉，吴国就是螳螂，而其他诸侯国就像黄雀啊，如果我们执意去攻打楚国，其他诸侯国一定会乘虚而入的，后果将不堪设想。所以，伐楚的事不要再提了！（众大臣鼓掌）

吴王：寡人还想告诉你们一个道理：以后我们做任何事的时候，都不能只看到眼前的利益，还要看到身后的危险。既要看到好的一面，即利，也要看到不好的一面，即弊，要做到三思而后行。你们记住了吗?

众大臣:记住了!

师:说得还挺全面,不愧是大王啊!

吴王:寡人还想告诉大家的是,以后你们给孤进谏的时候,最好是智谏,不要直谏,直谏的效果不好啊。(众大臣笑)

师:吴王说得真棒!大家鼓掌!(生鼓掌)

【点评:这个说话训练仅仅是有趣吗?恐怕不是。学生对人物的揣摩、寓意的领悟,都融合在其中了。更难能可贵的是,"吴王"竟然能整合同学们的发言,说出一大段富有哲理且符合自己身份的话来,而且还那么有序、有趣、深入。不得不说,是教师给了学生空间,也给了学生指导。这也是张老师的匠心所在。】

三、引入古文,感受文韵

师:我这里还有一道题目,比较难。我看就不要出示了吧。如果出示了题目,你们不会做,面子上就不好看了。

生:要出示!

师:你们敢挑战?

生:敢!

师:那我有个要求:文章出示之后,不许自读,不许默读,不许浏览,直接就读。行吗?

生:行!

(课件出示《螳螂捕蝉》文言文)

园中有树,其上有蝉,蝉高居悲鸣,饮露,不知螳螂在其后也;螳螂委身曲附,欲取蝉,而不知黄雀在其傍也;黄雀延颈,欲啄螳螂,而不知弹丸在其下也。此三者皆务欲得其前利,而不顾其后之有患也。

(生齐读,语气及断句停顿完全正确,非常流利)

师:你们以前读过?

生:没有!

师：不可能！没读过，你们能读这么好？

生：真没读过！

师：那你们可太棒了！其实，读文言文有一个标准：只要读的时候语气停顿完全正确，就说明你已经懂得了意思。你们今天就做到了，太厉害了！

师：我们来把最关键的那句话再读一遍——

生：（齐）此三者皆务欲得其前利，而不顾其后之有患也。

师：退朝！（生笑）

【点评：其实，“文章出示之后，不许自读，不许默读，不许浏览，直接就读”这个要求不低啊。但是，在教师的激将法下，在课堂活跃的氛围中，一切难度化于无形。】

【评析】

“语用课堂”的“简”和“活”

——从《螳螂捕蝉》看张学伟老师的教学特色

简

这节课的教学环节只有两个，一是朗读，二是说话。或者从“用教材”的角度说，一是利用课文训练学生朗读，二是利用课文内容训练学生表达。在朗读的环节中，读“小故事”时，采取的是“比赛读”——学生比赛，师生比赛。“这两位同学真是读得不错，但是，（夸张地说）跟我比还差一点点”，这样幽默的、生活化的语言引导学生逐步读好了课文。同时，朗读又是和理解融合在一起的，启发学生边读边想，发现蝉、螳螂、黄雀都是一样——“我的眼里只有你”。这样，读悟结合、读思结合，使朗读并不是只停留在声音和形式上。另外，把小故事拎出来单讲、先讲，给学生留下深刻印象，为破解文章主题打好了基础。这是一个“妙笔生花”的设计。

读“大故事”时，张老师放手让学生“表演读”——读的要求是每个人都要符合自己的身份。在导读中，师生对每一处的朗读都是仔细推敲的，是反复琢磨的，是设身处地进入情境体会人物情感的。因此，只要读好了，其实内容、人物、情感甚至含义，学生也就都明白了。这也是我一直提倡教师要把朗读和导读作为最重要的一项基本功来练、课堂要把朗读课文作为最核心的环节来落实的原因。我以前说过，读是过程也是方法，读是手段也是目的。看来张老师是深谙其道的，可以说深入了导读的精髓。

值得大家关注的是，“比赛读”“表演读”，再加上张老师幽默的话语、适时的点拨，使导读怎么看都像是一场游戏，学生在轻松的氛围中不知不觉地加深感悟，提高水平，习得方法。

再看看表达的环节。今天，因为我们的教师在课堂上极少给学生大段发言的机会，极少创设这样的情境，更谈不上有什么指导，因此，学生基本上都很难说出整段的、有序的甚至是有理有据的话来，只会只言片语地“蹦豆子”，“基本不会说话”。张老师的“吴王发言”这个设计正是针对这一薄弱处下手的。难能可贵的是，他又根据课文内容创设了一个情境：让学生以一个最合理的角色（用吴王的口吻）跟“大臣们”交流自己的前后想法、感受和启发。角度选得准，难度自然就降得低，学生一下子就打开了“话匣子”（当然，在这之前，教师也有两次说话的铺垫）。所有这些训练，几乎都是在游戏中完成的。

活

张老师的课堂更是“活”的。具体来说，基本上是在“玩中学”。把课文变成一个个故事，把训练变成一个个游戏，把训练的目标和要求尽可能地融合在游戏的过程中。

谈到“语用课堂”，他有自己的见解——“语文课是什么？语文课就是以学习语言规律为目标，以语文活动为载体，从而发展学生语文能力，提高学生语文素养的一门课程。”

谈到“积累和表达”的关系，他也有自己的看法——“我们很多老师往往认为，把词语或者语段背会了，就算是积累了，其实这积累的是死语言，根本没什么用。只有在运用中积累的才是活语言、能运用的语言。在运用的过程中积累语言，把积累和运用融合在一起，这样，学生不光记得住，还会用得活。”

是啊，有了这种“活”的思想，才有那么多“活”的教学设计、“活”的语文活动，也就有了“活”的教学效果。

走进经典

——《三国演义》教学与评析

◆执教／张学伟　评析／张忠诚

【备课构想】

一、小学生为什么要读原版的《三国演义》

《三国演义》这样半文半白的大部头小说，小学生读起来会感觉比较难懂，那么，为什么还要读?

我坚持小学高年级学生应该选读原版四大名著的观点。以《三国演义》为例，说明原因。

1. 读《三国演义》，了解情节曲折的“事”。

《三国演义》中的故事脍炙人口，情节跌宕起伏自不必说。《三国演义》中的故事几百年来在民间喜闻乐见，比略显“高大上”的《红楼梦》更接地气，可以说“有井水处必有《三国演义》”。中国人都熟知的历史故事，小学生了解并阅读很有必要。况且，作品中章法、人物的描写等对学生有着潜移默化的影响，对学生终身的语文学习都大有裨益。

2. 读《三国演义》，走近个性鲜明的“人”。

《三国演义》中的人物同样为人熟知。神机妙算的诸葛亮，性格复杂的曹操，义薄云天的关羽……这些人物既活在书中，也活在中国人的口中。《三国演义》中的许多人物是“活”的。关羽是重义的，也是自负的；诸葛亮是足智多谋的，也是有重大失误的；曹操是奸诈的，也是爱才的；周瑜是英华盖世的，也是心胸狭窄的……走近这些“活生生”的人，学生不只是感到有趣，还会受到影响，有所启发。

3. 读《三国演义》，感知文言表达的“韵”。

进入初中，扑面而来的文言文往往让学生望而却步。那么，从小学高年级开始，让学生阅读情节曲折生动、人物栩栩如生又为人熟知的《三国演义》，尽早接触这些半文半白的语言，不是给学生的文言文学习铺设了一个台阶吗？古代白话小说的文字，既有文言的韵味，又有白话的通俗，正是最好的“阶梯教材”。就我自己的经验，小学高年级“啃”了《三国演义》和《水浒传》，初中学习文言文就感觉容易得多，比一般的学生学得轻松。

借古典白话小说进入文言文学习，应该也是符合循序渐进的学习原则的。

二、怎样引导小学生读《三国演义》

引导小学生读《三国演义》，必须有一个“潜入”和“浮出”的过程。

（一）潜入

我有很多年阅读四大名著的经历。从教后，20多年来，我的语文课，常常会在学习之余给学生“秀”一个《三国演义》中的故事，绘声绘色，诙谐幽默，竟也令学生“牵肠挂肚”。这样的故事课，成了我和学生之间的保留节目。借这个势头，我会鼓励他们读原版小说，让他们写“故事卡片”，制作“人物名片”，甚至假想“故事人物穿越”，如“关羽战武松”等。慢慢地，学生开始读古典名著；慢慢地，学生喜欢上了《三国演义》中的故事，喜欢上了《三国演义》中的人物，甚至喜欢上了《三国演义》中的半文半白的语言形式，甚至开始有了自己的看法和感悟。就这样，带领学生不知不觉地“潜入”作品，一切悄悄地发生。

当然，要引导学生阅读作品，教师先读一读是必要的。对作品中的故事和人物比较了解，能够把握小说的脉络和情节发展，也就是“了解作品”，这是进行导读的基础。

（二）浮出

《三国演义》内容庞杂、人物众多，再加上半文半白的语言，引导小学生阅读似乎一下子无从下手。其实，读得通了，名著的脉络、人物就会慢慢浮出水面。

引导学生阅读名著，还要浮出来“梳理作品”。

即使有多年“浸泡三国”的经历，真正要进行名著导读，我还是静下心来，对这部宏大的小说进行梳理，选择适合学生的内容进行导读。我以事件和人物为线索来分步导读。

围绕主要人物——“人”篇：比较《三国演义》中三个主要人物——“奸绝”曹操，“义绝”关羽，“智绝”诸葛亮，以发生在他们身上的故事来感受人物个性，感悟精妙写法。

围绕主要事件——“事”篇：以官渡之战、赤壁之战、夷陵之战三大战役为脉络，看各类人物在事件中的“表演”，感受小说情节和人物是如何交织和融合的。

围绕主题思想——“气”篇：在全书中选取最精彩的故事和细节，彰显“英雄气”。“大闹长坂桥”——感受张飞的勇气；“刮骨疗毒”——显示关羽的神气；“空城计”——展现诸葛亮的胆气；“蒋干盗书”——尽显周瑜的智气……

“潜入”“浮出”，深入浅出的整合，师生的互动阅读，才能读出感觉、读出味道。

最后，我建议学生“立体”地读《三国演义》。“立体”地“读”，就是把原文、评书、影视作品结合起来读。《三国演义》的语言毕竟是半文半白，文言的成分更多一些，学生理解起来有困难。长篇的大部头小说，逐字逐句地去查阅、去深究是不可能的，也不是小学生阅读的目的。说到底，看个热闹，看个大概，不求甚解，应该是小学生读《三国演义》的指导思想。所以，借助连环画、说书或者电视剧来帮助理解，都是必要的。这样，既提高了阅读兴趣，又降低了阅读难度，还增强了阅读效果。

【教学】

一、经典赏析

师：今天我们走进《三国演义》。我说一个《三国演义》中的人物的特

征，你们能猜猜这是谁吗？此人是《三国演义》中的一员猛将——（课件出示）

见此人，跳下马来，平顶身高在九尺开外。往脸上看，卧蚕眉，丹凤眼，面如重枣，五绺长髯！胯下千里追风赤兔马，掌中青龙偃月刀！

生：关羽！

师：（课件出示）关羽，字云长，三国名将。他的主要事迹是——

温酒斩华雄，三英战吕布，刺颜良，诛文丑，过五关斩六将。单刀赴会，水淹七军，刮骨疗毒，最后败走麦城，战死。是后世忠义的化身。

师：我们再来看看关羽在《三国演义》中的第一次闪亮登场——

（课件出示“温酒斩华雄”选段）

师：这是我们课本上的一段节选文字。我们一起来读一读。

（学生齐读）

师：在关羽出战之前，华雄已经打败了威名赫赫的孙坚，还斩了诸侯阵营好几员大将，无人敢出战。这时候，关羽才挺身而出。这是关羽第一次在战斗中闪亮登场，但是我们看这一段文字的描写，写到关羽和华雄怎样战斗了吗？

生：没有。

师：只写了——

生：（读）众诸侯听得关外鼓声大振，喊声大举，如天摧地塌，岳撼山崩，众皆失惊。

师：这都是写战场的声音。还写了——

生：众皆失惊。

师：这是写诸侯们大惊失色的表现。不直接写战斗，却写战场的声音和别人的表现，这在写法上叫作——

生：侧面描写。

生：衬托、烘托。

师：关羽在《三国演义》里号称“义绝”，也就是说他最讲忠义。（板书：

关羽　义绝）还有一位神机妙算、最有智谋的人，是谁？

生：诸葛亮。

师：对于诸葛亮，你有什么了解？

（学生自由发言）

二、故事分享

故事一：草船借箭

师：我们来看一个关于诸葛亮的故事。这里有一首诗，读一读。（课件出示）

一天浓雾满长江，远近难分水渺茫。骤雨飞蝗来战舰，孔明今日伏周郎。

师：这个故事叫什么？

生：草船借箭。

师：谁能把草船借箭的故事梗概简单地讲一讲？

（生介绍故事详情）

师：不错。在这个故事中，周瑜以为诸葛亮会造箭，哪知道诸葛亮却是借箭。一造一借，这就是周瑜和诸葛亮的差距。这个故事中，诸葛亮借了箭，还借了什么？

生：借了天气，漫天的大雾正好去借箭。

生：借了鲁肃的20只小船，还有500个军士。

生：他还借了曹操的疑心。他知道曹操是多疑的，所以大雾天去骚扰，曹操肯定不敢出兵。

……

师：《三国演义》里诸葛亮还借了什么？

生：借东风。

生：借荆州。

师：诸葛亮一直在借，借天气，借地势，借敌人的矛盾，还借别人的心理。他总是借用对自己有利的方面来达到自己的目的。你们说，他聪明吗？

生：聪明。

师：诸葛亮在《三国演义》里是智慧的化身。

（板书：诸葛亮　智绝）

故事二：许攸问粮

师：我还请大家认识一个人。（课件出示）

曹操，字孟德，汉丞相，三国军事家，著名诗人。领军与袁绍战于官渡。

师：还有一人。（课件出示）

许攸，字子远，袁绍手下谋士，曹操旧友。大战前投奔曹操。

师：我们来看许攸投奔曹操时发生的一段故事。

（课件出示"许攸问粮"选文）

师：读的感觉怎么样？和我们平时学的课文一样吗？请一位同学来读。

（生读）

师：给他鼓掌，很不容易，这是一段半文半白的文字。这个故事讲许攸问粮，共问了几次？曹操是怎么回答的？我们把精彩部分一起来读一读。我读许攸，你们读曹操。（师生合作读）

师：第一次曹操说有多少粮食？

生：一年。

师：第二次呢？

生：半年。

师：第三次？

生：三个月。

师：然后呢？

生：一个月。

师：实际呢？

生：只有三天！

师：一年，半年，三个月，一个月，其实只有三天的粮食！没想到啊，曹操附在许攸耳边讲的那句话，其实仍然是一句假话。曹操这个人怎么样？

生：奸诈。

生：狡猾。

生：心机重。

生：我都怀疑他说的三天粮食是不是真的。

师：所以曹操被称为“奸绝”（板书：曹操　奸绝）

故事三：曹操施恩留关公

师：我们再来读一个故事，有关曹操和关羽的。“奸绝”遇到“义绝”，一出好戏。

（课件出示“曹操施恩留关公”选文）

师：这时候，刘备打了败仗，关羽为了保护两位嫂嫂，只好暂降曹操。我们看曹操对关羽有多好。

（师范读，读的过程中随机理解“然口虽称美，心实不悦”“何贱人而贵畜耶？”）

师：曹操先是赠给关羽什么？

生：锦袍。

师：可是关羽怎么做的？他为什么非要把旧袍子穿在外面呢？

生：（读）某非俭也。旧袍乃刘皇叔所赐，某穿之如见兄面，不敢以丞相之新赐而忘兄长之旧赐，故穿于上。

师：关羽为什么这样做？

生：因为他想念大哥刘备。

生：因为他看见旧袍子就想起了刘备、张飞。

师：这说明，在关羽心里谁更重要？

生：刘备。

师：曹操嘴上夸他义气，心里高兴吗？

生：不高兴。口虽称羡，心实不悦。

师：后来送他赤兔马，他说——

生：（读）吾知此马日行千里，今幸得之，若知兄长下落，可一日而见面矣。

师： 送美女金帛从不言谢，这次关羽为什么“再拜称谢”？

生： 因为赤兔马跑得最快，如果得到刘备的消息，可以尽快见到他。

生： 因为关羽太想念刘备了。

师： 对啊，“知兄长下落，一日可见”，关羽心里想的还是谁？

生： 刘备。

师： 在这个故事中，曹操是怎么利诱关羽的？“小宴三日，大宴五日”，用一个字概括——

生： 酒。

师： 又送美女10名——

生： 色。

师： 累送金帛。金帛是什么？

生： 财。

师： 曹操还给关羽封了官——汉寿亭侯。

生： 官。

师： 酒、色、财、官，人生的四大诱惑啊。如果是一般人，你觉得会怎么样？

生： 估计早就投降了。

生： 再也不想刘备了。

师： 关羽是这样吗？

生： 不是。

师： 美女——送给嫂嫂，官印——留给曹操，钱财——分文不取，美——难以诱惑他。关羽，就是真君子！

师： 当然，关羽很讲义气。为了报答曹操，也给他做了几件事，谁知道是哪几件事？

生： 关羽杀了文丑和颜良，为曹操解围。

生： 赤壁大战，曹操走投无路，关羽放了他。

师： 都是在最关键的时刻救了曹操。所以，用一个字形容关羽——

生：义！

师：关羽的义，可以和一个人作对比，这个人就是——（课件出示吕布图片）

师：吕布是《三国演义》中的一员猛将，武艺可能比关羽、张飞还稍好一点。但是大家都瞧不起他，说他是“三姓家奴”。知道是为什么吗？

（师生讨论：先拜丁原为义父，董卓送他一匹赤兔马，他就杀了丁原，拜董卓为义父；后来为了美女貂蝉，又杀了董卓。本姓吕，后姓丁，再姓董，是为“三姓家奴”，典型的无义之人。）

师：为利，杀了丁原；为色，杀了董卓。有勇无谋，见利忘义，这就是对《三国演义》中吕布的评价！

三、人物赏析

师：我们讲了三个故事，说了三个人物。这些故事很有意思。一个写了诸葛亮草船借箭，很有智慧；另一个写了许攸问粮，曹操很奸诈；还有一个讲了关公很讲义气。

师：我们再来讨论《三国演义》中一些很有意思的现象。第一个现象是“哭”，谁最喜欢哭？

生：刘备。

师：人家说，刘备的江山是哭出来的。《三国演义》里好多次都写到他哭。

生：刘备借了荆州，对方来要，大哭。

师：是啊，他一哭，人家只好不要了。赖账。

生：赵云救出他的儿子，他也哭了。

师：对啊，还把儿子假装摔了一下，说，险些丧失我一员大将。这是在收买赵云的心。

……

师：今天我们不讲刘备的哭，但研究曹操的哭——（课件出示）

典韦，曹操的猛将，力大无穷。为救曹操空手杀敌，力竭战死。曹操亲自祭奠，痛哭：“吾折长子、爱侄，俱无深痛；独号泣典韦也！”

师：战宛城时，曹操牺牲了长子和爱侄。但是，他最心痛的是谁？

生：典韦。

师：假如你就是曹操手下的大将，你怎么想？

生：曹丞相还是讲义气的。

生：我以后会对他忠心耿耿。

师：曹操这一哭好像是在鼓励大家。他这一哭是给死人的还是给活人的？

生：活人的。

师：还有一次痛哭，请看大屏幕。（课件出示）

郭嘉：字奉孝，曹操第一谋士，著名军事家。曾助曹操除袁绍、灭袁术、破吕布。后病死。赤壁大败后曹操大哭："若郭嘉在，决不致有此大失也！哀哉奉孝！痛哉奉孝！惜哉奉孝！"

师：赤壁大战失败后，回到许昌，曹操为手下设的压惊宴会上，开始大家都惊魂未定，喝着酒，慢慢地就都笑了。可是曹操却哭了。他为谁哭？

生：郭嘉。

师：假如你是他手下的谋士，此时你心里会怎么想？

生：很惭愧，我不如郭嘉。

生：丞相是用哭批评我们。

师：对。曹操两次哭，第一次是鼓励大家，第二次就好像是打了谋士们每人一个大嘴巴。曹操真是厉害。怪不得评论家毛宗岗说，奸雄的哭，可以做奖赏，也可以做惩戒。

师：我们再来说一说诸葛亮，这里有一首诗。（课件出示）

蜀　相

丞相祠堂何处寻，锦官城外柏森森。

映阶碧草自春色，隔叶黄鹂空好音。

三顾频烦天下计，两朝开济老臣心。

出师未捷身先死，长使英雄泪满襟。

师：诸葛亮英华盖世，未出茅庐就已三分天下，但是六伐中原，寸功未立。最后一次把司马懿困到山里，用火烧他，眼看就要把他烧死了。这个时候，天降大雨。诸葛亮无奈地仰天长叹："谋事在人，成事在天。"所以说"长使英雄泪满襟"。诸葛亮辅佐两代蜀主，呕心沥血，鞠躬尽瘁，堪称完人。但是，《三国演义》不仅写诸葛亮的智慧和忠心耿耿，还写了他的失误——

生：错用马谡，失街亭。

生：错用关羽，失荆州。

师：是啊！还有，诸葛亮过于谨慎，不敢用魏延奇袭长安的妙计。他又不注重培养人才，所以在他死后，西蜀无人可用。"蜀中无大将，廖化做先锋。"悲剧啊。再看关公，一生忠义，但他有一个致命弱点，是——

生：骄傲。

师：正是这个弱点，让他大意失荆州，败走麦城。周瑜文武双全，可是他心胸狭窄；曹操呢，虽然奸诈，可是他有一个最大的优点——

生：爱才。

师：大家看，《三国演义》中的人物多有意思啊。每个人既有优点，又有缺点。这才是——

生：活生生的人。

（板书：人）

四、总结升华

师：小说给我们呈现的是一个个个性鲜明的人。我从小学五年级就读《三国演义》的故事。今天，每当我捧起《三国演义》，都会感觉书中的人物那么亲切、那么鲜活，就像我的朋友一样，在他们自己的人生舞台上起起落落，演出一幕幕悲喜剧。所以读名著，既要了解故事，知道情节；更要了解人物，有所感悟。

最后，让我们听听电视剧《三国演义》的主题曲。（课件出示歌词）

滚滚长江东逝水

浪花淘尽英雄

是非成败转头空

青山依旧在

几度夕阳红

白发渔樵江渚上

惯看秋月春风

一壶浊酒喜相逢

古今多少事

都付笑谈中

……

【板书设计】

三国演义

诸葛亮　智绝　慎

关　羽　义绝

曹　操　奸绝

【教后反思】

我设计了导读《三国演义》的系列课——人篇、事篇、气篇、智篇等，执教后有许多感悟。

1. **化难为易，化整为零，阅读有兴趣**。

一直以为，《三国演义》中的故事大概是男生更爱读，女生是不爱看打打杀杀的故事的，其实不然。教学中我发现，喜欢《三国演义》中的故事和人物的女生也非常多。她们很熟悉《三国演义》的故事，甚至对杨修、姜维这些次要人物也很了解。

但大家普遍反映的问题是，《三国演义》的语言和学生还是有相当的距离，"啃"下来很不容易。如何能化难为易，让学生一直保持阅读的兴趣，读完整本书？这是我必须面对的问题。目前，我主要是采用"立体阅读"（原文、评书、影视作品结合）、人物聚焦（以主要人物为线索阅读故事）、事件再现（以主要事件的情节发展来阅读）等方式进行，把鸿篇巨制分成一个个故事来阅读，故事既独立分开，又相互联系，类似于评书中的柁子。这样阅读大部头，会相对容易些。在故事语言上，我也会做一点儿修改，主要是降低难度，同时又不能失去原文的神韵。一切都是为了学生能够更轻松地阅读这部古典名著。

2. **意想不到的惊讶。**

读一段《三国演义》后，学生带给我的是意想不到的惊讶——他们产生了许多问题，经常相互讨论；有些同学会背《三国演义》中的大量诗词和语言描写，常常相互比赛；有些同学模仿书中的人物语气，时不时地说一段；还有的三五一组，排演《三国演义》中的故事……这些都让我感觉到唤醒了学生的阅读兴趣，《三国演义》释放出的能量是无穷的！当然，这也让我这个执教者颇感惊喜。

总之，导读这部大部头的古典名著，获益的是学生，其实收获更多的是我自己。

【评析】

近日，听了张学伟老师的导读课《走进经典——〈三国演义〉教学》。张老师在课堂中，精当选择教学内容、多角度走近人物，给我留下了深刻的印象。

一、精当选择教学内容

作为鸿篇巨制的《三国演义》，人物众多，内容庞杂。要在短短的40分钟内完成引领学生走进《三国演义》，认识《三国演义》中的主要人物，把握《三国演义》的主要情节，是一件极不容易做到的事情。张老师化繁为简，化难为易，依据中国章回小说人物大于情节的特点，从阅读人物的角度，精心选择教学内容，引领学生走进《三国演义》丰富多彩的历史画卷中。

张老师精心选择的教学内容，一是学生熟悉的人物。选择学生熟悉的人物进行教学，可以让他们在阅读中没有距离感，在阅读中将人物立体化。比如选择的第一个人物关羽，是学生心目中英雄的化身，在阅读中能够激起他们更多的阅读期待。二是学生熟悉的故事情节。张老师课堂中选择的“草船借箭”“许攸问粮”“曹操施恩留关公”都是《三国演义》中典型的、学生熟悉的故事情节。故事情节的精彩，可以激发学生进一步阅读的兴趣，带着他们从故事情节走近人物，又从人物走进整本书。三是学生熟悉的写作手法。《三国演义》中，作者运用的写作手法非常多。对于小学生来讲，很多他们不熟悉。张老师在这节课上选择的写作手法，大多数是学生在阅读课上熟悉的写作手法，比如侧面描写、烘托、衬托。熟悉的写作手法，让学生在阅读中没有陌生感，从而从熟悉走向未知，走向对整本书写作技法的探索，做到入乎其内，出乎其外。

二、多角度走近人物

张老师在精心选择教学内容的基础上，围绕"走近人物"这个主题，设计了多角度的语文学习活动。

1. 从故事情节中走近人物。通过故事情节走近人物，是阅读小说走近人物最为基本的方法。张老师深谙此点，借助故事情节走近人物，贯穿课堂始终。张老师充分利用"温酒斩华雄"的故事情节，学生不但体会到了人物形象、语言的精彩，而且学到了人物写作的手法，从而把故事的功能在语言学习中最大化。

2. 在人物的典型符号中走近人物。无论哪一部小说，它的主要人物形象都会有典型的符号。人物形象的典型符号，是走近人物的最好切入点。张老师在教学《三国演义》时，把此点作为引导学生走近人物的途径之一。诸葛亮的智慧、关羽的忠义、曹操的奸诈等都是抓住人物最主要的特点展开的。

3. 在人物对比中走近人物。《三国演义》人物众多，人物与人物之间的关系错综复杂。人物与人物之间的对比，是认识人物形象的重要方法。张老师在课堂上利用人物与人物之间的对比，激发学生的阅读兴趣，体会人物形象。比如，在吕布与关羽的对比中，利用吕布的有勇无谋、见利忘义来突出关羽的义。在曹操的哭与刘备的哭中，体会不同人物形象的特点。

4. 在整本书的阅读中走近人物。《三国演义》是一部内容庞大的小说，每一个人物都有自己的性格发展史。张老师在引导学生走近人物时，没有拘泥于一两个情节，而是把人物放在整本书中，带着学生认识人物形象，引领学生走进整部小说中，从而达成本课教学的最终目标。对诸葛亮、曹操的认识，就是最好的证明。学生在认识曹操这个人物时，张老师通过"许攸问粮""曹操施恩留关公”“赤壁大战”等故事情节的阅读中把握曹操的奸雄形象。

张老师的这节名著导读课，在多角度阅读人物中，沟通了课内与课外的阅读。走进《三国演义》的人物的同时，学生感受着经典的魅力。并以此为起点，走进更多的经典之中，感受祖国优秀的传统文化，从而提高学生的综合素养。

《景阳冈》教学与评析

◆执教／张学伟　评析／杨再隋

【教学】

一、快板引入，梳理文路

（师说快板）

闲言碎语不要讲，
表一表山东好汉武二郎！
那武松学拳到过少林寺，
功夫练到八年上。
这一天，
思念亲人回家乡。
中途经过景阳冈，
那山上，斑斓猛虎把人伤，
武松酒后就上山冈！
赤手空拳打老虎，
为民除害美名扬！

师：这段话说的是什么故事？

生：武松打虎。

师：这段话按照先后顺序都讲了什么？

生：先写“喝酒”，再写“上山”，最后写“打虎”。

师：这篇课文文白夹杂，是古代的白话小说。我先考考你们：大虫是什么？

生：老虎。

师：什么是吃酒？

生：喝酒。

师：什么是筛酒？

生：倒酒。

【点评：快板是一种传统说唱艺术。以这样的形式开场，形式新颖，既激发了学生的兴趣，渲染了课堂气氛，同时也梳理了课文，拉近了学生和古代白话小说的距离，一举多得，简洁明快。听！好汉武松景阳冈打虎的故事就要开讲了！】

二、喝酒——研读语言，体会“倔强”

1. 体会喝酒——酒量大，动作爽。

师：好！我们先来看武松喝酒。武松喝酒与众不同——古代的酒度数比较低，一般人可以喝三碗，武松喝了几碗？

生：十八碗。

师：对，十八碗酒！相当于六个人的酒量！而且，十八碗酒他都是怎么喝的？

生：一饮而尽。

师：连起来，一起读。

生：十八碗酒，一饮而尽！

【点评：好一个“一饮而尽”！武松豪爽、率真、坦荡的性格尽显无疑。】

2. 体会语言——豪爽、倔强的性格。

师：我们来读一读武松和店家的对话。这样吧，同桌两人，一人读武松的话，一人读店家的话，先来练习一下。（课件出示对话，生合作读）

【点评：由读到演，让学生扮演武松和店家，身临其境，感同身受，别有一番滋味，别有一种感受。课堂顿时活跃起来了！】

师：选两位同学来读。

（两位同学分角色读对话）

师：大家给他们提提意见。

生：“武松”读的时候没表情，声音不够洪亮。

生：“店家”好像不是在说话，而是在念书。

师：是啊！说话还是要更自然一些。不过，他的台词比较多，我们表示谅解。我们看“武松”——他很用心，一边读一边做动作，真好！但是有个表情不对，“武松”嘿嘿一笑，行吗？

生：不行！

师：应该哈哈大笑！下面一起来，你们都当武松，我当店家，我们来试一试！

【点评：由读书到讲话，从拿腔拿调地读到自然朴实地说，是“读”的升华，需要在练读中下功夫。口头语言和书面语言的相互转化既有助于提高读的质量，也有利于增强说的能力。】

师：你们看，在这个过程中武松一直在干什么？

生：叫人筛酒。

师：叫人筛酒就是要酒。第一次他敲着桌子说“主人家，怎的不来筛酒？”第二次他奇怪地问“怎地唤做三碗不过冈？”，第三次他笑着说“我却吃了三碗，如何不醉”，第四次干脆直接说“没地不还你钱，再筛三碗来我吃”。是这个意思吧？

生：是。

师：这一段对话很精彩，但不能光看表面。谁来说一说，从这个要酒的过程中，你看到了一个怎样的武松？

生：倔强。

生：固执。

师：对！倔强——你不让我喝，我偏要喝！从这一段的描写当中，我们看到了一个倔强的武松，一个酒量过人的武松。（板书：倔强，酒量）

【点评：在学生活动之后，师生厘清层次，教师引导学生从语言文字的表层去发现语言背后的意蕴——从“要酒”的过程看出武松的性格。在文本具象

的描写中，引导学生尝试初步的抽象——了解武松的性格。这既是一种语言训练，又是一种思维训练。】

三、上山——研读心理，体会“犹豫”

师：武松吃了十八碗酒，然后要上山。店家告诉他山上有老虎，他不相信，执意要上山。可是上山之后，武松看到一张印信榜文——（课件出示）

阳谷县示：为这景阳冈上新有一只大虫，近来伤害人命。见今杖限各乡里正并猎户人等，打捕未获。如有过往客商人等，可于巳、午、未三个时辰，结伴过冈。其余时分及单身客人，白日不许过冈。恐被伤害性命不便。各宜知悉。

师：谁能把这段话解释一下？

【点评：榜文半文半白，语言简洁。教师引导学生对关键词语字斟句酌，很有必要。把关键词语弄懂了，这段话自然就懂了。这也是阅读我国话本小说的方法之一。】

生：近期因为景阳冈老虎伤人，如果有客商经过，要结伴过冈。

师：就是说过冈需要两个条件。一是——

生：于巳、午、未三个时辰过冈。

师：二是——

生：结伴过冈。

师：武松是在巳、午、未三个时辰结伴过冈的吗？

生：不是。他是独自一人，黄昏过冈。

师：这个榜文，武松读出了八个字——

生：山中有虎，单身莫行！

师：看到这样的榜文，武松心里有了想法。请你拿起笔，翻开书，把课文中描写武松心理活动的语句画出来，看看他都想了些什么。

【点评：研读榜文，读出“山中有虎，单身莫行”八个字。此情此景，武松怎么会没有想法呢？让学生在相关段落中把武松的想法画出来，认真研读，读出文字背后的意思。这既是对课文内容的探究，又是读书方法的指导。】

（生边读边画。之后师生共同交流，找到三处心理描写的语句。师相机出示）

武松寻思道：“我回去时，须吃他耻笑，不是好汉，难以转去。”

存想了一回，说道：“怕甚么！且只顾上去，看怎地！”

武松自言自语说道：“那得甚么大虫！人自怕了，不敢上山。”

【点评：引导学生回到文本，从人物的神态、语言中揣摩人物的内心活动。品读就是让学生慢慢品尝，细细品味。】

师：武松看到了官府的榜文，他——

生：欲待发步再回酒店里来。

师：但是转念一想——

生：我回去时，须吃他耻笑，不是好汉，难以转去。

师：武松心里害怕不害怕？

生：害怕。

师：但是他要做——

生：好汉！

师：武松怎样？

生：爱面子！要脸面！

师：在面子和性命之间，武松宁愿选择——

生：面子。

师：后来，他细想了一下——

生：怕甚么！且只顾上去，看怎地！

师：他有什么心理？

生：侥幸心理。

师：再看最后一句——

生：那得甚么大虫！人自怕了，不敢上山。

师：这句是什么意思？

生：他在给自己壮胆。

生：他是在自我安慰，欺骗自己。

师：这几句话描绘出害怕的武松，要面子的武松，存有侥幸心理的武松，自我安慰的武松，是这样吧？

生：是。

【点评：这一部分还是让学生通过读自己去体会。对人物内心活动的了解只有通过学生内心的体验方能略知一二。对小学生不必做过高的要求。】

师：整个过程中，武松的心里一直——

生：犹豫。

生：矛盾。

生：纠结。

师：但武松最后还是——

生：上山。

师：说明他有什么？

生：胆量。

【点评：犹豫，就是心理矛盾，内心冲突。在特定情势下的犹豫是人之常情，即使武松也不例外。关键是犹豫之时如何抉择取舍，是否当机立断，这也是杰出者和平庸者之间的重要区别。课文中这一段细致的描写，课堂上这一段较长的对话，绝非可有可无。它清晰地展示了武松从犹豫到决断的心路历程，为后文写景阳冈打虎做了必要的铺垫。】

师：有人说，文章这样写有问题。如果让我来写，我就写："武松看了榜文，然后毫不犹豫地主动上山打死老虎，为民除害。"这样好吗？

生：人毕竟打不过老虎，他怎么可能主动去打？

师：是啊，武松以前打过老虎吗？

生：没有。

师：所以，他一听说山上有老虎，就说要去打死它，可能吗？

生：不可能。

师：这样写真实吗？

生：不真实。

师：文中写武松害怕了，要面子，自我安慰，这样写真实吗？

生：真实。

师：真实！这就是武松的犹豫，武松的胆量！（板书：犹豫，胆量）

【点评：艺术的真实源于生活的真实。武松乃血肉之躯，只是个普通人，他也会害怕，也会要面子。但是武松又是一个杰出的人，他有胆量，有气魄，又有本事，所以他才敢“明知山有虎，偏向虎山行”！】

四、打虎——研读动作，体会“慌乱”

师：不管怎么说，武松还是上山了，最精彩的打虎场面开始了。我们来读一下打老虎的场面。（课件出示）

生：（读）“说时迟，那时快。武松见大虫扑来，只一闪，闪在大虫背后……武松只一躲，躲在一边。”

师：这位同学读得很流利。但是，他放的是慢镜头吧？（生笑）我们再来请一位同学试试，读出紧张的气氛，语速要快！

（生语速很快地读）

师：这样读才能再现场景，我们一起读一遍，要读出武松躲闪得快。

(生齐读)

师：大虫的所有动作，都突出了一个字——

生：快。

生：猛。

生：凶。

师：我们要通过朗读把“快、猛、闪”读出来。我先问问你们，这一段实际上是写谁在进攻？

【点评：大虫一扑一掀一剪，武松一闪再闪三闪，均在毫发之间。教师引导学生通过读，浓缩成三个字：快、猛、凶。这是引导学生由具象到抽象的思维训练。此时，教师又让学生回到文本，通过读来感悟，这样不仅加深了学生对语言文字的感知和理解，而且使武松的英雄形象在学生的脑海中逐渐由隐而

显了。】

生：大虫。

师：谁在防守？

生：武松。

师：大虫做了三个进攻动作，分别是——

生：扑、掀、剪。

师：武松也做了三次动作，但是这三次动作用了一个字叫什么？

生：闪！

师：好！现在我们明白了，大虫是扑、掀、剪，武松是闪、闪、闪。是这样吧？

生：是。

师：（指一个学生）你就是大虫，我请你做一个高难度的动作——掀！请你把这句话读一读。

生："那大虫背后看人最难，便把前爪搭在地下，把腰胯一掀，掀将起来。"（做相应动作）

师：大虫扑过来，武松往旁边一闪，现在武松在大虫的哪里？

生：背后。

师：对，背后，所以大虫要从背后攻击。这个大虫是个高手啊，知道现在回头来不及了，怎么办？

（一生表演大虫用腰胯掀的动作，师生鼓掌）

师：掀完了还不算，还有一个动作更难做，要用尾巴一剪！怎么剪？

生："把铁棒也似虎尾倒竖起来，只一剪。"

（师指导生用手当尾巴，表演"剪"的动作）

师：大家想一想，假如老虎的尾巴碰到武松，会怎样？

生：武松就会受伤。

师：假如老虎的腰胯撞到武松，会怎样？

生：武松就会很危险。

师：一切都在瞬息之间！

【点评：教师引导学生在表演之后慢慢读、细细读，边读边想象，在脑海中浮现出打虎的情景。这样指导学生读书，有趣、有效。学生不仅学习了语言，了解了作者的表达方法，还为下文的学习做了铺垫。】

师：我们慢慢读、细细读，边读边想象，再现打虎的场景。老虎扑、掀、剪，武松只有一个动作——

生：闪！

师：还可以用哪个字？

生：躲。

师：哪个词语好？

生：闪的速度快。

生：用"躲"字说明他很胆小。

师：先闪后进攻，这叫以退为进。

【点评：换词比较，足见作者用词之精妙。看，一个"闪"字，武松的英气、豪情、胆识尽显无遗。教师引导学生探究词语，必要时咬文嚼字，值得提倡！】

师：好，我们再来读一读。你们读写武松的语句，我读写老虎的语句。力求读出紧张的场面。

【点评：武松一闪又闪，化险为夷。先挫其锐，避其锋芒，再蓄势待发。随着故事情节的推进，教学过程波澜起伏，起承转合，过渡承接自然流畅，可见教师的功力。】

师：大虫扑完了，该谁打了？

生：武松。

生：（读）"武松见那大虫复翻身回来，双手抡起梢棒……把那条梢棒折做两截，只拿得一半在手里。"

师：好，这两句话跟我读一读：只听得一声响，簌簌地将那树连枝带叶劈脸打将下来。（**生跟读**）

师：好，武松动手了吧？可惜，唯一的武器——梢棒断了。这一次武松要赤手空拳面对老虎的进攻，我们来看最惊心动魄的场面！这一段我来读，但是你们有一个任务，这里面武松做了很多动作，你们边听边把最关键的动作找出来。

（师范读，生听读，梳理出几个关键动词：跳、按、揪、打）

【点评：此处，教师的范读很有必要。烘托了气氛，读出了气势，静态的语言文字化为鲜活的形象，也为学生树立了朗读的榜样。此时，教师还要求学生在听读中找出描写关键动作的词语。的确，说的不如做的，英雄行为更能表现英雄的精神品质。】

师：武松有几个关键的动作。第一个是什么？（生：跳）第二个是——（生：按）然后他就干什么？（生：揪）最后是——（生：打）这四个动作中，有一个动作至关重要，是武松转败为胜、转守为攻的关键。你认真比较一下，是哪个动作？

生：按。按住老虎的头，他就控制住了老虎。老虎的爪子、尾巴、腰胯都不能用劲了。这时他才可以打老虎。

师：对啊，按住老虎，转败为胜！这个动作最关键！

【点评：行为由若干动作构成。教师引导学生紧扣描写动作的关键词语品读，不但使武松打虎具象化，而且让学生进一步感受到作者遣词造句的巧妙。辨析哪个动作最关键，看似平常，却是引导学生分析事情的关键点，这是一种重要的思维方法。】

师：打虎过程异常紧张。你觉得武松在整个过程中的表现怎么样？

【点评：让学生说说武松在打虎过程中的表现，是引导学生由具体到抽象的概括，由部分到整体的归纳。由放到收，由开到合，收放自如，开合有度，是本课教学的重要特色。】

生：非常勇猛。

生：动作很快。

生：惊恐。

师：惊恐？武松在打虎过程中，他是不是始终非常冷静？

生：不是。

生：要不他也不会拿梢棒打老虎的时候打在枯树上，把梢棒都打折了，说明武松有点惊慌。

生：武松按住老虎之后，是乱打，说明他比较惊慌。

生：武松是"尽平生之力，只顾打"，是乱打，说明他慌乱。

师：但是从"按"这个字，我们看出武松具有超人的力气，如果让你去按，我估计老虎一抬头，你就爬到树上了！（生笑）从这一段我们看出了武松的慌乱和武松的力量。（板书：慌乱，力量）想不想看看武松打虎的场面？

生：想！

师：注意：一边看，一边和课文中的描写对照，感受惊险的场面。（播放武松打虎的视频）

【点评：一边看，一边和课文中的描写对照，看语言描写如何化为生动可感的形象。】

师：惊险吗？过瘾吗？我们再来读一读打虎的场面。

（生齐读）

五、总结拓展

师：真过瘾！仿佛身临其境。你们发现没有，这篇课文写得很有意思，如果我们从头来梳理一下阅读的感受，就会发现：武松酒醉要上山，我们的心就——

生：提起来了。

师：后来店家劝他，我们的心又——

生：放下了。

师：结果他不听，我们的心又——

生：提起来了。

师：当他看见了榜文，我们以为他要回去，我们的心又——

生：放下了。

师：结果他非要上山，心又——

生：提起来了。

师：老虎攻击他，他闪过去了，我们放心了；他拿起梢棒一打，折了，我们的心又提起来了。整个过程我们的心随着描写不断一起一伏，一提一放！这就是——一波三折！武松打虎真过瘾，我们读书真揪心!

师：（指板书）你们看见没有，第一排我写了这几个字——

生：倔强。

生：犹豫。

生：慌乱。

师：一般人身上都有这些，对不对？所以这才是——

生：人！

师：但是第二排写武松的酒量、胆量、力量，这是不是一般人都有的？

生：不是。

师：这是——

生：神！

师：清朝有一位伟大的文学家、评论家金圣叹是这样评价武松的，他说武松是人，也是——

生：神。

师：他有人的——

生：倔强。

师：神的——

生：酒量。

师：人的——

生：犹豫

师：神的——

生：胆量。

师：人的——

生：慌乱。

师：神的——

生：力量。

【点评：教师引用金圣叹对武松的评价，适时、准确。当然，金圣叹的评价是对武松一生英雄行为的总结，而武松打虎不过是其英雄的一生刚刚拉开了序幕。许多惊心动魄的英雄故事即将展开。此时，本课的拓展延伸就顺理成章了。】

师：这就是《水浒传》中的英雄，千百年来人们最喜爱的好汉！施耐庵浓墨重彩地描写了一位亦人亦神的好汉——武松。关于武松，《水浒传》中一共有十回书写到他，他还有很多故事，谁知道？

生：斗杀西门庆。

生：醉打蒋门神。

生：大闹飞云浦。

生：血溅鸳鸯楼。

师：对，最后武松上了梁山。同学们，看看武松一生的经历，你觉得他只是打死了一只老虎吗？（生答）对！除了景阳冈的猛虎，人间的恶虎他也打！欺男霸女的西门庆——杀！强抢豪夺的蒋门神——杀！陷害好人的张都监——杀！武松的一生，就是打虎的一生！要想知道这些故事，你们课下就去读《水浒传》吧。下课！

【点评：留下回味的余地，留下故事的悬念，让学生欲罢不能，这时再要求学生读整本书，恰到好处。】

【评析】

张学伟老师的《景阳冈》是一堂渗透了课改新理念的好课，是一堂体现语文特点，散发着浓浓趣味的、有特色的课，是一堂方法灵活、形式多样、充满童趣、生动活泼的课。

张老师根据课文的写作特点，采用“读、思、议、演”等多种形式，引导学生抓重点句段、关键词语，通过读书，让静态的语言文字化为鲜活的人物形象，又通过抠关键词语，回归文本，学习作者的表达特点。还通过“议”，让学生自行揣摩，探究字里行间背后的意蕴。“议”后多有小结归纳，意在从形象到思想，升华人物的精神品质。

教学过程中有收有放，收放自如；有分有合，分合有度；有疏有密，疏密有致。学生活动面广、参与度高，教师只是从旁指点，在关键时点拨疏导，在衔接过渡处穿针引线，表现出教师极强的调控课堂的能力。

《水浒传》是我国四大古典名著之一。作者主要依靠人物语言、动作的描写刻画人物，不像外国小说有大量的心理描写。教师特别注意到这一点，对人物的语言主要通过“读”来体会，对人物的动作，除了“读”，还通过“演”来加深印象，从而感悟作者遣词造句的精妙。

需要说明的是，“武松打虎”的故事，早已家喻户晓。在一定意义上说，“武松打虎”作为传统文化，体现了中华民族的精神，即不畏强权、迎难而上、疾恶如仇的品质。它是在特定的历史文化背景下发生的英雄故事，不应以类似“老虎是国家一级保护动物”等所谓的“现代解读”来曲解“武松打虎”的文学形象和思想价值。

教学总会有遗憾。本课有几处议多读少，失之于“碎”，需要改进。

《桂花雨》教学与评析

◆执教／张学伟　评析／魏星

【教学】

一、酝情——“乡愁”引入，概说全文

1. 初知“乡愁”

师：大家一起来读一读这首诗。（课件出示）

小时候
乡愁是一枚小小的邮票
我在这头
母亲在那头

长大后
乡愁是一张窄窄的船票
我在这头
新娘在那头

后来啊
乡愁是一方矮矮的坟墓
我在外头
母亲在里头

而现在

乡愁是一湾浅浅的海峡

我在这头

大陆在那头

（师生齐读）

师：你们猜猜，这首诗的标题叫什么？

生：乡愁。

师：那么，你们知道乡愁的名字叫什么吗？

（生沉默）

师：同学们，乡愁的名字叫遥远，遥远的名字叫思念，思念的名字叫记忆，记忆的名字叫梦回！

（板书：梦回）

2. 认识作者

（课件出示余光中的图片及介绍）

师：同学们，《乡愁》这首诗的作者是台湾著名诗人余光中先生。他离开大陆几十年，写了许多表达乡愁的诗歌和散文，被称为"乡愁诗人"。

（课件出示琦君的图片及介绍）

师：《桂花雨》这篇散文的作者琦君和余光中先生有着相似的经历，也有着同样的情感。她于1949年离开大陆到了台湾，整整52年没有踏上故乡的土地。她日夜思念的就是故乡，就是家乡的桂花！

3. 概说全文

师：几十年来，一想到故乡，想到桂花，会勾起作者哪些回忆？请大家结合课文内容来说一说。（课件出示）

几十年来，每每想到故乡，每每想到桂花，仿佛____________________。

____________________，____________________。

生：几十年来，每每想到故乡，每每想到桂花，仿佛看到桂花的样子。桂花树的样子笨笨的，不像梅树那样有姿态。不开花时，只见到满树的叶子；开花时，仔细地在树丛里寻找，才能看到那些小花。

生：几十年来，每每想到故乡，每每想到桂花，仿佛闻到桂花的香味。桂花的香气，太迷人了。桂花盛开的时候，不说香飘十里，至少前后左右十几家邻居，没有不浸在桂花香里的。

师：在描写桂花香味的这段话中，有一个字特别需要引起我们的注意，你们知道是哪个字吗？

生：（齐）浸。

师：给“浸”换一个字。

生：“泡”。

师：为什么换成“泡”字呢？

生：“泡”说的是全部都在水里，与“浸”的意思差不多。

师：是的，但是“浸”比“泡”更深入，“浸”是“泡”了很长时间，已经深入每一个地方。课文中写的是“浸”在水里吗？

生：“浸”在桂花香里。

师：门前屋后，十几户人家，都浸在桂花香里。我们一起读一读这句话。

生：（读）桂花盛开的时候，不说香飘十里，至少前后左右十几家邻居，没有不浸在桂花香里的。

师：继续我们的发言。

生：几十年来，每每想到故乡，每每想到桂花，仿佛看到我缠着母亲摇桂花的样子。摇花对我来说是件大事。所以，我总是缠着母亲问：“妈，怎么还不摇桂花呢？”母亲说：“还早呢，花开的时间太短，摇不下来的。”

生：几十年来，每每想到故乡，每每想到桂花，仿佛回到童年摇花的情景。母亲一看天上布满阴云，就赶紧叫大家提前摇桂花。这下，我可乐了，帮大人抱着桂花树，使劲地摇。桂花纷纷落下来，我们满头满身都是桂花。我喊着：“啊！真像下雨，好香的雨呀！”

生：几十年来，每每想到故乡，每每想到桂花，仿佛又想起桂花糕的味道。桂花摇落以后，挑去小枝小叶，晒上几天太阳，收在铁盒子里，可以加在茶叶里泡茶，过年时还可以做糕饼。全年，整个村子都浸在桂花的香气里。

师：这一段描写中，我们又注意到哪个字？

生：浸。

师：你们看，闻香味的时候，浸在香气里的只是前后左右的十几家邻居，而尝滋味的时候，是——

生：整个村子。

师：闻香味的时候，浸在香气里的只是桂花盛开的时候，而尝滋味的时候却是——

生：全年。

师：闻香味的时候，仅仅是鼻子中嗅到香味，而尝滋味的时候不光是鼻子闻到，还有——

生：嘴里尝到。

生：舌头感觉到。

生：吃到肚子里。

师：对，这滋味不但入口，而且入心。我们一起读读这段话。

生：（齐）桂花摇落以后，挑去小枝小叶，晒上几天太阳，收在铁盒子里，可以加在茶叶里泡茶，过年时还可以做糕饼。全年，整个村子都浸在桂花的香气里。

师：谁还有要说的吗？

生：几十年来，每每想到故乡，每每想到桂花，仿佛又听到母亲的话："这里的桂花再香，也比不上家乡院子里的桂花。"

……

师：同学们说得真好！是的，每当作者回想起桂花，眼前仿佛浮现出桂花的样子，鼻中仿佛闻到桂花的香味，口中仿佛尝到桂花的味道，耳中又仿佛听到母亲思乡的话语。但最让作者魂牵梦萦的还是那一场——

生：（齐）桂花雨。

【点评：这一部分教学，是一个理解和表达融合的训练。目的有两个：一是基于学生对课文的初步认识，围绕“回忆桂花”的主题，让学生对自己的初读结果进行梳理，根据内容概括全文；二是在梳理内容的同时，对文章的梗概和内在联系进行认识。语文的训练，一定是整体的、融合的、多重效果的，而不是单一的训练。这也是教者一贯的观点。】

二、悟情——边读边悟，品味细节

1. 读中悟情

师：让我们把目光聚焦到这场桂花雨的描写中，感受这难忘的“摇花乐”吧。请同学们自由读这段文字。（课件出示）

摇花对我来说是件大事，我总是缠着母亲问：“妈，怎么还不摇桂花呢？”母亲说：“还早呢，花开的时间太短，摇不下来的。”可是母亲一看天上布满阴云，就知道要来台风了，赶紧叫大家提前摇桂花。这下，我可乐了，帮大人抱着桂花树，使劲地摇。摇哇摇，桂花纷纷落下来，我们满头满身都是桂花。我喊着：“啊！真像下雨，好香的雨呀！”

师：谁来读给大家听？

（三名学生分别读课文，师指导学生流利准确地读）

师：这几位同学的朗读，似乎还缺少点什么。对，好像缺少点感觉，是什么感觉呢？

生：没读出“我”摇花前的着急。

生：没读出“我”缠着妈妈耍赖的感觉。

生：没读出摇花时的快乐。

师：摇花前，如果用一个字概括“我”的表现，是什么？

生：缠。

师：不止一次，“总是缠”。说明摇花前“我”的心情很——

生：急切。

师：开始摇花了，“我”的表现是什么？

生：抱住树使劲摇。

师：老师请一位同学来表演一下“抱”“摇”这两个动作。

【点评：学生在表演过程中体会“我”的急切——“我”是个孩子，哪里会帮忙！只是手忙脚乱，胡乱帮忙而已！忽然听到母亲“摇桂花”的命令，是何等兴奋。】

师：“抱”是胡抱，“摇”是瞎摇。你们说“我”急不急？

生：非常急。

师：所以，后面的“喊”也是——

生：乱喊。

生：大喊。

……

师：大喊、乱喊，真是太兴奋了！

师：下面我们还是通过朗读，读出“我”的缠，“我”的摇，“我”的喊，“我”的急切和兴奋。

（师指导学生朗读，通过语速、语气的变化读出情感）

生：摇花对我来说是件大事，我总是缠着母亲问：“妈，怎么还不摇桂花呢？”（读出“缠”母亲的语气）母亲说：“还早呢，花开的时间太短，摇不下来的。”可是母亲一看天上布满阴云，就知道要来台风了，赶紧叫大家提前摇桂花。这下，我可乐了，帮大人抱着桂花树，使劲地摇。（读出“我”的急切）摇哇摇，桂花纷纷落下来，我们满头满身都是桂花。我喊着：“啊！真像下雨，好香的雨呀！”（两个叹号：“啊！”——感叹之情；“真像下雨，好香的雨呀！”——看到花雨，闻到花香，就像一场梦，读出兴奋之情）

（生练习朗读）

师：我们边读边想象，就能看到在这场桂花雨中“我”忘情的表现。

【点评：读是目的也是手段，读是过程也是方法。全段教学，以读开始，以读结束。但是，仅仅是读吗？一是品味细节，“我”的急切、兴奋，“我”的忘情，是那样真切！二是品味语言，缠、抱、摇、喊，字里行间所表现的情感，所具有的语言的张力都在读中一点点的感悟！三是品味情感，这桂花雨带给“我”的、带给读者的不仅仅是快乐，还有亲情、乡情，都融在真情投入的朗读中。】

2. 读中悟法

师：同学们，在这场难忘的桂花雨中，作者对每一个人、每一个细节都记得清清楚楚！几十年来，从不曾忘怀。然而，美好的时光总是太短暂。1949年离开故土，一别就是52年！正如余光中先生说的："一湾浅浅的海峡，让回家似乎成了一个永远的梦。"琦君只好用自己的笔，写下对故乡和童年的回忆，写下对父母师长的怀念，写下自己的思乡之情。她怀念家乡的一草一木。"我们从大陆移植来此，匆匆将三十年。生活上尽管早已能适应，而心灵上又何尝能一日忘怀于故土的一事一物。水果蔬菜是家乡的好，鸡鱼鸭肉是家乡的鲜。当然，风景是家乡的美，月是故乡明。"想到故乡，她终于忍不住喊出——（课件出示）

生：（齐）"故乡，我们哪一天回去？家乡味，我们哪一天能再尝呢？昨夜梦魂又飞归故里，可是短梦醒来，泪水又湿透枕边，美丽的家园啊！它依旧是海天一角，水阔山遥！"

三、抒情——想象"梦回"，再现"摇花"

1. 迁移写作

师：同学们，这几十年的岁月，思乡的人是如何熬过来的？每一个夜晚，她如何梦回？我想，故乡的桂花雨，刻骨铭心的摇花乐一定常常进入她的梦中。今夜，她又做梦了，梦中的桂花雨是怎样的情景呢？她又会有怎样的表现呢？拿起我们的笔，展开想象，记下每一个细节。

（生写《梦回"桂花雨"》）

2. 交流指导

（略）

3. 总结全文

师：同学们，令我们欣慰的是，琦君，这位老人，在52年的等待之后，在她的有生之年终于回到了故乡。2001年，她终于踏上祖国的土地。而此时，她已经85岁高龄了。你们猜猜，面对日思夜想的故乡，老人说了什么？（课件出示）

师：她只是喃喃地念出了这样一首诗：少小离家老大回，乡音无改鬓毛衰。儿童相见不相识，笑问客从何处来！

下课！

【评析】

通向言语的深处

张学伟老师的这节课，教得情真意切、意味深长。张老师基于文本，并适度拓展文本语境，把课上到了言语的深处、情感的深处、生命的深处。

教学从“乡愁”开始，“乡愁的名字叫遥远，遥远的名字叫思念，思念的名字叫记忆，记忆的名字叫梦回”。接着不蔓不枝，直接触摸作者的心灵，以“几十年来，每每想到故乡，每每想到桂花，仿佛……”为话题，以读书为经线，以词句的敲打、品味为纬线，带动了整个文本的解读，“香”和“乡”有机地融合在一起。不知不觉，学生转换了角色，与作者一起体验、一起记忆、一起思念。此时，“桂花雨”意象的美、语言文字的美以及情感的美，都让学生沉醉其中。最后，“梦回桂花雨”，让学生尽情表达内心的感动。

在这个过程当中，学生经历好几次转换，逐渐建构起“桂花雨”的文化解读：“形”的感知——感悟摇花的形象；“情”的影射——体验摇花的快乐；“意”的揣摩——探究摇花所承载的“乡愁”；“境”的沉浸——沉浸在摇花的意境当中。

学生面对的文本有两种存在：一是“已说的话语”，我们当作知识在学习，学习字词的读音、写法，学习句子的组成方式，学习这种语言中的俗语、成语及表达形式，并通过这样的学习进入文本的意义之中；另一种是“能说的话语”，一种“活”的、“创生”中的话语，就像一眼喷涌着的泉水，引导着学生参与、创造其中，建构自己的独特体验与阅读经验。张学伟老师活化文本，把文本当作一种“能说的话语”，引导学生不断创生意义、有效迁移，把课教得风生水起、摇曳多姿。从这节课上，我们看到了一种教学追求。这种追求，借用古人的话来说，就是——

1. 择高处立。

这个高处就是“主题”。这节课紧扣“乡愁”展开，在整体语境下进行语言文字的训练。教学这样的散文，教师习惯让学生东找一句，西找一句，零敲碎打，却美其名曰“文本细读”。任何一次语文学习都不应是孤立的存在，都应根植于文本的整体语境和文化语境之中。张老师深谙其道，以文本的“意”为核心，酝情、悟情、抒情，整个教学浑然一体。“品味细节”也是基于整体语境的品读，丝毫没有切割文本的感觉。

2. 就平处坐。

这个平处就是“语言”。这节课没有凌空蹈虚的感觉。我特别欣赏的是，张老师的这节课非常重视语言文字的运用。在扎实的语言文字的运用中，“乡愁”这一主题落地扎根。这节课安排了三次语言训练，以“每每想到桂花，仿佛……”整体把握文本，进而拉动语言感悟；接着深入文本的深处、细处进行品读训练；最后以“梦回桂花雨”回归整体。整堂课以文解文，以心契心，以言传言，须臾不离文本的语言。

这就是一种有根基的教学，是语文教学的“回家”之旅。张老师坚守着语文教学的优秀传统，以“语文的方式”教出“语文的味儿”。这种味儿不是强加给学生的，而是让学生充分活动，有时表现在对文本的静思默想中，有时表现在学生摇头晃脑的吟诵中；有时体现在教师绘声绘色的讲解中，有时体现在学生言语交锋的对话中；有时体现在物我两忘的体验中，有时又体现在文思泉涌的言语表达中。

维特根斯坦曾说：“每一个记号就其本身而言都是死的。是什么赋予了它生命呢？它的生命就在于使用。”德国思想家伽达默尔说得更直接：“语言的本质在于语言的应用。”而我们的课程标准更是强调：“语文课程是一门学习语言文字运用的综合性、实践性课程。”张老师的语文课指向了“语言文字的运用”，特别强调了“三项语用”：一是“积极语用”，即站在学生用语的立场去设计教学，让学生积极主动地去读，去写。三个教学板块清晰、简单，给学生留下充足的空间，力求做到以最轻松的方式让学生获得最有分量的收获。二是

“全语用”，阅读和写作融为一体，输入性言语的学习与输出性言语的学习融为一体。三是“深度语用”，充分调动学生的思维、情感，使整节课充盈着温度，也显现出深度、厚度。

3. 向宽处行。

本堂课体现了“大阅读”的思想。以余光中的诗开始，以贺知章的诗结束，中间植入琦君的介绍、散文，张老师的课堂向四面八方展开。诺贝尔文学奖获得者爱丽丝·门罗曾经这样来比喻小说：“小说就像一座房子，让你透过窗子看到外面的世界。”张老师不断引导学生发现窗户，不仅让学生读出了文章写了什么，更是引导学生发现了表达的方式；不仅让学生读懂了这篇文章，还引导学生拓宽、丰富了“乡愁”这一言语图式。这节课展示了很多的“触点”和“接口”，使学生语言的活性本能地得到了滋养，得到了培植，得到了发展。

通向言语的深处，把课上到学生心里，这是多么美好的课堂境界。感谢张老师的精彩演绎，让我们看到了动人的语文气象。

虞大明经典课堂实录

虞大明，著名特级教师，国家“万人计划”教学名师。曾荣获全国首届青年教师阅读教学大赛一等奖。多年来，一直以开拓、创新、勤奋的态度实践着“用心成长，享受课堂”的理想与追求。拍摄《中国名师》专辑数套。应邀赴全国各地讲学千余次，获广泛好评。出版专著《我的语文教学求索之路》《虞大明与快乐教育》《略读课的另一种可能》。

以悟促读，以练激情

——《狼牙山五壮士》教学与评析

◆执教／虞大明　评析／郑玉兰

【教学】

师：同学们，下午好！你们幸福吗？

生：幸福！

师：从你们开心的笑脸中，我分明感受到了这份幸福。但是今天我们要转变一下心情，因为我们今天要回到那个战火纷飞的年代。我先播放一首乐曲，你们静静地聆听，相信能够很好地帮助大家回到那个战火纷飞的年代。（播放音乐《英雄的黎明》）

师：你仿佛看到了什么？

生：我仿佛看到了在那个年代，百姓受尽苦难。

生：我仿佛看到了战火纷飞、尸横遍野的战争场景。

生：我仿佛看到了一幢幢房屋在战火中被摧毁，百姓背井离乡。

生：我仿佛看到了八路军战士与敌人浴血奋战的场面。

师：同学们，你们很会欣赏音乐。请做好准备，我们开始上课。

一、深情诵读，重点回顾

师：同学们，上一节课，我们初读了课文，学习了字词。我们还知道，课文按照事情发展的顺序，写了五位战士“接受任务、诱敌上山、选择绝路、顶峰歼敌、英勇跳崖”。上一节课，我们还学习了前三个自然段。相信通过上一节课的学习，有两幅画面一定会深深印刻在我们的心里。因为这两幅画面，让我们初步感受到了什么是英雄本色，什么是壮士情怀。让我们一起深情诵读，表达我们的敬意。

师：这是第一幅画面——（课件出示）

生：（配乐齐读）班长马宝玉沉着地指挥战斗，让敌人走近了，才下命令狠狠地打。副班长葛振林打一枪就大吼一声，好像细小的枪口喷不完他的满腔怒火。战士宋学义扔手榴弹总要把胳膊抡一个圈，好使出浑身的力气。胡德林和胡福才这两个小战士把脸绷得紧紧的，全神贯注地瞄准敌人射击。

师：这幅画面中，对五位战士作战的风格和特点做了极其细致的刻画，令我们印象深刻。我们再看第二幅画面——（课件出示）

生：（配乐齐读）走哪条路呢？为了不让敌人发现群众和连队主力，班长马宝玉斩钉截铁地说了一声："走！"带头向棋盘陀走去。战士们热血沸腾，紧跟在班长后面。他们知道班长要把敌人引上绝路。

二、明确任务，激发情感

师：这就是英雄本色，这就是壮士情怀。五位战士从接受任务的那一刻起，就已经做好了牺牲的准备。今天这堂课，我们继续学习课文，相信通过今天的学习，我们一定会进一步感受到五位战士的英雄本色和壮士情怀。

三、学第4自然段，以悟促读

师：我们先来看描述五位战士顶峰歼敌的内容。课文哪个自然段写了这部分内容？

生：第4自然段。

师：请大家用心默读，一边读一边思考，在五位战士顶峰歼敌中，最能体现五位战士英雄本色的举动是什么？

（生默读课文）

生：用石头砸。

师：（课件出示图片）这就是五位战士用石头砸的画面。请大家再从课文中找一找，哪些句子是描写这幅画面的。

（生圈画，师巡视）

师：你们找到了吗？

生：他刚要拧开盖子，马宝玉抢前一步，夺过手榴弹插在腰间，猛地举起一块大石头，大声喊道："同志们！用石头砸！"顿时，石头像雹子一样，带着五位壮士的决心，带着中国人民的仇恨，向敌人头上砸去。

师：这些句子就是描写五位战士用石头砸敌人的。你们找一找，课文是怎样把五位战士用石头砸敌人写清楚、具体的？

生：用了很多动词。比如"夺""插"和"举"。

师：抓住了动作进行描写。除了抓动作，还抓住了什么进行描写？

生：语言。

师：抓动作和语言描写，把五位战士用石头砸敌人写清楚、具体。文中哪些词句最令你感动？

生：我从"顿时，石头像雹子一样，带着五位壮士的决心，带着中国人民的仇恨，向敌人头上砸去"这句话看出五位壮士的爱国之情，也为老百姓出了一口气。

师：我们一起来研究一下这个句子，请看大屏幕。（课件出示）

石头像雹子一样，带着五位壮士的决心，带着中国人民的仇恨，向敌人头上砸去。

师：这句话是如何体现五位战士的英雄本色和壮士情怀的？

生：运用了比喻的修辞手法，石头像雹子一样，又密又急。

师：石头像雹子一样，说明五位壮士砸下去的石头是怎么样的？

生：很密，很多，很有力。

师：这句话中用了两个"带着"，你读懂了吗？五位壮士的决心是什么？

生：五位壮士的决心就是消灭日本侵略者，不让中国人民再被日本侵略者欺负。

师：消灭日本侵略者。我们从课文第1自然段中可以了解到五位战士的决心是什么?

生: 第1自然段最后一句“把掩护群众和连队转移的任务交给了六班”,五位战士就是六班的,他们下定决心要完成任务。

师: 没错,五位战士坚决要完成掩护连队主力和群众转移的任务。中国人民的仇恨又是什么?

生: 我觉得中国人民仇恨日本侵略者对中国的烧杀掠夺,五位壮士要带着中国人民的这些仇恨,拿石头狠狠地去砸敌人。

师: 日本侵略者在中国烧光、杀光、抢光,犯下了滔天罪行。这就是中国人民的仇恨。我们通过一段文字再来了解一下。(课件出示)

日本侵略者为了扑灭中国共产党领导下的抗日武装力量,对抗日根据地进行了疯狂的扫荡。仅1943年对晋察冀边区进行的三个月“大扫荡”中,残杀百姓6674人,烧毁房屋54779间,抢掠、焚毁粮食2934万斤,抢夺耕畜19300余头……

师: 看到这些触目惊心的数字,你们想说什么?

生: 日本侵略者可恨。对抗日根据地进行了疯狂的扫荡,从“疯狂”这个词语,再结合这一组数据,让我感觉日本侵略者没有人性。

师: 日本侵略者是恶魔。你们还有想说的吗?

生: 日本侵略者太残忍了,这些数字足以体现日本侵略者像禽兽一样。

师: 五位战士当时一定也想到了这些。于是,怒火在心中燃烧,他们决心用最原始的武器——石头,向敌人讨还血债,与敌人血战到底。这个句子我们必须把它读好。谁来读一读?

生: 顿时,石头像雹子一样,带着五位壮士的决心,带着中国人民的仇恨,向敌人头上砸去。

师: 读得很好!这句话用了两个“带着”,既把句子写清楚,又能很好地体现出五位战士的英雄本色和壮士情怀。读第二个“带着”的时候,语气要更——

生: (齐)强烈。

师：把所有的力气用在哪个字上？

生：砸！

师：好，让我们一起用朗读“砸”日本侵略者。

（生齐声朗读）

师：读的时候，“砸”字前稍作停顿，这是为了铆足力量——砸。

（生再次齐读，有明显进步）

师：读得非常好！同学们，这就是英雄本色，这就是壮士情怀！

四、学第5~9自然段，以练激情

师：五位战士坚决与敌人血战到底，他们打完了最后一颗子弹，扔完了最后一颗手榴弹，砸完了最后一块石头，屹立在狼牙山顶峰。于是，狼牙山上最能体现五位战士“英雄本色”的一幕出现了。

（师范读最后四段，课件播放电影片段）

师：这是惊天动地的跳崖！这是气壮山河的跳崖！同学们想一想，五位战士胜利完成任务之后，是带着什么跳下悬崖的。（课件出示）

五位战士胜利完成任务之后，带着____________，带着______________，昂首挺胸，相继跳崖。

（生自由练习，师巡视）

师：填完了吗？请组内分享一下。

（生组内交流）

师：我们来做全班交流。分享的时候要从课文中找依据。哪个组先说？

生：我们觉得是带着胜利的喜悦。

师：同意“带着胜利的喜悦”的同学请举手。你们是从哪儿感受到的？

生：在第6自然段：“班长马宝玉激动地说：‘同志们，我们的任务胜利完成了！’”

师：好。从这里我们感受到五位战士带着胜利的喜悦。（板书：喜悦）

生：带着对人民的眷恋。

师：你从哪里体会到的？

生：我从“眺望着群众和部队主力远去的方向”感受到的。

师：眺望着群众和部队主力远去的方向，这就是对人民的眷恋。（板书：眷恋）

生：带着打倒日本侵略者的决心。我是从五位壮士的口号声中体会出来的。

（板书：决心）

生：带着对党的忠诚，对祖国的热爱。我是从他们的口号声中看出来的。

（板书：忠诚）

师：我们从口号声中可以看出五位战士对党的忠诚，对祖国的热爱，还有对敌人的——

生：憎恨！

（板书：憎恨）

师：你们还能从哪里感受到五位战士对日本侵略者的憎恨？

生：“说罢，他把那支从敌人手里夺来的枪砸碎了。”

师：从砸枪可以看出五位战士对日本侵略者的憎恨。因为枪是从日本侵略者手中夺过来的。同学们，如果枪是咱们自己的，五位战士还砸吗？

生：（齐）不砸！（语气坚定）

师：砸吗？

生：（齐）不砸。（有些犹豫）

师：砸吗？

生：砸。（学生意见不一，认为“砸”的占多数）

师：请说出你的理由。

生：我觉得有可能砸，因为五位战士不想给日本侵略者留下枪支。

生：应该砸，不能给日本侵略者留下武器，这也体现了战士的英勇。

师：同学们，我觉得五位战士肯定也会把枪砸碎。因为他们不想日本侵略者再用枪来残害我们的百姓。这就是壮士，这就是英雄：人在枪在，人亡枪毁。所以我们必须把描写五位壮士砸枪的句子读好。

生：（齐）说罢，他把那支从敌人手里夺来的枪砸碎了。

师：“砸碎”要重读！

（生再次齐读，“砸碎”读得很到位）

师：这就是英雄本色，这就是壮士情怀。五位战士尽情表达的是胜利的喜悦，是对人民的眷恋，是战胜日本侵略者的坚定决心，是对党和国家的忠诚，是对日本侵略者的憎恨。

师：同学们，深情诵读是一种表达、一种缅怀，用电影诠释也是一种缅怀。接下来，让我们怀着无比崇敬的心情，一起来感受英雄的壮举。

（课件播放五位战士“英勇跳崖”的电影片段）

师：这就是英雄本色，这就是壮士情怀。所以，课文的结尾说——

生：“这是英雄的中国人民坚强不屈的声音！这声音惊天动地，气壮山河！”

师：再读一遍！

（生再次齐读）

师：学到这里，五位战士的英雄本色和壮士情怀体现在什么地方，明白了吗？让我们跟着音乐，通过深情地诵读来表达对五位壮士的崇敬，好吗？

（师生配乐齐读最后四段）

五、音画渲染，拓展提升

师：同学们，在这堂课的最后，让我们一起用眼睛、用心灵再去铭记英雄的名字和壮举！

（逐条呈现五位战士的生平资料，课件播放背景音乐《英雄的黎明》）

马宝玉，蔚县下元皂村人，1937年参加八路军。1941年9月在易县狼牙山掩护部队主力和人民群众转移的战斗中宁死不屈，毅然跳崖，壮烈牺牲，年仅21岁。

胡德林、胡福才，河北容城县人，他们是叔侄关系，胡德林是叔叔，胡福才是侄子。1941年9月在易县狼牙山掩护部队主力和人民群众转移的战斗中宁死不屈，毅然跳崖，壮烈牺牲。

宋学义，河南沁阳市北孔村人。1941年9月在狼牙山掩护部队主力和人民群众转移的战斗中宁死不屈，毅然跳崖，被树枝挂住，幸免于难。

葛振林，1917年8月生于河北曲阳，1937年参加革命。1941年9月在狼牙山掩护部队主力和人民群众转移的战斗中宁死不屈，跳崖后被树枝挂住，幸免于难。

八路军晋察冀军区授予马宝玉、胡德林、胡福才三位烈士“模范荣誉战士”称号，授予葛振林、宋学义“勇敢顽强”奖章。

在五位战士坚守的棋盘陀主峰峰顶建造了纪念塔，塔为五边形，共五层，高十余米，塔的正面有聂荣臻手书的“狼牙山五勇士纪念塔”九个红色大字。

1971年，宋学义因病抢救无效，与世长辞。

2005年，葛振林老人因病抢救无效，与世长辞。

风萧萧兮易水寒，壮士一去兮不复还。

巍巍狼牙山，滔滔易水河，是中华民族不可战胜的历史见证！

中华民族为有这样的英雄儿女而骄傲！

铭记英雄，缅怀英雄，做一个自强不息的中国人！

师：下课！

【评析】

1995年10月，在全国首届青年教师阅读教学大赛中，虞大明老师执教的《狼牙山五壮士》荣获一等奖。2019年，虞大明老师重拾红色经典，再次执教《狼牙山五壮士》。与20多年前比，本节课的目标定位、教学重点发生了变化，在“变”与“不变”中体现了语文教学的坚守与探索。

一、支点回旋，问题统整

《狼牙山五壮士》一课安排在统编版教材六年级上册“革命岁月”这一单

元中。教师紧紧围绕人物行为和情感体验，设计核心问题统领教学。课一开始，教师提出有两幅画面“让我们初步感受到了什么是英雄本色，什么是壮士情怀”，通过朗读再现画面，并提出本节课的学习任务“继续感受五位战士的英雄本色、壮士情怀”。在深入文本研读的过程中，以五位战士的英雄本色引导学生关注“顶峰歼敌”“英勇跳崖”画面中五位战士的动作、语言的细节描写，体会人物的精神品格。“英雄本色、壮士情怀”这一核心问题在学习过程中一次次回旋震荡。这样的设计，舍弃其他细枝末节，引领学生直指五位战士的行为表现和精神品格，目标明确，学习活动集中有效。

二、聚焦画面，文道合一

在核心问题的引领下，教师在教学时牢牢抓住两个画面，紧扣重点词语“砸”展开学习活动。通过联系上下文、资料补充等方式深入体会“五位壮士的决心”和“中国人民的仇恨”。通过“带着……带着……”这一句式的两次练习，把五位壮士“用石头砸”和“跳崖”的动作、神态与内心的情感活动、人物精神品格结合起来。同时，针对“砸枪”这一细节提出质疑，引发学生的思考。这样的教学活动，变直接的叙述为深入的感悟，变单一的画面为丰富的情境，引领学生在文本中行走，在不同观点的交流碰撞中，更深一步地体会五位壮士的英雄本色。

三、情境渲染，读悟相合

本堂课，读是重点、亮点，也是学生感悟的增长点。课堂上的每次读，都是匠心独运、浓墨重彩。在导入环节，教师引领学生回顾梳理内容后，马上就聚焦重点段落，引导学生深情诵读，用朗读表达敬意，由此定下本课基调。在教学过程中，教师多次引领学生在人物动作、神态感悟的基础上，重音鲜明、节奏有变地读好“带着……带着……”“砸碎”等关键词语，学习用朗读来表达心中所感。在学生充分感受人物形象的基础上，教师深情小结。配合电影原声音乐，教师用朗读重现这悲壮的一幕，使人物历历在目，学生的情绪被推向高潮。在课的最后，学生通过“说—写—练”等方式感受五位壮士的壮士情怀，教师提议跟着音乐，再次饱含深情地诵读。师生的合作朗读将这壮烈豪迈的一幕，永远铭刻在学生的心中。

基于学情、立足文本，创设情境、读悟结合，以练促情、文道结合，正是这样的教学使得这篇经典课文在课堂中不断散发魅力。

跟我学习“讲”故事

——《牛郎织女》教学与评析

◆执教／虞大明　评析／吴丽平

【教学】

师：同学们，你们知道怎样讲故事吗？

生：讲故事的时候要区分不同角色的语调。

师：（课件出示：哇！这么多人啊！大家好！）请从小绵羊、大熊、老牛、狮子中，任选两种角色，用它们的语调讲一讲这句话。

（生模仿说话）

【点评：课前的热身活动，不仅让学生更快地进入学习状态，也为课堂上培养学生绘声绘色讲故事的能力奠定了基础。】

一、反馈预习，了解“传说”

师：通过昨天的预习，你了解了什么？

生：牛郎织女的悲欢离合让我牵肠挂肚。

师：通过对牛郎的了解，用一个词语概括他的特点。

生：忠厚老实。

师：通过对织女的了解，用一个词语概括她的特点。

生：勤劳善良。

师：什么是传说？通过口传下去，叫——

生：口口相传。

师：“说”就是——

生：能说会道。

师：应该是“津津乐道”。

师：传说就是老百姓口口相传、津津乐道的故事。我们不仅要让传说故事停留在纸上，更要学会讲这个故事。

【点评：与学生聊预习收获，了解学生对文本及主人公的初步认识，摸清学生的学习基础，体现了美国心理学家奥苏泊尔的名言：“如果把全部教育心理学仅仅归纳为一条原理的话，那么，我将一言以蔽之：影响学习的唯一最重要的因素就是学生已经知道了什么……”接着通过解释“什么是传说”来揭示文本文体——古代民间传说故事。北京大学钱理群教授指出：要读懂并讲清一篇文章，关键要弄清其文体。在阅读教学中，文体意识是不可或缺的，要教会学生用适合文体特征的思维阅读。】

二、聚焦重点，学讲故事

师：要想学会讲故事，就要把重要的、关键的情节讲好，才能引人入胜，这就是讲故事的第一个诀窍——抓重点。快速浏览课文，把重要的情节画出来，若能再拟一个小标题就更好了！

【点评：揭示讲故事的第一个诀窍“抓重点”。讲故事的前提是阅读故事，顺势切入精读，梳理几个关键情节，为整体把握文章主要内容服务。】

（学生自主批注，教师巡视，相机表扬用不同符号批注的学生。学生批注后交流，依次反馈“相依为命”“老牛说话”“结为夫妻”“老牛去世”“追赶织女”五个情节的小标题）

师：用三个字概括最后一个情节，是什么？

生：鹊桥会。

师：用七个字概括，可以把人物加进去，是什么？

生：牛郎织女鹊桥会。

师：用八个字概括呢？

生：牛郎织女鹊桥相会。

师：把小标题连起来就能概括文章的主要内容，我们一起来说一说。

（借助小标题叙述文章的主要内容）

师：讲故事经常会遇到这样的问题，讲着讲着就忘词了。但你只要记住小标题就忘不了！在书上批注自己认为最有意思、最重要、最需要特别讲清楚的部分，用词语或者短语在书上简单批注这样选择的原因。

（学生批注后交流：老牛说话，让人感到不可思议；牛郎追织女，鹊桥相会。）

师：你认为最有意思的是哪个情节？

生："老牛说话"这个情节。

师：用四个字概括，老牛不仅会说话，还能——

生：预知未来。

师：生活中有这样的牛吗？这可是一头神牛。这就是民间传说故事的特点之一——幻想神奇。

【点评：用小标题概括内容是常用的方法。虞老师的做法有四点新意：一是用三个字、七个字、八个字分别来概括小标题，培养学生根据需要锤炼词句的能力。二是将小标题连起来概括主要内容，解决了篇幅长不易把握文章大意的难点。三是用标题作为讲故事的提纲，便于记忆，解决了讲故事易忘词的问题。四是由概括小标题"预知未来"到感悟"这可是一头神牛"，再到总结民间传说故事"幻想神奇"特点，过渡自然巧妙，水到渠成。】

师：我们就来讲讲这个情节。（教师从举手的学生中选出一名，悄悄面授技巧。该生分角色说话时运用了不同的语气）

师：咱们班同学谁能超过他？

（再请一名学生讲，然后教师讲，加上回声效果）

师：这里加回声合适吗？

生：合适，显出了老牛很神，牛棚很静。

师：回声增加了神秘感，读的时候要渐弱。大家尝试读最后一句。

（生练读）

【点评：这是第一处练习讲故事的环节，教师运用小竞赛的形式，充分调动起学生的好胜心，学生用老牛的语气来说话，惟妙惟肖。出人意料的是虞老师的范读加入了老牛说话时的回声，学生纷纷效仿，带来了第一个讲故事的高潮。】

师：下面这句话的语言很有特点。老牛说："明天黄昏的时候，你翻过右边那座山，山那边是一片树林，树林前边是一个湖，那时候会有些仙女在湖里戏水。"每次读到这句，我就会想起妈妈跟我讲的：从前有座山，山上有座庙，庙里有个和尚……

生：前一句话末尾的词是后一句话开头的词。

师：非常好。大家在文中找一句话，这句话可以去掉，但讲故事时味道就淡了，加上这句话可以吊人的胃口。

生："是谁叫他呢？"

师：这就是用问题设置悬念，请在后面的文字中找出这样的悬念。

生：可是怎么能上天呢？他忽然想起老牛临死前说的话，这不正是紧急事吗？

师：设置悬念，让听故事的人想继续往下听，这就是民间传说故事的又一个特点。把这样的悬念讲好了，讲故事的味道就浓了。

（生试着表演老牛说的话）

【点评：虞老师着眼于引导学生由学习《牛郎织女》这一个故事，了解民间传说故事"顶针句式"的语言特点和"设置悬念"的内容特点。不仅如此，还顺势引导学生悟到"抓住悬念"是讲好故事的又一个诀窍。】

（课件出示：一天，牛郎去喂牛，那头衰老的牛又说话了，眼眶里满是眼泪："我快不行了，不能帮你们下地干活了……我死以后，你把我的皮留着。碰见什么紧急事，你就披上我的皮……"）

师：这段话埋下了什么伏笔？

生：老牛将死。

师：这是一头怎样的牛？

生：忠心耿耿。

生：滴水之恩，当涌泉相报。

师：请教大家一个问题，把老牛换成别的动物行吗？

生：不行，牛郎是放牛的！

生：牛忠厚老实，与牛的象征意义有关。

师：中国古代农耕社会，男耕女织。田里一头牛，家里一纺车；男的在田里耕作，女的在家纺织。这是当时老百姓的生活写照，所以不能改！

师：我们再来看看下面这些动物，猜猜它们的象征意义。（课件出示，板书如下）

鸽子——和平友谊

海鸥——勇敢搏击

黄牛——忠诚勤劳

骆驼——任重道远

蚂蚁——勤劳团结

蜜蜂——勤劳无私

松鼠——乖巧伶俐

喜鹊——吉祥如意

犀牛——性格暴躁

绵羊——温顺和善

师：民间传说故事中的动物形象不是随便设置的，与动物的本质特征有关。

【点评：首先，虞老师请教学生能不能把老牛换成别的动物，激活了学生的思维，学生想到主人公牛郎的身份，想到了牛的忠厚老实。其次，虞老师点明这与古代劳动人民的日常生活有关。将从古至今劳动人民朴素的生活观念与民间传说故事反映社会生活的特点根植于学生心中。最后，让学生猜测动物的象征意义，极大地调动了学生的已有知识经验，从而体会到民间传说故事中动物的设置与其本质特征有关。】

师：老牛将死这段话，还能用回声吗？语调要——(**生**：低沉）语速要——(**生**：断断续续的）（学生先后朗读，提示注意表情，注意老牛将死时的气息微弱）

【点评：在学生模仿老牛断断续续的话语中，又一个讲故事的高潮到来了。首先，虞老师启发学生思考老牛将死的这段话是否还能用回声，这就打破了学生的思维定式，学生自然地会想到老牛气息奄奄时说话的情形。接着，提示学生老牛说话时的语调和语速。学生在反复练说中，将文中本来连续的句子，创造性地变成断断续续的句子，达到了入境移情，根据角色需要讲故事的目的。】

（课件出示：一天，她亲自到牛郎家里，可巧牛郎在地里干活，她就一把抓住织女往外走……织女心里恨极了，望着两个可爱的孩子，一时不知该怎么办，只喊了一句："快去找你爹！"）

师：织女离开前喊的话该怎样讲？（课件出示）

"快——去——找——你——爹！"

（学生练习，采用对比读的方式，声音由强到弱，由近及远）

【点评：虞老师采取对比读的方式，引导学生自己发现读的时候声音要由强变弱，可以体现出织女越飞越远，更符合当时的情形。在学生争先恐后的朗读和讲述中，掀起了第三个讲故事的高潮！】

三、拓展阅读，想象续编

师："牛郎追织女"这一段，精彩表现在什么地方？

生：牛郎披上牛皮就飞起来了，很神奇！

师：解开了设置的悬念。

师：还有一个故事的情节与这个情节有着异曲同工之妙。（课件出示《白蛇传》"水漫金山"片段，学生读并感受）

大水涨一尺，长堤就高一尺，大水涨一丈，长堤就高一丈，任凭你波浪怎样大，总是漫不过去。

师：没有幻想就没有民间传说故事。牛郎不是披着牛皮吗？牛郎怎么就飞

不过去了呢？（提示学生在与“水漫金山”片段的对比阅读中找依据）

师：我们一起讲故事：王母娘娘划出了一条天河……牛郎飞近了一尺——（生：天河就高了一尺）牛郎飞近了一丈——（生：天河就高了一丈）任凭牛郎怎么飞，就是飞不过去！

师：课后，请大家加入自己的想象，把“鹊桥相会”讲得更加扣人心弦。

师：我搜集了很多牛郎织女故事的版本，请大家比较着读一读。（课件出示，并布置作业：阅读中国古代四大民间传说）

【点评：通过拓展对比阅读《白蛇传》中“水漫金山”的片段，进一步了解民间传说故事“幻想神奇”的特点，为学生“添加想象”创编故事埋下伏笔，实现了由“读故事”到“讲故事”再到“编故事”的三级跳跃。最后，引导学生对比不同版本的牛郎织女故事来读，进而拓展阅读四大民间故事，将学生引入民间传说故事天地，做一个爱读故事、会讲故事的传承者！】

【评析】

一、学什么

先看虞老师通过《牛郎织女》这个民间传说故事在引导学生“学什么”。

1. 认识民间传说故事的特点

不同于一般的写人记事类文章，民间传说故事自有其特点。随着学生围绕文本初步感知、披文入情、师生对话的深入，自然而然地引出民间传说在语言、内容、象征等方面的诸多特点，如“悬念巧”“幻想奇”“口口相传”“版本众多”“动物的象征意义”等。学生在教师的巧妙点拨下，自悟自得，更加了解了民间传说故事的一般特点，增强了文体意识，培养了语感。

2. 学会讲故事的诀窍

在上课之前的热身活动中，学生就提到讲故事的诀窍是要“区分不同角色的语调”，教师顺势而导，让学生用两种不同角色的语气来说话，既活跃了气氛，又为讲故事奠定了基础。在讲故事环节，教师在学生区分角色语气绘声绘色朗读的基础上，示范了加回声朗读的方法，这种新奇的朗读方法将学生带入情境，激发学生朗读、讲述的兴趣。在讲故事环节，教师还采用对比朗读的方法，使学生一下明白声音应该由强渐弱。这两处指导讲故事的方法别具匠心，营造了强烈的时空感，易于进入故事情境、进入人物角色。

二、怎么学

民间传说故事应该引导学生“怎么学”呢？虞老师依据课标、基于学情，在学生了解故事梗概的基础上，顺势点拨讲故事的方法“抓重点”和“添想象”。这两种方法体现了“外显”和“内隐”两个角度的指导。“外显”的方法指导体现在：学生能“抓重点情节”概括小标题、“抓重点人物”感悟性格特征、“抓重点句子”学会朗读和讲述。“内隐”的方法指导，则是关注学生的思维活动，引导其添想象进入故事情境、添想象进入人物内心、添想象讲故事。另外，在对比拓展阅读中将学生引向课外阅读民间传说故事的广阔天地，启发学生去发现、去领悟更多民间传说故事的神奇，体现了“教”是为了更好地“学”的目的。

管建刚经典课堂实录

管建刚，国家“万人计划”教学名师，全国优秀教师，全国“十大推动读书人物”。著有《我的作文教学主张》《我的作文教学革命》《我的作文训练系统》《不做教书匠》《一线带班》等20多部专著。

“爸爸或妈妈关心我的一件事”教学与评析

◆执教／管建刚　评析／徐栋

【教学】

寻找爱的细节，删掉“爱的口号”

——“爸爸或妈妈关心我的一件事”作后讲评（一）

（师生交流学生姓名）

师：咱们班里有两个同学的名字让我过目难忘。一个是“居高”。

生：居高临下。

师：对，一看到这个名字，我也想到了这个成语。另一个是“乐天”。

生：乐天派。

师：对，我也想到了这个词语。

师：如果叫李高、管天，（生笑）好听吗？

生：不好听。

师：取名字不能机械模仿，给作文取题目也不能机械模仿。这次作文，你们的题目——（课件出示）

爱如潮水；爱如暖流；爱如生命；爱如溪流；爱如伤痕……

师：你们都读过《爱如茉莉》这篇文章。为什么是“爱如茉莉”？第一，茉莉是一条线索，文章5次写到“茉莉”。（课件出示相关语句，略）第二，茉莉是一个象征。爱如茉莉一样平淡，爱如茉莉一样清香，爱如茉莉一样洁白纯

净。我欣赏咱们班同学这样的题目。（课件出示，生读）

《醒悟》；《那双手》；《妈妈的味道》……

师：这样的题目很朴素，却是自己的。真我，就是美。

师：我们要学他人的写法，但不能机械模仿，要模仿的是他人背后的真功夫——细节。（课件出示《爱如茉莉》中的细节）

然而，爸爸没有吃我买的饺子，也没听我花尽心思编的谎话，便直奔医院。此后，他每天都去医院。

生：从"直奔"可以看出爸爸对妈妈的爱。

生：从"没有吃""也没听"可以看出爸爸对妈妈的爱。

生：从"每天"可以看出爸爸对妈妈的爱。

他睡眼蒙眬地抬起头，轻轻放下妈妈的手，然后蹑手蹑脚地走到门口，把我拉了出去。

生：从"轻轻""蹑手蹑脚"可以看出爸爸怕吵到妈妈。

师：《爱如茉莉》里，爸爸对妈妈的爱当然不止这两处；妈妈对爸爸的爱，也可以从很多细节描写中看出。《爱如茉莉》中有三个人，爸爸、妈妈、"我"，主角是谁？

生：爸爸和妈妈。

师：对，"我"是配角。这次写"爸爸或妈妈关心我的一件事"，主角是谁？

生1："我"。

生2：爸爸或妈妈。

师：举手投票。（90%的同学支持生2）

师：（对生1）有一句话叫"真理往往掌握在少数人手里"，但你不要忘记，还有一句话更通俗、更得人心：少数服从多数。（生笑）

师：假设写"我关心爸爸或妈妈的一件事"，主角是谁？

生："我"。

师：你们写作文，主要写自己亲身经历的事，但并不表示"我"一定是主角。写作文，要分清主角、配角。

师： 这次的作文，主角是爸爸或妈妈。所以描写细节时，就要有对爸爸或妈妈的细节描写。下面看咱们班同学是如何描写细节的？（课件出示）

刚过几分钟，妈妈就出现了。脸色苍白、满眼泪花的妈妈飞一般地冲了过来，看看这儿，摸摸那儿，一直问我哪里不舒服。妈妈拉着我检查的时候，我能感觉到妈妈浑身发抖……

生： 我从“妈妈飞一般地冲了过来”看出妈妈对“我”的爱。

生： 我从“脸色苍白、满眼泪花”看出妈妈对“我”的爱。

师： 妈妈的焦急、伤心都是妈妈对“我”爱的表现。

生： 我从“一直问”看出妈妈对“我”的爱。

师：“一直问”跟《爱如茉莉》中的——

生：“直奔”相似。

师： 活学活用，写得真好。

生： 我从妈妈“浑身发抖”看出妈妈对“我”的爱。

师： 这句话里包含了一个又一个细节，这些都是爱的细节。（课件出示）

这时，妈妈把桶拿过来，急忙弯下腰，不顾脏，把盆一推，放到了我的面前。等我吐得差不多了，妈妈连忙抽了张纸，弯下腰，轻轻地扶起我的头，仔细帮我擦干净了嘴角。

生： 我从“急忙弯下腰”“连忙抽了张纸”看出妈妈对“我”的爱。

生： 我从“轻轻地扶起我的头”中的“轻轻”两个字看出妈妈对“我”的爱。

师： 妈妈一定是“轻轻”的，不用想都知道是“轻轻”的。母爱，自然到不用想。（课件出示）

等我在医院苏醒时，首先就感觉到被一双大手紧紧地握着。这是一双多么温暖的手，软软的、暖暖的，把我的小手放在她的手心里，一刻也不松开。

师： 写妈妈的双手，“这是一双多么温暖的手，软软的、暖暖的”。作为一

个男生，竟然这么敏感！（课件出示）

妈妈让我坐在椅子上，她站在那里，足足排了近1个小时队才挪进分诊台前。护士姐姐为我量了体温，妈妈一脸焦急，语无伦次地叙述着我的病情……

生：“足足排了近1个小时队”“挪进”，可以看出妈妈对“我”的爱。

生：从“语无伦次”也可以看出妈妈对“我”的爱。

师：刚才这位同学读到这里时也有些“语无伦次”了。（课件出示作文片段）

几个来回，汗水浸湿了妈妈的头发，然而她全然不顾，一边搀扶着我，一边用温柔的语言安慰着我。

（师在“全然不顾”“搀扶”“温柔的语言安慰”下画线，生齐读画线部分）

妈妈听了之后，大滴大滴的泪水从眼眶里掉了下来，她一声不吭，像个犯了错的孩子。

（师在“大滴大滴”“像个犯了错的孩子”下画线，生齐读画线部分）

妈妈见状，赶忙走过来，一边抚摸着我的头，一边轻轻地说道：“宝贝女儿，是妈妈不好，没有及时带你来医院看病。你要坚持吃药、打针哦！”

（生齐读）

生：从“赶忙”“抚摸”“轻轻地”可以看出妈妈对“我”的爱。

师：女儿生病，妈妈自责。这自责里充满爱的味道。

师：你们要想看出作文里的细节，不难。难的是，能够看出生活场景中的细节。

（师邀请乐天同学一起表演生活场景：乐天打球回来，冲爸爸喊：“爸爸，我渴死了。”爸爸倒了一杯开水，拿在手上用嘴吹。）

师：爸爸的爱表现在哪里？

生：拿在手上用嘴吹，怕儿子烫。

（师生继续表演：爸爸把水递给儿子，儿子正要接过来喝，爸爸立马收回，自己尝了一口才又递给儿子。)

师：爸爸的爱表现在哪里？

生：自己尝了一口。

(师邀请乐天同学表演第二个生活场景：乐天的手被刺扎了，冲爸爸喊："爸爸，我的手扎到刺了。"爸爸轻轻捏住儿子的手指，俯身仔细查看。)

师：爸爸的爱表现在哪里？

生：轻轻捏住儿子的手指。

(师生继续表演：爸爸对儿子说，刺太深了，要用针挑出来。爸爸拿出一根缝衣针，用酒精棉球消毒后，才帮儿子挑刺。)

师：爸爸的爱表现在哪里？

生：用酒精棉球消毒。

师：你们看，我们做爸爸的，也有很多爱的细节。(生笑)

师：要想写好爸爸妈妈对我们的关心，或者我们关心爸爸妈妈、关心同学的事，一定要寻找爱的细节，用细节来传递爱。

师：同学们，有人给《爱如茉莉》写了这样的小结语。(课件出示)

> 有一种爱是脉脉温情，既淡又浓，亘古持久；有一种情，从未有过"我爱你"的热烈表白，却有着"执手而眠"，让人想到"执子之手，与子偕老"的动人……

师：贴切吧？

生：贴切。

> 夫妻之间的爱，如此平淡，又如此动人；夫妻之间的爱，没有豪言壮语，没有甜言蜜语，连那束花都是自家种的。那样的爱，是朴素无华的，也是钻石般恒久的。

师：合适吧？

生：合适。

师：那作者为什么不这样写呢？

生：作者用爱的细节表现，而不是用这样的总结来写。

师：对啊，要用爱的细节来传递，而不是用这样的“爱的总结”“爱的口号”。可是，我们的作文里却充满“爱的总结”“爱的口号”。（课件出示）

亲情是人间灿烂的阳光，亲情是春天绚丽的鲜花，亲情是冬天温暖的毛衣。

妈妈的爱是无穷的，是至高无上的。母爱如海，永记心中！

母爱是最伟大、最无私的爱，她像大海，无边无际；她如江水，连绵不绝。

……

师：这就是我们学习《爱如茉莉》背后的另一个真功夫：删掉爱的口号。请拿起你的笔，删掉作文里的“爱的口号”。

（生删减）

师：（拿出盐）盐是我们生命的必需品。

（师舀了一点，送到一生面前：请吃一点我们生命的必需品。生不要。师又送到另一生面前，生也不要。）

生：这个不能单独吃，要放在菜里。

师：要溶化在菜里、汤里，是吧？

生：是的。

（师倒了一杯水，把盐倒进水里，搅拌均匀，喝了一口：味道好极了。生笑。）

师：（演示）盐溶化在水里，成了一杯盐水。作文的中心，好比是盐；作文所写的故事，好比是一杯水。中心融入故事里，好比盐溶化在水里。中心融入故事里，就成了细节。

写作智慧：反着选，反着写

——“爸爸或妈妈关心我的一件事”作后讲评（二）

一、好名字

（师生交流学生姓名）

师：名字很重要，是要跟随你一辈子的。同学们，每一篇作文就是你们创

造出的一个“孩子”。每一篇作文都要有一个名字。我很生气，41篇作文，只有三个名字，第一个名字——（课件出示）

生：（读）妈妈关心我的一件事。

师：第二个名字——

生：（读）爸爸关心我的一件事。

师：第三个名字——

生：（读）爸爸或妈妈关心我的一件事。

师：有一个同学的作文很棒，就是题目不好，请你们帮她取个好名字。（课件出示）

“你可要好好学舞蹈，别像妈妈，老了没有一技之长。别嫌我唠叨，我这是关心你！为你好！”这是妈妈常对我说的话。

周末我都要上兴趣班，大部分我都蛮喜欢的，唯独那个跳舞！“妈妈！能不能不去上！都十级了，休息休息嘛！”我向妈妈苦苦哀求道。“我这是为你好！你看你现在能考到十级，不是我帮你坚持的结果吗？”妈妈一边扫地一边说。“不去！我很累！”我发牢骚。“好，不去是吧？来！扫地！”妈妈厉声喝道。

我撇了撇嘴。这十年来，妈妈所说的“帮”，还不如说是“逼”。每学期开学的舞蹈班，没有哪一次不是妈妈“帮”我报的。这个学期，本以为妈妈可以放我一马。可谁知，妈妈突然来了一句：“赶紧准备一下，跳舞的时间到了！”

为了不去上课，我开启了“死缠烂打”模式。“妈妈！我亲爱的老妈，不去了呗？”“我们商量一下嘛！”“我能不能不去？”我用尽浑身解数，但不管我是撒娇、谈条件，还是威胁，妈妈始终不改初心，还美其名曰：“我这是关心你，为你好。我要是不关心你，还花钱让你学？乖啊！准备一下。”“我知道你为我好！我已经考到十级了，我想休息！”我哭了，哭声不大，但妈妈听得见。她看了我一眼，摸摸我的头说：“走吧！”

我没回应她，径直下楼，上了车。反抗是没戏了，我停止哭泣，但再也没给她好脸色看。她叫了我几次，我一句也没回应。下了车，我拉着脸。走了几步，妈妈温柔地把我揽入怀里，我紧靠着她的肩。哦，我快和妈妈一样高了。她看着我笑着说："想喝什么？我去给你买。"我用红红的眼睛看着她，却发现她的眼角也湿润了。我心里很难过，低下头："随便。"妈妈看到我这副模样，搂了一下我："不哭了！妈妈是爱你的，我知道你有点累了。小时候累点，长大后有一技之长才会轻松一些。别像妈妈……"

妈妈又开始唠叨了，可我一点也不嫌烦！

师：为什么请你读？

生：这是我写的。

师：我不喜欢这样的题目——"妈妈关心我的一件事"。你能给自己的"孩子"重新取个名字吗？

生：我起初起的题目是"跳舞，还是不跳舞"。

师：我取了三个题目："烦？不烦！""老妈逼我去跳舞""母女是冤家"，你选哪一个？

生：我选第一个。一个问号，一个感叹号。

师：我也最喜欢第一个。我可以把我的版权送给你。不过，你要感谢我，为我们跳一支舞吧。（生笑）

师：我教过一个学生，她非常羡慕会弹琴的同学，于是对她的妈妈说："都是你不逼我，你逼我一下，我不也会弹琴了吗？"你懂了吗？

生：懂了！

二、时代感

师：这个同学的作文，除了题目，我都很满意，比如语言描写。（课件出示）

"妈妈！我亲爱的老妈，不去了呗？"

师：你的妈妈老吗？

生：不老。

师：那为什么叫“老妈”呢？等一会儿再说。（课件出示）

不测不知道，一测吓一跳，39度啊！老爸焦急地把退烧贴贴在我的额头上……

师：你爸很老吗？

生：不老。

师：那为什么叫“老爸”呢？

生：这是对爸爸、妈妈的爱的称呼，显得很亲切。

师：我现在知道你们为什么叫我“老师”了。（生笑，课件出示）

为了不去上课，我开启了“死缠烂打”模式。

师：上语文课，你打算开启什么模式？

生：学习模式。

师：上活动课，你打算开启什么模式？

生：拖延模式。活动课可以拖延一会儿的。

师：睡觉，你打算开启什么模式？

生：静音模式。

师：运用这样的语言，你的作文就充满了生活的味道。（课件出示）

我画得有模有样时，妈妈便会开心地把手机掏出来，拍几张发到朋友圈里，并自豪地配上文字：“女儿的杰作，不错吧！”一有朋友点赞、评论，她便会开心地一一回复，还对着手机傻笑。

师：什么叫“朋友圈”？

生：微信上的一个功能。

师：什么叫“点赞”？

生：就是欣赏、赞美的意思。

师：语言有两类：一类是看书学的，一类是生活给的。只有把两者结合起来，才是鲜活的语言。只知道看书，那是书呆子。

如果你使用充满时代气息的语言，人们就爱读、爱看。什么是好作文？人们爱读、爱看的作文，就是好作文。比如，现在流行“去哪儿”这个词语，一时间“爸爸去哪儿”“时间去哪儿”……数不胜数。

要具有充满时代气息的语言，这是这位同学带给我们的第一个作文启示。她带来的第二个写作启示是，选材。

三、反着选

师：这次作文都写的是自己生病，好像你不生病时爸爸妈妈就是冷血动物。因此，我特别欣赏没有写自己生病的作文。请看——（课件出示）

妈妈要我坚持学好跳舞。

妈妈让我认真做作业。

厨房有险情，爸爸来相救。

爸爸让我锻炼身体。

……

师：这11个人的选材，与众不同。其中，有两个人选的材料不是一级棒，而是超级棒。爸爸、妈妈对你的关心，就是“爱”。“爱”是人世间最伟大的。请大家大声地读一读这个字。

生：（大声地）爱！

师：小声地读一读。

生：（小声地）爱。

师：在心里轻轻地读一读。（生默读）

师：爱的味道是怎么样的？

生：甜的。

生：酸甜苦辣咸，快乐天天见。

师：这是广告词吧？

生：动画片里的。

师：是的，爱的味道不只是甜的。（课件出示图片：两匹一样大的马）你们能分清哪一匹是妈妈，哪一匹是孩子吗？

生：后面的是孩子。

师：你这是猜的吧。我有一个办法，扔一把草过去，冲过去吃草的就是——

生：孩子。

师：站在原地的是——

生：妈妈。

师：这就是爱的味道，甜的。（课件出示图片：两头狮子）狮子长大了，怎么区别哪一个是爸爸，哪一个是孩子？

生：扔一块肉过去，跑过去吃肉的就是孩子。

师：如果我告诉你跑过去吃肉的是爸爸。你们怎么想？

生：我觉得小狮子长大了，应该孝敬爸爸，所以吃肉的是爸爸。

师：那小马长大了，怎么不知道孝敬妈妈？狮子爸爸为什么要去抢肉呢？

生：要让小狮子自己去抢夺食物。

师：小狮子要学会抢夺食物才能生存。原来狮子爸爸跟小狮子争抢也是爱，只是爱的味道——

生：是苦的。

师：请问刚才那位同学，妈妈对你的爱是苦的，还是甜的？

生：苦的。妈妈对我的爱，就像狮子爸爸对小狮子的爱。

师：这篇作文里的爱，又是什么味道呢？（课件出示）

> 我迷恋上了看动画片，从此加入了“沙发土豆”一族。妈妈也发现了这个问题，于是严查起我来。
>
> 一天，我回到家，见家中空无一人，心中窃喜，胡乱写完作业后便冲向电视机旁，迅速调到少儿频道，津津有味地看了起来，边看边不时大笑几声。
>
> “丁零当啷……”一阵钥匙开门的声音传来。我顿时脸色大变，赶紧关掉电视，抓起个苹果假装啃起来。妈妈换好鞋后板着脸问我：“有没有看电视？”“没……没有。”我低头看着脚尖，心像打鼓一样“怦怦怦”地跳着。

妈妈意味深长地看了我一眼，疾步走到电视机前，一摸。“你竟然撒谎！”妈妈脸色极不好看，“看了也就算了，竟然还骗人！”我羞愧地低下头。

妈妈平息了一下怒火，问我：“作业做完了吗？”我微微点头，心里却虚得很，那可是我胡乱做的呀！果然，看完我的作业后，妈妈的脸色更难看了，一下子把我的作业本撕了：“×××，你是怎么回事？作业是胡乱做的吗？那你就别做了，明天就待在家看你的电视吧！”我一听大哭起来，我第一个想法就是，老师肯定会骂我的；同时心中无限委屈，我上课那么认真，回家不能放松一下吗？

妈妈见我哭了，心一下就软了，轻轻地搂住我，温柔地说：“×××，你觉得妈妈说的到底对不对，不管做错什么都不能撒谎，撒谎更不可原谅。作业就要好好做……”说着她缓缓起身，叹口气说：“作业重新做，你自己再好好想想……”

那天晚上，我和妈妈一起，将题一道一道认真地做完……

生：苦的。

师：我非常欣赏这两位同学的选材。她们有一个与众不同的选材构思，那就是——（课件出示）

生：（读）反着选。

师：爸爸妈妈骂过你吗？

生：骂过。

师：骂声里有爱啊。爸爸妈妈反对过你吗？

生：反对过。

师：反对里有爱啊。爸爸妈妈批评过你吗？

生：批评过。

师：批评里有爱啊。

生：还打过我。

师：俗话说：打是亲——

生： 骂是爱。

师： 这三个字，你要牢牢记住。

生： 反着选。

师： 这是一个"反时代"。"反"就是创造，"反"就是创新，"反"就是——

生： 有自己的想法、有不同的做法。

生： 就是不千人一面。

师： 非常感谢带给我们启示的这两位同学。

四、反着写

师： 反着选，选好后怎么写呢？我们再来看看刚才这位同学的作文。

（生再次朗读妈妈坚持让她学跳舞的作文，读到第二段，老师第一次插话）

师： 这是苦的，还是甜的？

生： 苦的。

（读到第三段，老师第二次插话）

师： 妈妈放你一马了吗？

生： 没有。

师： 还是苦的。

（读到第四段，老师第三次插话）

师： 还是苦的。

（生读最后两段；师板书三次向下的线段图：不断地写苦，最后反弹——在线段图的最下端向上画一条长线。）

师： 这就是这位同学的智慧。选材的智慧叫"反着选"，写的智慧叫"反着写"。苦的时候，给你加一点糖，味道就变了。采用这样写法的，就只有这位同学吗？

（一生朗读作文，师相机画同样的曲线图）

师： 这就是这两位同学给我们带来的写作的智慧，六个字——（课件出示）

生：（读）反着选、反着写。

师：如果要写“甜”，就花很多笔墨写——

生：苦。

师：如果要写“苦”，就花很多笔墨写——

生：甜。

师：这就叫“反着写”。如果要写“他对我的好”，就花很多笔墨写——

生：他对我的不好。

师：一般写几次“不好”？

生：三次。

师：为什么要写三次？

生：事不过三。（生笑）

师：高手就是高手。谢谢她们带给我们写作上的启示。下课！

作文：打开你的“心眼”

——“爸爸或妈妈关心我的一件事”作后讲评（三）

一、剪裁

师：这次作文写的是——

生：爸爸或妈妈关心我的一件事。

师：中心词是——

生：关心。

师：主角是——

生：爸爸或妈妈。

师：我们写作文，大都写自己亲身经历的事。自己亲身经历的事，主角不一定是自己。这次的作文，主角就不是自己，而是关心自己的爸爸或妈妈。写作文，心中要带着中心、想着主角。下面这篇作文就是这样写的。

（课件出示，生读）

就在上个学期，我踢足球的时候，一不小心把手给摔折了。田老师打电话给我妈妈，我妈妈很快就到了医院。

师：这里有没有表现出妈妈对“我”的关心？

生：有。从“很快”可以看出。

（生继续读）

我饿了，她就给我买吃的。妈妈一整天都在医院陪我，晚上睡觉前，还给我擦身子。

生：这里都可以看出妈妈对“我”的关心。

（生继续读）

我在医院输液，她都陪着我，还陪我玩，陪我看电视。我在医院的时候，妈妈都是给我买最好吃的、最好用的东西。她是那么关心我。

生：这里也都可以看出妈妈对“我”的关心。

师：这就叫围绕中心来写，这就叫心中装着主角来写。

（以下环节为：展示正反三篇习作案例，让学生体会写作文要带着中心、想着主角。让学生删去不是“关心”的、不是有关“爸爸或妈妈”的内容，限于篇幅，此过程略。）

二、“心眼”

师：这篇作文，就是带着“关心”，装着“爸爸或妈妈”的。不过，也有一个遗憾，就是这篇作文太短了，200多字。在作文字数方面，老师有什么要求？

生1：400字。

生2：老师，我觉得好作文不在于长短，有的作文字数很少却写得很好，有的作文字数很多却很啰唆。

师：（对生2）一般来说，心灵美是不是比外表美更重要？

生2：是的。

师：如果这个人不仅心灵美，外表也很美，是不是更完美？

生2：是的。

师：因此，你的作文既能写得好，又能符合字数的要求，那不就完美了吗？

（生2点头）

师：这样的作文，我们班就有。（课件出示）

妈妈关心我的一件事

人人都要吃饭，不吃饭生命就会受到威胁。我认为吃饱就行，不饿死便罢。可妈妈不这样认为，她觉得一天不但要吃饱，而且要吃好、吃多，这样才能长得高。就因为我们的意见不统一，所以我们总为吃饭的事发生争吵。

一次吃饭，我只吃了一碗米饭便想去玩。妈妈对我说："吃这么点怎么行，来，我再为你盛一碗。"我的脑袋"嗡"的一声：我的妈呀，我今天可真是幽门堵塞，再吃胃里的东西就溢出来了。妈妈却不厌其烦地解释道："你这么矮，不多吃怎么长高？你还在长身体，要多吃饭……"我听不下去了，便冲着妈妈大声喊："我不吃了，就不吃了！"妈妈被激怒了："你怎么了？翅膀硬了？我这样做都是为你好啊！"

哼！为我好？让我受肚子的胀痛，叫为我好？我的胃里一粒米都装不下了。正当我生气的时候，妈妈已经拿了根棍子——妈妈要逼我吃。为了免受皮肉之苦，我只好坐在椅子上，慢慢吃起来。

吃完饭，我回到房间，躺在床上，我感觉自己就像一头猪，整天被赶着吃东西。灯照得我眼睛开始难受了，于是我翻了个身。我不禁又开始想，人不用吃饭该多好呀。我的确很失望，觉得妈妈不理解我。

第二天，我对妈妈说我并不是故意不吃，我也明白不吃饭不行的道理，可我就是不想多吃。听完我的解释，妈妈点了点头。下午，她带我去了医院，医生说我肠胃吸收不好。妈妈为我买了药，吃了药后，吃饭问题有所好转，每次一碗半的饭量可以保证。

原来，妈妈并不是不好，她还是能理解我的。

师：这位同学的作文写了400个多字，真了不起。

师：刚才你们有没有注意到，有三处是用红色出示的，回顾一下：

我的脑袋“嗡”的一声：我的妈呀，我今天可真是幽门堵塞，再吃胃里的东西就溢出来了……

师：哪些是“我”心里的想法？

生：“我的妈呀，我今天可真是幽门堵塞，再吃胃里的东西就溢出来了。”

哼！为我好？让我受肚子的胀痛，叫为我好？我的胃里一粒米都装不下了。

生：整句话都是“我”心里的想法。

吃完饭……觉得妈妈不理解我。

生：“我感觉自己就像一头猪，整天被赶着吃东西。”“我不禁又开始想，人不用吃饭该多好呀。我的确很失望，觉得妈妈不理解我。”

师：这里几乎全是“我”心里的想法。写作文，不能只写眼睛看到的，还要像这位同学，打开你的“心眼”，这样的作文才会生动。像这位同学打开“心眼”，写出自己内心世界的还有——（课件出示）

我想，如果我把试卷拿给爸妈看，他们一定会伤心、生气的。如果不让他们签字，我又会被老师批评。这真让我为难！

生：“我想”后面都是心里的想法。

我看了一下价钱：100.4元，我失望了，这么贵，妈妈一定不给我买，那不是吃的，也不是用的，只是戴着好看。

师：谁能看出哪些地方是“我”心里想的，你们就是好朋友。

生：“那不是吃的，也不是用的，只是戴着好看。”

师：你们只是普通朋友。

生：“我失望了，这么贵，妈妈一定不给我买”。

师：祝贺你们成为好朋友！

师：（走到投影仪前，故意将投影仪挡住）你们心里有想法吗？

生：有。

师：（站在讲台上，右手高举）你们心里有想法吗？

生：有。

师：（当场做俯卧撑）你们心里有想法吗？

生：有。

师：只要打开“心眼”，你就会发现心里的想法每时每刻都有，无时无刻不在。即便睡着了，你的内心还在——

生：做梦。

（课件出示）

> 下节是语文课，老师说要检查背诵情况。课间，我连作业都没写，一直在背书。

师：这是管老师班上的一个同学写的。请你帮她分析一下，哪里应该有想法？

生：听到老师说要检查背诵情况，肯定有想法，怕背不出来。

生：课间一直在背书，她肯定是怕老师抽查，怕自己背不好，所以这里也有想法。

师：当她打开“心眼”——（课件出示）

> 下节是语文课，老师说要检查背诵情况。糟了，我以为老师明天才会检查，昨天做完作业后，还上了一个小时的网呢。怎么办？要是背不出来，妈妈知道后，不骂我才怪呢。课间，我连作业都没写，一直在背书。万一老师抽查到我，我背得结结巴巴，被老师批评不说，在同学面前脸也丢尽了。要是老师抽查到我会背的小节，那该多好。我有两个地方不是很熟，老师那双火眼金睛，肯定抽查我背不出来的地方。要是抽到我不会背的段落，那就惨了。趁课间还有几分钟，我只能临时抱佛脚了。

生：（惊讶地）心里的话这么多，这么长。

师：是的。你不知道自己原来有这么多的心里话，是因为你只知道用眼睛看，而没有用心去捕捉。你们知道吗？这个世界上，有一样东西比光速还快，那就是我们的思维。我说“月亮”，你们脑海里是不是就会出现一个月亮？（生点头）我说“太阳”，你们脑海里是不是就会出现一个太阳？（生点头）实际上，太阳光到这里，要经过几分钟。而我们的思维到太阳去，只要一刹那。

师： 思维的速度是超光速的，你稍不留心，就没了，仿佛没有发生过，所以就会常常忘了捕捉内心的话。（再次出示学生的习作语句）

> 就在上个学期，我踢足球的时候，一不小心把手给摔折了。田老师打电话给我妈妈，我妈妈很快就到了医院。

师： 哪里看出“我”心里会有想法？

生： 他的手摔折了肯定有想法。

生： 田老师打电话的时候也有。

生： 看到妈妈来了肯定也有想法。

师： 啊，“亲娘来了”。（生笑）——这就是在打开你的“心眼”。

（继续出示其他语句，师生分析哪里作者会有想法。略）

师： 同学们，只要把心里的想法写出来，作文就既有中心，又有主角，字数也不会少！

（生看笑）

师： 视频讲了什么？

生： 一个小孩，看到大人来了，就倒在地上哭；大人一走，就不哭了，还站起来走到大人看得到的地方，又倒在地上哭。

师： 注意打开你的“心眼”，再看一遍视频。

（重新播放视频，播放到小孩哭时，暂停）

生： 刚开始看小孩那么可怜地哭，我想他一定是受了委屈，比如饿了，或者摔疼了，或者想要玩具家长没满足他。

（播放到小孩不哭了，乖乖站起来时，暂停）

生： 这个小孩，说不哭就不哭了，还真干脆，不像我们邻居家的，哭起来要好长时间。

（播放到小孩看到大人又倒地哭起来时，暂停）

生： 哦，这个小孩，太会使计谋。

师：史上最年轻的计谋家。（生笑）

（播放到家长不理小孩时，暂停）

生：这个家长很有意思，他知道自己孩子的心理，所以不去理会。

（播放至结束，学生再次哈哈大笑）

师：同学们，观看这个视频时，你们一直在笑，笑的背后是你们有很多的想法。人，每时每刻都有自己的想法，只是很多时候，你没有打开自己的“心眼”，没有留意自己内心的想法。写好作文的秘诀之一就是：打开你的“心眼”。回去修改作文，能围绕“中心”添加上30个字内心想法的同学请举手。（很多学生举手）能添加50个字内心想法的同学请举手。（很多学生举手）

师：真了不起。你每添加一个字，就加1分。我相信，修改后的作文，很多同学都可以得100分！下课！

【评析】

作后指导：写作教学的一次突围

读了管老师的三个同一主题的作文讲评实录，意犹未尽。管老师就是一位高明的“医生”，给小学作文教学开了一剂调理良方——“先写后教，以写定教”。“先写后教，以写定教”并非弱化了教师的指导作用，而是给了学生自由写作的空间，展现了真实的作文状况，教师根据学生的作文状况，合理选择作后讲评和指导的内容，教学有针对性，直达患处有实效。

这三个课例，不同班级，同一主题，管老师选择了截然不同的教学内容：（1）寻找爱的细节，删掉“爱的口号”；（2）反着选，反着写；（3）打开你的“心眼”。管老师的安排是由“作后指导”“以写定教”的教学理念决定的。管老师所选择的讲评内容，符合不同班级的学生当下的写作水平。学生作文字数不够，就教他们写心理活动；学生表达粗糙，就教他们寻找细节；学生作文基础较好，就教他们个性选材，合理布局。三节课的教学内容若互换，课堂就不会这样精彩。可以说，离开了学生的写作实际，作后指导就成了“无本之木，无源之水”。管老师的简单、朴素和高明，就在于此。

“这样的题目很朴素，却是自己的。真我，就是美。”“充满时代气息的语言，这是这位同学带给我们的第一个作文启示。”“人，每时每刻都有自己的想法，只是很多时候，你没有打开自己的“心眼”，没有留意自己内心的想法。写好作文的秘诀之一就是：打开你的‘心眼’。”在管老师的讲评课上，似乎从来没有听到过“心理描写”“以景抒情”“拟人比喻”等专业术语，他把这些技巧都融入在趣味的教学中，在师生的对话交流中，在学生的轻松笑声中，潜移默化地渗透。管老师研究了学生的写作心理，抓住了写作的兴奋点和需求点。管老师在他的论著《我的作文教学主张》里明确提出，文心重于文字，培养写作兴趣，保持写作动力，发现写作秘诀，这比任何文字技巧都重要。

三个课例，为我们清晰地呈现了管老师“先写后教，以写定教”的作文教学思想。品读它们，你还会发现讲评内容、内容呈现、板块衔接、点评语言、教学形式，都蕴含着管老师的教学智慧。由这三个课例我发现，用“作后讲评”来概括管老师的“先写后教，以写定教”是不充分的，我更愿意用“作后指导”。

吴勇经典课堂实录

吴勇，“童化作文”教学的倡导者，江苏省特级教师，正高级教师。荣获“有重要影响的全国小学写作教学名师”。“指向文心的童化作文进阶研究”获得江苏省第五届优秀教育科学成果评比一等奖；“童化作文实践研究”获得江苏省人民政府教学成果特等奖。先后出版《儿童写作论》等专著十部。

从教“知识”走向教“精准知识”

——“学会联想”教学与评析

◆执教／吴勇　评析／潘朝阳

【理论探索】

有专家认为“中小学语文课几乎没有写作教学”，还有些教育学者觉得，当下的中小学生具有的写作素养几乎源自本身的阅读习得，与教学无关。对于教学界以外的批评，作为一线教师似乎也深以为然，因为大多数小学语文教师自身就没有受到过良好的写作训练，他们对写作以及写作教学具有与生俱来的无力感。怎样让习作教学有指导，如何让教学指导对儿童的言语发展起到支撑性作用，知识教学是不可或缺的。倡导“精准知识”教学，似乎是一个难以逾越的话题。

一、“精准知识”的提出背景

在2000年的《义务教育语文课程标准》中，关于写作知识的教学有这样的描述：“写作知识的教学力求精要有用。”在2011年的《义务教育语文课程标准》中，唯一一个关于写作知识教学的描述竟然被删去了。这就使得习作教学中知识教学含混、模糊甚至缺失的局面不但没有得以扭转，反而进一步加剧了。

语文课程标准制定专家认为：“只有通过主动、积极、丰富多彩的语文实践活动（听说读写），学生才能真正建构起语文知识结构。”（《〈义务教育语文课程标准〉（2011年版）解读》）在这样的课程操作理念的指引下，当下的习作教学课堂“活动”盛行：教学的过程就是“活动”的过程，教师的指导性主要凸显在课堂活动的组织上。“实践活动”是什么，习作内容就写什么。尽管活动解放了学生的肢体和感官，丰富了学生的内心体验，但是在言语表达方面没有实质性的收获。大多数学生在活动素材转化为言语表达的过程中没有得到任何教学支撑，所能运用的知识和技能其实仍是在以往自主阅读中习得的零散经验，因此，习作的言语品质在原地打转，没有切实的提升。教师在这样的习作课中，最多只能算是一个“组织者”，“指导者”的核心角色基本上没有担当。

从认知规律上看，学生的言语能力发展离不开言语实践活动。但是在言语实践活动中，如果没有基本知识和技能的支持和引导，能力将没有生长点。“能力作为一种可以直接对活动起稳定的调节作用的个性心理特征，其实质内涵是结构化、网络化了的知识和技能。”（韩雪屏《语文教育的心理学原理》）可见，学生习作能力的根本是习作知识和技能。“掌握了知识、技能不等于发展能力，能力比知识更重要，但当论及如何去发展能力时，又回到了知识、技能的教学上来。”（吴红耘、皮连生《心理学中的能力、知识和技能概念的演变及其教学含义》）因此，在构建习作教学理念时，我们不能空谈能力而过度地贬低和忽视知识的地位和作用；在习作教学实践中，我们强调能力的重要性时，首先得让学生充分地汲取知识，用合宜的习作知识来构建合宜的习作能力。

再说语文素养。语文素养以“言语知识”和“言语能力”为前提，并且是这两者相互作用的结果。所以说，当我们提及发展学生习作能力、提升学生习作素养时，千万不可回避习作知识教学。

其实，母语背景下的小学写作学习，学生学习不是从无到有的过程，而是从少到多、从不尽完善到相对适合的过程。因此，学生习作水平不高，通常不是结构性的整体缺失，而是局部性的知识要素的缺失。要真正改善当下习作教学的现状，必须充分认识到习作知识是学生言语之树的“根”，习作能力是“根”上长出来的“苗”，而习作素养则是学生言语之“苗”绽放的“花”。

二、“精准知识”的构筑框架

当下的习作教学为何只有“组织”，没有“指导”？一方面是因为传统的习作知识教学陈旧和贫乏，没有及时将文章学、文艺学当中最新的研究成果吸纳其中；另一方面是因为在习作教材的编排过程中，只在习作主题以及内容上做了充分的考量，而对习作知识体系缺乏科学严谨的规划。要改变这种习作知识“贫乏”、习作知识教学笼统模糊的现状，面向文体类型的习作知识的深度开发，便是当下习作教学改革的一个重要的向度。

置身类型。习作教学知识开发不能零打碎敲，不仅要结合具体的习作训练，还需要有更广阔的视域，那就是习作类型。在小学阶段，主要习作内容大概可以分成五种类型：写人、叙事、写景、状物、实用。每一种类型，言语形式不同，文体样式各异，所需要的习作知识也各有不同。因此，在习作教学过程中，我们不但要开发出各种文体类型的框架结构性知识，而且还要面向习作内容，开发出适合这种类型并且能支持重点段落的具体陈述性知识。

构建阶梯。对于同一种类型的习作训练，不同的阶段，应当有不同的教学内容，更进一步地说，就是应该有不同的文体知识教学。遗憾的是，当下的习作教学，对于同一种文体类型的习作训练，不同阶段的教学内容大同小异。譬如习作“我的自画像”，要求儿童抓住特点、选择典型事例、通过细节表现性格和品质，“写家乡名人”习作时，课堂上教的依然是这些知识。要改变这种习作知识教学现状，同种文体类型的习作教学，需要在各个阶段，构建一个层层递进的知识台阶，让习作训练拾级而上。以“活动类”习作教学为例，笔者结合具体的习作内容，对习作知识进行了清晰的边界划分，让每次习作既相对独立——知识适当不宽泛，层阶分明不牵扯；同时又互为基础——前一次教学是后一次教学的基础，后一次训练是前一次训练的延续。

力求下位。在一次“想象类”专题习作教学观摩活动中，不同年级的习作课堂，呈现的习作知识如出一辙，几乎都是“想象要合理，想象要丰富，想象要具体”。可是如何才能做到“合理”“丰富”“具体”，在各自的课堂上均语焉不详。“写作教学经常忽略学生在写作中的关键问题，只是笼而统之地列出学生在写作中的问题，并提出一些泛泛的要求，例如‘描写不具体’‘中心不突出’。但是，‘什么叫描写不具体’‘为什么描写不具体’‘怎样才能描写具体’这一系列问题在习作教学中并没有得到确切研究，因此语文教师只有依照自己的经验与认识自行其是。”（王荣生《写作教学教什么》）这道出了当下习作教学只有笼统模糊的“上位知识”，而缺乏具体明确的“下位知识”的困窘现状。而“下位”的习作知识是需要教师结合即时的习作内容进行现场的教学之后才可能生成的。在习作指导课“书包里的秘密”的教学中，笔者紧扣“秘密”展开教学，引导学生探寻叙写“秘密”的习作知识——“细节变化”，即抓住人物的“动作变化”“语言变化”“神情变化”“心理变化”来写，习作难题迎刃而解。因此，我们的习作教学需要有“再向前走一步”的开发意识，要努力将抽象的知识走向形象，将笼统的知识走向精细。

文体类型，是习作知识开发的丰厚语境；搭建阶梯，是习作知识开发的结构逻辑；追求下位，是习作知识开发的具体呈现；文体类型是寻找“知识面”，搭建阶梯是勾勒“知识线”，追求下位是明确“知识点”，这三者构成了“精准知识”习作教学宏观而立体的构筑框架。

三、“精准知识”的教学尺度

习作教学因为缺乏知识指导，因而效率低下，但这并不意味着有了知识教学，低效的问题便能就此化解。走向“精准知识”的习作教学倡导的是有节制、有节点的知识教学。有节制——每次习作教学知识目标明确，不肆意延伸；有节点——每次习作教学与不同年级的同类文体习作教学有着清晰的知识边界，一次训练只管一段，目标明确，不含混。

“一课一教”。同一种文体类型的习作知识可谓“弱水三千”，可具体到一次习作训练中便要“只取一瓢饮”。完成一篇习作需要很多的知识来支持，但是学生在这一类型的习作学习中并不是零起点，已经学过的知识，本次教学中无须反复赘述；同时，本次教学也不是该文体类型习作训练的终点，因此，在本阶段不适合“教”的知识，或者即便“教”了也不会产生效果的知识，就应该毫不犹豫地舍去。基于此，本次习作教学可以“教”、必须“教”的知识便跃然纸上。当一次习作训练需要“教”的知识经过筛选变得精简和明确后，教学中就可以腾出空间和时间，将这个唯一的“知识点”进行下位的细化和深入。譬如教学习作“写一种喜欢的美食”时，笔者对中、高年级已经训练到位的“造型”“做法”等一笔带过，把教学重心放在“滋味”的品味上，和学生一起开发出将“滋味”写具体的三种知识——“运动变化法”“分层列举法”“同类对比法”；一种将“滋味”写生动的知识——“展开联想”。教学重点聚焦了，学生习作难点突破了，他们的语言水平自然得到发展。

“一课一得”。知识教学凝聚了、精准了，学生的语言训练就显得充分饱满、富有针对性。一方面，“教什么就写什么”。一位教研人员在一次大型习作教学观摩活动中进行现场统计，发现学生在课堂上写作的平均时间为3.4分钟。习作课当场习作环节，长期以来饱受诟病。一堂习作课，仅仅只有40分钟，要激发习作动力，要组织教学，要进行知识指导、习作讲评，留给学生习作的时间就屈指可数了，写作全篇肯定不切实际；如果只教不写，那么教学过程就缺乏反馈环节，无法评估学生学习的真实状况。其实习作课堂不存在“写”与“不写”的问题，而是要探讨“写什么”的问题。一堂习作课最佳的习作状态是完成一篇习作的重点段落，而这个段落正好集中展现了本堂课所“教”知识在具体习作语境中的运用，让当堂所“教”为学生及时所“用”。另一方面，“教什么就评什么”。众多的习作课堂上，在习作评价环节，很多教师的评价没有重点，一会儿遣词造句，一会儿段落篇章，一会儿首尾过渡，“东一榔头西一棒槌”，将真正需要关注的本堂课所教知识的落实情况置之不理。对于学生的习作评价可以多角度、多维度，但是在一堂有针对性的习作指导课上，评价就应有所侧重，应当将本堂课所教的知识在学生习作中实现的状况作为评价的重心，习作指导的效度就应当在评价中得以验证。

有“节点”的知识教学可以有效遏制“教”无边界的滥教之风，可以有力地解决有“教”无实的虚教之风。需要说明的是，“节点”不是“断点”，而是位于同一种文体知识线上的“端点”，每次习作教学，既是一次独立的存在，又是一次起承转合的自然衔接。

四、“精准知识”的创生路径

强调习作知识的教学，势必会让习作教学陷入“知识化”的误区之中，这对学生习作兴趣会造成极大的伤害。因此，走向“精准知识”的习作不是唯“知识”是瞻的教学，它更注重“知识”生产平台的精心营造，“知识”生成对话中的和谐智慧，“知识”呈现方式上的鲜活趣味。

习作知识的创生是否成功，笔者以为有三个评价标准：一是“看得见”——习作知识直观下位，具体清晰，尽量与创生者的名字捆绑在一起，让学生随时可见；二是“摸得着”——知识本身就包含着言语心智技能，富有操作性，知识随即可以转化成言语技能和言语能力，让学生触手可及；三是“用得上”——知识的生产原本就是为了化解习作的重点和难点，创生的习作知识充满了针对性，让学生一用就灵。

【实践展示】

习作目标：

1. 充分体会到联想在习作中的作用。
2. 掌握联想的基本知识，并能在习作中尝试运用。

教学过程：

一、领略“联想”的魅力

（一）出示图片1：图书馆

师：这是哪儿？

生：图书馆。

（二）出示图片2：未来的图书馆

师：这是——

生：未来的图书馆。

师：你觉得未来的图书馆与当下的图书馆哪个更有意思？

生：未来的图书馆。

师：为什么？

生：我觉得在云朵上读书，自由自在。

师：联想可以让心灵更自由。

生：在未来的图书馆里读书，可以在云朵上躺着、坐着，随心所欲，很开心！

师：这就是联想的魅力！（板书：联想）联想不仅可以让画面更有趣，还可以让文字变得更有意思。

（三）出示图片3（蓝天图片，略）

师：这是——

生：蓝天、鸟儿。

师：有一位同学这样写道——（课件出示）

蓝天上有一群鸟儿飞来飞去。

台湾作家张晓风是这么写的——（课件出示）

> 鸟儿又可以开始丈量天空了。有的负责丈量天的蓝度，有的负责丈量天的透明度，有的负责用那双翼丈量天的高度和深度。而所有的

鸟儿全不是好的数学家，他们叽叽喳喳地算了又算，核了又核，终于还是不敢宣布统计数据。

——张晓风《春之怀古》

师：哪一段文字更有意思？

生：第二段。

师：为什么？

生：飞行成了丈量天空，鸟儿成了数学家，太好玩了！

师：这就是联想的魅力。联想可以让文字飞翔起来。同学们，不要以为联想是作家的专利，其实，我们每个人都可以尽情联想。你们想试一试吗？

生：想！

【点评：比较当下的图书馆和未来的图书馆，再比较有联想和没有联想的文字，让在场每个学生感受到联想的魅力，从而喜欢上联想，产生学习联想的强烈愿望。】

二、学习联想方法

（一）故事串联

师：（课件出示图片）蓝天里有什么？

生：有月亮和白云。

师：怎样将月亮和白云联想到一起呢？有一位同学是这样写的——（课件出示）

天空很高、很远，白云像轻纱一般，飘落在月亮身上，她成了一个蒙着面纱的阿拉伯姑娘，正津津有味地欣赏着大地美景。这时又一朵调皮的白云凑了过来，遮住了她的视线。月亮很不乐意，使劲在云朵里穿梭，拼命想把皎洁的脸庞露出来。可白云好像故意跟她作对似的，始终挡在她前面。也许月亮认输了，也许月亮已经累了，她一动不动，再没有出来过。

师：同学们，作者是怎样把月亮和白云联想到一起的？

生：作者在月亮和白云之间找到了关系。

师：什么关系？

生：白云想把月亮遮住，月亮拼命想出来，她们一直在做着这样的游戏。

师：我听懂了，原来月亮和白云成了一个故事里的两个角色，通过一个故事把月亮和白云串联起来，我们可以将这种方法称为“故事串联”。（板书：故事串联）“故事串联法”简单吗？

生：很简单！

师：请闭上眼睛，想一想画面：杨柳、小河，出现画面了吗？能用故事将这两个景物串联在一起吗？

生：杨柳姑娘在梳妆，小河做她的镜子。

师：这是“梳妆版”故事，虽然经典，但很老套！联想就是要让大家从老的思维套子里解放出来。

生：杨柳姑娘在春风里跳舞，小河唱着歌为她伴奏！

师：这是“伴奏版”。非常生动，掌声响起来！（生鼓掌）

生：杨柳请小河带她的女儿——树叶去旅行，小河非常高兴地答应了。

师：这是“旅行版”。旅途一定非常快乐！越想越有意思了！

生：春天，杨柳抚摸着小河光洁的脸庞，小河感受到母亲般的温暖，开始融化了，开始唱歌了！

师：小河的歌声一定像你的联想一样神奇、美妙！同学们，运用“故事串联法”，就可以将两个不相关的事物联系在一起。假如遇到更多的事物，我们又该怎样联想呢？

【点评：以学生的习作为平台展开对话，让他们领悟第一种联想方法——故事串联法；接着，指导学生迁移知识，发散思维，将杨柳和小河串联起来，形成了多种有趣的故事框架。】

（二）事件汇聚

师：再看图片——（出示装有五条金鱼的鱼缸）

师：鱼缸里有几条小金鱼？

生：五条。

师：作者又是怎样用文字将五条小金鱼联系在一起的？（课件出示）

有两条金鱼慢慢游到一起窃窃私语，好像在商讨今夜将要举行的鱼缸联欢会；有一条金鱼在一个角落里正睡午觉，它梦见自己穿着色彩斑斓的裙子在一个盛大的鱼缸联欢会上翩翩起舞；还有两条金鱼一会儿上浮，一会儿下降，正在忙碌地布置今晚的鱼缸联欢会会场。

师：同学们，你们发现没有，这五条金鱼都和哪一个中心事件有关？（板书：事件）

生：鱼缸联欢会。

师：用一个中心事件，将多种景物汇聚在一个故事里，我们可以将这种联想方法称为——

生：事件结合法。

师：“结合”显得死板。

生：事件汇聚法。

师：你叫什么名字？

生：叶嘉莹。

师：一个激动人心的时刻到了，“叶嘉莹联想法”诞生了！叶嘉莹联想法，也叫——

生：（齐）事件汇聚法。（师板书）

师：我们现场试一试。我们的笔袋里有——

生：铅笔、削笔刀。

生：钢笔、直尺。

师：你能用一个中心事件将这些文具汇聚到一个故事里吗？

生：文具们发现文具盒又破又硬，将身体都磨伤了，它们决定搬到一个柔软舒适的新笔袋里。

师：我听明白了，中心事件是“乔迁”，我们就叫它“乔迁记”吧。

生：文具们觉得小主人太不爱惜它们了，在一个夜晚，决定逃离笔袋。

师：中心事件是紧张刺激的“越狱”，（生笑）我们就期待精彩的“越狱记”吧。

生：文具盒里的钢笔被小主人摔坏了，其他居民纷纷前来救助。

师：这是一场温暖友爱的“救护记”。

生：文具盒是深海里的怪兽，文具就是他最喜爱的美食，一场捕猎即将开始。

师：“捕猎记”。事件越来越离奇，故事越来越精彩了！

【点评：联想技法的难度有所增加，由两种事物之间的联想增至多种事物之间的联想。学生的想象力和创造力因为意象组合难度的递增而得到激发和提升。】

（三）形象分解

师：看，下面我们到哪儿了？（课件出示糖果店图片，略）

生：糖果店。

师：同学们，进入糖果屋，什么东西最能让人产生联想？

生：糖果的甜味。

师：为什么？

生：甜味最吸引孩子们。

师：是呀，有一个孩子在糖果屋里漫步，瞧瞧，他都联想到了什么？（课件出示）

走进糖果屋，我仿佛走进了一个巨大的果园：这里长着一棵橙子树，果实金黄一片，浓郁的橙香似乎要把整个天地占领；那里长着一簇草莓，颗颗草莓鲜艳欲滴，一股挡不住的清香疯狂地向我扑来，似乎在说："快让我拥抱你的嘴唇和口腔吧！"不远处还长着一株桃树，熟透了的水蜜桃在向我挤眉弄眼，那股特有的桃香已经让我方寸大乱，恨不得立刻飞奔到它们的身边。

师：作者是怎样对看不见、摸不着的糖果香味进行联想的？（动画演示）

师：这是糖果的香味，作者将它先分解成看得见、摸得着的——

生：橙子！

师：然后又——

生：分解成看得见、摸得着的草莓。

师：最后又——

生：分解成人见人爱的水蜜桃。

师：这水蜜桃也是既看得见又摸得着。同学们，在联想过程中，将看不见、摸不着的东西，分解成看得见、摸得着的具体形象，我们可以将这种联想方法称为——

生：化虚为实法。

师：你叫什么名字？

生：颜若佳。

师：同学们，"颜若佳联想法"诞生了！也叫——

生：化虚为实法。

师：不过，老师觉得颜若佳同学总结的“化虚为实法”还可以说得更加响亮些！

生：形象分解法。

师：太棒了！你叫——

生：顾星宇。

师：“颜若佳联想法”还可以叫——

生：顾星宇联想法！

师：“化虚为实法”还可以叫——

生：形象分解法。

师：这种联想方法是比较难的，一般人学不会。你们敢挑战吗？

生：（齐）敢！

师：请听题：春风里弥漫着一股花香。要求文字中处处透着“香”气，但却看不见一个“香”字。

生：粉红的桃花绽开了笑脸。

师：有形象了，但不够丰满。

生：粉红的桃花绽开了笑脸，引得一群蝴蝶翩翩起舞。

师：形象由静到动，我已经闻到了香味。

生：一阵风儿吹来，洁白的梨花花瓣随风飞舞，我的眼前出现了一片雪白的花海。

师：太香了，我已经被陶醉了！

生：一群百合仙子穿着舞裙，迈着舞步来了！动作那么优雅，舞姿那么优美，引得成百上千的小蜜蜂跟着舞蹈，都忘记了回家的路。

师：这香气都快溢出来啦！掌声响起来！（生鼓掌）

【点评：第三种联想方法是本次习作指导的难点，也是最重要的一种联想技法。在思维指导上，吴老师运用动态的图片，降低了“分解”的难度。在迁移拓展时，吴老师用有效的评价引导学生将抽象的“花香”进行形象的“分

解”，令人叫绝！】

（四）相似召唤

师：再看看，我们又到哪里了？（课件出示金鱼池图片，略）

生：金鱼池。

师：鱼儿都在干什么？

生：争抢鱼食。

师：由鱼儿抢食，你联想到了生活中的哪些画面？

生：放学了，一群家长围在学校大门口接孩子，校门口被堵得水泄不通。

生：超市里鸡蛋大减价，一群人争着购买。

生：节假日，高速公路上车水马龙。

师：你们为什么会产生这些联想？

生：因为这些画面非常相似。

师：作者看到这个抢食的场面，又联想到了哪些画面呢？（课件出示，生读）

> 当我把一小块面包扔下去时，成百上千条五颜六色的鱼儿排山倒海般地涌过来了。它们的尾巴不停摇摆着，身体互相碰撞着，激起的水流形成了一股声势浩大的“龙卷风”，更像是《西游记》中孙悟空大闹天宫的情景：中间的那块小面包就好似武艺高强的孙悟空，周围的鱼群就好似千百个前来擒拿他的天兵天将。

生：作者由金鱼抢食联想到了“孙悟空大闹天宫”。

师：只有一个场面？

生：还想到了“龙卷风”。

师：通过一个场面把相似的场面都召唤出来，这种联想方法叫——

生：相似集合法。

师：再动感些。

生：相似召唤法。

师：你叫什么名字？

生：我叫王韵涵。

师：“王韵涵联想法”又叫“相似召唤法”。好玩吗？下面我们来一个更好玩的：教室里真热呀！你脑海中马上浮现出什么画面？

生：教室变成了一个大蒸笼，我们变成了一个个包子或馒头。

师：好热呀，都快熟啦！（生笑）

生：教室成了太上老君的炼丹炉，我们就是炉子里的孙悟空。

师：热得上蹿下跳。

生：教室就像烈日暴晒下的沙漠，我们是汗流浃背的旅行者。

师：快要烤焦啦！

【点评：先出示鱼儿抢食的画面，放手让学生联系生活进行相似联想。在此基础上，吴老师结合具体的文字，引导学生总结出“相似召唤法”。联想的难度不断加大，联想的宽度不断延展。】

三、展开丰富联想

师：同学们，我们一连学习了四种联想方法，你们都学会了吗？

生：都学会了！

师：下面就来考查一下大家学得怎么样。请大家运用一种方法来写一段话。你可以用“故事串联法”写一写杨柳和小河；你可以用“事件汇聚法”写一写铅笔、削笔刀、橡皮、钢笔、圆规之间的故事；你可以用“形象分解法”写春风里弥漫的花香；你可以用“相似召唤法”写闷热的教室。时间8分钟。不写开头，不写结尾，只写你联想的那一段话。注意开头空两格。（生写作）

师：（提醒）时间快到了，你写的内容是我要求的吗？你运用的方法是我教过的吗？（生完成后交流）

师：你用的是什么联想方法？

生：相似召唤法。

师：佳作登场！

生：（读）

今天的天气真热呀。我们上完体育课，回到了教室。没有电扇，更没有水，教室变成了一个巨大的炼丹炉，大家就像一个个孙悟空，浑身上下像着了火似的，上蹿下跳；不一会儿教室就变成了一个巨大的蒸笼，热气腾腾的，我们一个个小脸通红。大家脱掉外衣，露出了白皙的皮肤，就像一个个即将出笼的大包子。老天爷呀，快来点水吧！老天爷呀，快来点凉风吧！

师：一连召唤了几个场面？

生：两个。一个是炼丹炉，一个是蒸笼。

师："相似召唤法"用得真好！下面谁来继续展示？

生：（读）

小河边有一棵身姿优美的杨柳。小河与杨柳是一对无话不谈、形影不离的好朋友！一大早，杨柳姐姐就将自己一头柔软翠绿的长发垂进了小河中。小河心领神会，知道自己该给杨柳姐姐洗头发了。一股水流涌上来，将杨柳姐姐的头发泡在水中，上面的枯叶和灰尘慢慢随着水流漂走；又一股水流涌上来了，把杨柳姐姐的头发轻轻地冲洗，直到一尘不染。终于洗好头啦，杨柳姐姐焕然一新，长发飘飘，在风中翩翩起舞，河中的小鱼看了都忘记了游动！

师：这段话运用了哪种联想方法？

生：故事串联法。

师：你觉得这个故事写得怎么样？

生：特别新颖，与众不同。

师：陌生化的联想，让文字充满了生命力！

生：我觉得这个故事充满了柔情，充满了温暖。

师：是呀，联想需要情感来推动。下一个谁登场？

（师生继续交流）

师：同学们，我们这堂课一共学习了四种联想方法，是不是就只有这四种联想方法呢？

生：不是，还有很多种。

师：对，这只是冰山一角，还有许多种联想方法需要我们在阅读和写作中去发现、去总结，希望每个同学都能找到属于自己的联想方法。按照惯例，吴老师在一个新地方上课，都要送给大家一件礼物，你们想要吗？

生：想！

师：请大家齐读——（课件出示，生齐读）

习作不可少联想，故事关联插翅膀。

事件聚焦可以帮，形象分解生气象。

相似汇聚思路广，笔下文字可飞翔。

【点评：这个教学环节是学生综合运用习作知识的过程。他们有选材权——寻找适合自己的写作内容；有自构权——运用适合自己的习作知识。最后，吴老师让学生通过朗读教师总结的联想方法口诀，进一步巩固了教学内容，增强了他们学联想、用联想的意识和能力。】

【评析】

尽管当前的习作教学淡化知识教学，注重培养学生的写作兴趣，但是“淡化知识”并不意味着不教知识，关键在于教怎样的知识，怎么来教知识。吴勇老师的“精准知识”教学，就走出了笼统模糊的知识教学窠臼，给当前的习作知识教学打开了另一扇窗。本次教学中，吴老师围绕着“联想”，以优秀的学生习作为平台，图文结合，开发出“故事串联”“事件汇聚”“形象分解”和“相似召唤”四种联想方法，充分地打开了学生的习作思维。试想一下，如果吴勇老师没上这一课，学生应该也可以运用自身“习得”的经验进行联想，不过这样的联想是零碎的，是无意识的，且可能只发生在班内极少数学生身上。吴老师进行了“联想”的专项训练，班内绝大多数学生就都能进行成段的有意识“联想”，这就是“学得”的价值，也是吴勇老师的教学作为。

许多语文教师疾呼：当下的习作教学要不作为、少作为。我们在习作知识开发上还做得不够精到，没能帮助学生完成由“意”到“文”的顺利转化。而吴勇老师的这一堂习作指导课，就给我们提供了一种操作性极强的习作知识教学模式。

罗才军经典课堂实录

罗才军，特级教师。曾荣获全国青年教师阅读教学大赛特等奖。至今已应邀至全国各地执教或讲学800余场，发表教学论文、课例200多篇。长期致力于阅读教学文体特征彰显的研究，出版有《问道语文》《语文问道》等著作。近几年，一直从事“世说新语”小学生文言文读写课程的开发、研究和实践工作。

活化语用，妙趣横生
——《杨氏之子》教学与评析

◆执教／罗才军　评析／吴琳

【教学】

一、活读破题，感受文言趣味

师：中国有句古话“温故而知新”，学习今天的古文之前咱们先来背背学过的古诗。（逐一出示古诗词课件《牧童》《舟过安仁》《清平乐·村居》，生背诵）

师：你们看，这里既有“不脱蓑衣卧月明”的牧童，也有“怪生无雨都张伞，不是遮头是使风”的两小童，还有那个无聊地在溪头卧剥莲蓬的小儿，相信无论哪一位都特别让你羡慕和感叹。今天我们还要来认识一个小孩，一起读课题。（课件出示课题）

生：《杨氏之子》。

师：这是谁家的小孩？

生：杨家的小孩。

师：所以，“杨氏”的意思就是——

生：杨家。

师：“氏”就是家族、姓氏的意思。那么“之”是——

生：的。

师：所以课题中的“之”要读得轻快一些，一起读一读。

生：（颇有节奏地读）杨氏之子。

师：杨氏之子就是姓杨人家的儿子。请问你姓什么？

生：（女）我姓陆。

师：所以你就是——

生：陆氏之子。

师：嗯？你还没有搞清楚自己的性别。

生：（脱口而出）陆氏之女。

师：自己的姓氏还可以用作自己的称呼。比如，你是陆氏之女，你的父亲就是——

生：陆氏。

生：我姓胡，我是胡氏之女，我父亲是胡氏。

师：真好！一点就通。

【点评：好一个温故知新！教师对三首古诗词的复习，使一个个鲜活的儿童形象再次呈现在学生的面前，不但重温了旧课，而且也将学生的兴趣点引入本课的学习中来。】

二、初读感知，渗透文言学法

师：这个故事不难懂。请你按照自己的节奏和感觉大声地朗读课文，至少读三遍。

（生读课文）

师：好，谁能一口气把这篇古文读下来？

（一生认真朗读）

师：嗯，字正腔圆，语感真好！有谁还能像她这样读？

（一生朗读，声音洪亮，且颇有节奏）

师：你看，读得多潇洒！谁还能这样读？

（一生朗读）

师：真好！字字清晰、句句响亮。他刚才读的一句话有点儿难，“孔指以示儿曰”，你知道是什么意思吗？

生： 孔君平指着杨梅给杨氏之子看。

师： 你是怎么知道的？

生： 课文有注释。

师： 借助课文注释是学习古文的好方法。那没有注释的句子，你又是怎么读懂的？

生： 我想“孔”肯定是孔君平，“指”是“指着”，根据课文还有插图这里当然是指着杨梅。

师： 是啊，你真会读书。除了借助注释，还可以联系上下文和插图来读懂古文。你真了不起！

（师请一位朗读有困难的同学朗读，并相机表扬其朗读优点，纠正其朗读错误）

师： 咱们一起来读一读。

（生齐读课文）

三、再读明意，提炼文言特点

师： 读了这么多遍，杨氏之子给你留下了什么印象？

生： 非常聪明。

生： 反应非常快。

师： 你们俩不约而同地说到一个词“非常”，与课文中的一个字意思相同。你们知道是哪个字吗？

生： “甚”。

师： 你也是“甚聪惠”啊！知道是什么意思吗？

生： 夸我聪明、伶俐。

师： 这个“惠”就相当于我们现在的——

生： “智慧”的“慧”。

师： 除了聪明，这句话还告诉我们哪些信息？

生： 他是梁国人。

师： 籍贯。

生：他姓杨。

师：姓氏。

生：他九岁了。

师：好！籍贯、姓氏、年龄，短短10个字，说得一清二楚。用我们现在的话，该怎么介绍杨氏之子？

生：古代梁国有一个姓杨人家的儿子，九岁，非常聪明。

师：课文是怎么表达的？

生："梁国杨氏子九岁，甚聪惠。"

师：你觉得古文和现代文有什么不一样？

生：语言更简洁。

生：很精练。

师：你们真了不起！古文最大的特点就是简洁、精练。下面难题来了，既然古文这么简洁、精练，我们就要学以致用。请你用课文介绍杨氏之子的方法来介绍一下你的同桌。

（同桌交流）

生：中国单氏子十三岁，甚聪惠。

师：（指其同桌）说你跟杨氏子一样聪慧。

生：华夏殷氏十载有三，甚努力。

师：你贵姓？

生：姓殷。

师：中国殷氏子，甚聪惠。你们知道他聪惠在哪里吗？

生：他用"华夏"这个词代替了"中国"。

师：显得有文化。

生：他用"十载有三"代替"十三岁"。

师：这就叫活学活用。不过同学们要注意，古文说十三年可以说"十有三载"，而不说"十载有三"。我们一起再读第一句。

生：（齐）"梁国杨氏子九岁，甚聪惠。"

师：接下来就具体讲述了杨氏子的“聪惠”。我们一读就知道故事发生在杨氏子和谁之间？

生：孔君平。

师：是的，抓住这两个人物也就了解了文章的大意。课文中，孔君平和杨氏子不止一种称呼。请你再快速地默读，联系上下文找找称呼杨氏子的还有哪些词。

生：“儿”。

师：没错。“呼儿出”中的“儿”就是杨氏子。

生：“此是君家果”中的“君”。

师：还有吗？最后这个确实比较难找，在课文的第二句中。

生：“其”。

师：请你读出这个句子。

生：（读）“孔君平诣其父，父不在，乃呼儿出。”

师：“诣其父”，谁的父？

生：杨氏子。

师：你看，杨氏之子不仅可以叫杨氏子，还可以叫“其、儿、君”。那孔君平呢？

生：夫子。

师：“夫子”是对什么样的人的称呼？

生：老学者。

师：不老也行，只要是有学问的人都可以称其——

生：夫子。

师：这是一种尊称。还叫他什么？

生：孔。

师：你们发现没有？原来古文当中，人的名字不仅可以用来作称呼，姓也可以用来作称呼。或者用“夫子”“君”，或者直接说“儿”。从这里你又发现古文称呼上的什么特点？

生：称呼种类很多。

生：一篇文章里会用多个称呼，可以避免重复。

师：没错，古代人的称呼很多、很丰富。（板书：称呼丰富）姓可以用作称呼，名可以用作称呼，尊称可以用作称呼，甚至字、号、官职都可以用来作称呼，有时候还可以用“其、君、儿”来代替。有意思吧？好！接着往下读。这句话谁读懂了？（课件出示：为设果，果有杨梅）

生：杨氏子为孔君平端来水果，水果里有杨梅。

师：这样看来，课文中的句子好像还不够完整。“为设果”，我们应该怎么补充？

生：杨氏子为孔君平设果。

师：也可以说成是——

生：儿为孔设果。

师：还可以说是——

生：儿为君平设果。

生：其为孔氏设果。

师：发现了什么？

生：写某人为某人做一件事的时候，某人可以省去。

师：古文中依托前后文，有些时候可以省略某些语言。（板书：语言省略）

师：请看这一句，省略了什么？（课件出示：孔指以示儿曰）

生：省略了“杨梅”。

师：那么完整的应该怎么说？

生：孔指杨梅以示儿曰：此是君家果。

师：老师不得不夸你，甚聪惠！最后一句什么意思？

生：我没有听说过孔雀是你家的家禽。

师：是这样吗？我们现在说的“家禽”指的是什么？

生：家里养的鸡、鸭、鹅。

师：孔雀是家禽吗？

生：不是。不能叫家禽，应该是家里养的鸟。

师：所以，这里的“家禽”不是一个意思。家是家，禽是禽。这里的“家禽”是指家里养的鸟。从这里我们也发现，古文当中，有时候一个字代表的不是一个字，而是一个——

生：词。

师：没错，这是古文的又一个特点，（板书：独字成词）一个字可以表示一个词的意思。根据我们对《杨氏之子》一字一句的理解，我们发现了古文的特点，那就是——

生：简洁精练、称呼丰富、语言省略、独字成词。

师：带着这样的体会，我们再来读《杨氏之子》。

（生齐读全文）

【点评：“你也是‘甚聪惠’啊！”“请你用课文介绍杨氏之子的方法来介绍一下你的同桌。”……这些教学语言以及教学环节的设计，彰显了教师强烈的语用意识，学生在这样的语言实践中，不断学以致用，对课文的理解也更加深入。】

四、品读对话，体味言语秘妙

师：课文哪句话最能体现杨氏之子“甚聪惠”？

生：“未闻孔雀是夫子家禽”。

师：聪明在哪儿？用自己的话说一说。

生：他很有礼貌。

师：何以见得？

生：因为他没有说孔雀是夫子家禽，而是说“我可没有听说过孔雀是你家养的鸟”。

师：句子前面加上“未闻”两个字显得比较委婉。本来应该是这样的：我是孔君平，（走至一生身旁）你是杨氏子，此是君家果。

生：孔雀是夫子家禽。

师：有点儿呛人。加上“未闻”就显得委婉了。此是君家果。

生：未闻孔雀是夫子家禽。

（“未闻”后稍作停顿）

师：这样一来，听的人就觉得——

生：舒服了。

师：对，说话委婉才会让人觉得舒服。由此可见，这杨氏子还——

生：很有教养。

师：所以说他“甚聪惠”。

生：绵里藏针。

师：绵在何处？针在何处？

生：绵在“未闻”。针在“孔雀是夫子家禽”。

师：有个成语叫针锋——

生：相对。

师：请问对在哪里？

生：“此是君家果”对“孔雀是夫子家禽”。

师：不够对仗。说得更明白一些，什么是君家果？

生：“杨梅是君家果”对“孔雀是夫子家禽”。

师：还可以怎么说能更准确？

生：“杨梅是杨家果”对“孔雀是孔家禽”。

师：对了。杨梅，那不是你们家的果子吗？（指向刚回答的学生）他怎么说的？

生：夫子，没听说孔雀是你们家的鸟啊！

师：从刚才老师的表情，再联系前后文，可以知道孔君平跟孩子说这话，是在跟这个孩子干吗？

生：开玩笑，逗趣。

师：何以见得？

生：父不在，乃呼儿出。说明孔君平跟杨氏子很熟。

师：真厉害。连故事背后的内容都读懂了。孔君平逗趣杨梅是杨家的果子缘于什么?

生:因为杨梅中有“杨”字。

师:那到底是不是杨家的?

生:不是。

师:所以这叫——

生:逗趣!

师:那孔雀是不是孔家的?

生:不是。

师:这真叫“绵里藏针、针锋相对”!不过绵里藏针容易伤到人,这不是杨氏之子的风格。可以改成——

生:以其人之道,还治其人之身。

师:你们呀,真是“甚聪惠”。这就是杨氏之子的独到之处。所以,我们不得不像作者那样称赞:梁国杨氏子九岁——

生:甚聪惠。

师:相信孔君平面对如此有礼有节的回答,也必定会拍案叫绝:梁国杨氏子九岁——

生:甚聪惠。

师:我们读到这里,也不得不赞叹:梁国杨氏子九岁——

生:甚聪惠。

师:现在出现的是孔夫子,那么如果来一位黄夫子,或者来一位柳夫子,那该怎么办?甚聪惠的人在哪里?此是君家果——

生:未闻柳树是夫子家树。

师:甚聪惠。我现在是黄夫子,此是君家果——

生:未闻黄豆是夫子家豆。

生:未闻黄鹂是夫子家禽。

……

【点评:教师有意创设对话情境,通过多次“师生互动”,既让学生体会到

杨氏之子“甚聪惠”，同时也训练了学生的思维能力，将杨氏子的智慧活学活用，极大地激发了学生的学习兴趣。】

五、熟读成诵，推荐《世说新语》

师：尔等如此聪慧，我倒要讨教讨教。谁来读？（出示全文，一生读）

师：厉害！字正腔圆，韵味十足，为我们呈现了一个俏皮可爱的杨氏子。我们知道杨氏子和孔君平有许多称呼，现在老师把这些称呼全拿掉，谁来读？（课件出示）

> 梁国（　　）九岁，甚聪惠。（　　）诣（　　）父，父不在，乃呼（　　）出。为设果，果有杨梅。（　　）指以示（　　）曰：“此是（　　）家果。”（　　）应声答曰：“未闻孔雀是（　　）家禽。”

（一男生流利读）

师：甚聪惠！而且你一读让我们仿佛看到了故事中两个人物之间相互逗趣的场景！现在老师把故事的起因、经过、结果也省略了，谁还能读？（课件出示）

> 梁国杨氏子九岁，甚聪惠。（　　），父不在，（　　）。为设果，（　　）。孔指以示儿曰：“（　　）。”儿应声答曰：“（　　）。”

（一生读，绘声绘色）

师：事情的起因、经过、结果都说出来了，我们一起来背诵这个故事。不能背诵的就看着课文读。（课件隐去全文，生全体齐声背诵）

师：尔等真可谓是甚聪惠！与杨氏子相比，是有过之而无不及啊！你们知道这个故事出自哪本书吗？

生：《世说新语》。

师：这本书可不简单。请看大屏幕，（课件出示《世说新语》不同版本封面）这是它在不同时期版本的封面，去查一下就会知道它的版本不下百种，由此你发现了什么？

生：这本书非常好看！不同时期都有人在看，经久不衰。

师：没错！经久不衰，常读常新。的确，像《杨氏之子》这样有趣的小故事，这本书里有1000多个，比如“咏絮之才”“道旁苦李”等。我们有机会都可以找来读一读。下课。

【点评：本环节教师通过游戏式的课堂活动，将本课知识点进行了总结归纳，对学生的学习情况进行了课堂检测，使教学目标落到实处。】

【评析】

罗才军老师执教的《杨氏之子》简约中可见精致，自主中巧设引导，自然中饱含底蕴，务实中彰显大气。

说其“简约”，是因为“活读破题”“初读感知”“再读明意”“品读对话”“熟读成诵”这些教学环节并没有什么特别之处，但学生却通过他的教学，处处享受到精致的教育。比如“活读破题”时三首古诗词的整合；比如“再读明意”时活学活用的语言实践；比如“熟读成诵”时，从“读”到“填”再到“背”的一气呵成。学生学得轻松，学得有趣。

说其“自主”，是因为教学中学生不断地在自读自悟中获得新知，却丝毫不见教师“教”的痕迹。学生在与教师、同伴一次又一次的对话、互动中，被教师带到阅读的高处去，而自己却还浑然不知，且乐在其中。

说其“自然”，是因为罗老师的课没有让学生望而生畏的大段独白，没有阳春白雪似的高头讲章，更没有令学生匪夷所思的课堂提问，他用儿童可以听得懂的语言，儿童说话时的语气，儿童喜闻乐见的思维方式放低身段、深入浅出，却让学生绽放精彩。在这自然的背后，是一个语文教师深厚的底蕴与素养。

说其“务实”，是因为罗老师的课始终围绕学生学习的目标层层推进，始终将语文学以致用，始终关注学生的进步与增广，体现了语文教学的真正价值。从一篇好文章到一本好书，罗老师对《世说新语》的别样推介，使得他的语文课不仅脚踏实地，更指向广阔的阅读世界，实属大气大为。

我欣赏这样的语文课，大道至简，至真，至善，至美。

朱煜经典课堂实录

朱煜，高级教师，全国小语十大青年名师，全国小学写作教学名师。曾获全国小学语文教师素养大赛特等奖、最佳仪态奖，上海市园丁奖，首届全国小学语文教学观摩活动上海选拔赛特等奖，上海市中青年教师教学竞赛一等奖。《小学语文教学》《教师博览》杂志签约作者。出版专著有《讲台上下的启蒙》《教书记》《赵清遥的作文故事》《让课堂说话》。

单元整合教学中的精读课
——《半截蜡烛》教学与评析

◆执教／朱煜　评析／林志芳

【教学】

一、复现字词，掌握音、形、义

师：在预习的过程中，你发现有哪些字容易读错、写错，能不能给我们分享一下？

生：我觉得“杰奎琳”中的“奎”会有一点难，还有“摇曳”。

师：“杰奎琳”中的“奎”这个字，我们第一次遇见，要注意字音。“摇曳”的“曳”字形比较容易错，对吗？请你带着我们读一读这两个词语。

（生领读，众生跟读，师提醒不拖音）

生：“厉声喝（hè）道”的“喝”容易读成“hē”，其实这个字读“hè”。

师：给我们提醒了一个多音字，很好。

生：“半截蜡烛”的“截”字，下面不是“住”，而是“淮南”的“淮”去掉三点水旁。

师：这个字念“隹（zhuī）”。古人把长尾巴的鸟统称“鸟”，把短尾巴的鸟统称“隹（zhuī）”。同学们从字音、字形上给我们做了分享。五年级的学生就应该从音、形、义三个角度自学字词。

【点评：这堂课没有生字教学，只通过生与生互相分享、互相提醒的形式复现一些字词识记的难点。值得称赞的是教师的理答，无一不是对学生发言内

容的归纳、补充和提升。在教师的引导下，字词复习的重点清晰地指向音、形、义三个方面。】

二、整体感知，了解人物，聚焦冲突

师：“杰奎琳”是这个故事中的一个人物。（板书：杰奎琳）除了这个人物，还有哪些人物？

【点评：由学生提到的“杰奎琳”，自然过渡到故事中的人物。本课中教师所有的过渡都设计得特别精巧、妥帖，不妨由此开始关注。】

生：还有杰克、伯诺德夫人、三个德国军官。

师：（板书：伯诺德夫人、杰克）哪位同学能够将这三个人物连成一句话说出来，让我们一听就明白他们三个人物之间的关系？

生：伯诺德夫人有一个儿子，名叫杰克；还有一个女儿，名叫杰奎琳。

师：讲得真好，掌声送给她。如果声音再响亮一点那就更好了。

生：杰克和杰奎琳是伯诺德夫人的儿女。

师：相同的意思，不同的人可以用自己不一样的句式来说，还有——

生：伯诺德夫人有两个孩子，一个是儿子杰克，一个是女儿杰奎琳。

师：先概括、后具体。

【点评：练习表达的第一处设计。“将这三个人物连成一句话说出来，并让我们一听就明白他们三个人物之间的关系”“相同的意思，不同的人可以用自己不一样的句式来说”，通过说话训练梳理人物关系，练习使用不同句式表达相同的意思。教师的理答仍然兼具评价与引导两层意义。】

师：同学们，听了刚才这几位同学说的句子，你有没有发现这个家庭和一般的家庭有什么不一样？

生：我发现这个家庭里面只有母亲和两个孩子，没有父亲。

师：真好！那时第二次世界大战爆发，德国军队入侵了法国，侵占了他们大片国土。很多法国男人不愿意做亡国奴，纷纷拿起武器走上了抗击侵略者的前线。妇女和儿童也不愿做亡国奴，她们留在家里做一些秘密地传递情报的工作。伯诺德夫人一家就做这样的工作。她们的家就是一个地下情报站。为了保护好秘密情报，伯诺德夫人想出了一个绝妙的主意。什么叫“绝妙”?

【点评：梳理人物关系、介绍故事背景、引入故事情节、聚焦戏剧冲突，皆由“你有没有发现这个家庭和一般的家庭有什么不一样?”这一个问题引出，绝妙的设计!】

生：就是几乎不可能被人发现，非常好。

师：这位同学是联系了上下文来理解的，他用到了“几乎”，这个词语用得好。

生：绝对的奇妙。

师：你是用拆字组词的方法理解词语。请同学们把文中描写绝妙主意时的具体内容画下来。

（生按要求画句子）

【点评：“联系上下文理解”“用拆字组词的方法理解词语”，教师的学法指导又是通过理答顺手牵羊地完成的。】

生：我画的是“把装着情报的小金属管藏在半截蜡烛中，然后把它插在一个烛台上，由于蜡烛摆在显眼的桌子上，反倒骗过了前来搜查的德军”。

师：她不仅画出了主意的内容，还画出了——

生：我觉得她画出了这个方法妙在哪儿。

师：这个主意就是——

生：最危险的地方就是最安全的地方。

师：这真是一个绝妙的主意。不过老师却要说这又不是一个绝妙的主意。为什么这样说呢?

【点评：此处的过渡语不仅有对上文的总结，而且出现了理解的突转。似小说情节的忽然转折，教师通过有效的问题，引导学生的思维转向另一方面。】

生：把情报藏在蜡烛里面，蜡烛是常用的，德国军官很容易用到它。

师：万一有德国人走进了她们家，而且在晚上，那么这支蜡烛就太容易被点燃了。是的，有一天晚上，真的发生了这样的一件事情——三个德国军官来到了她们家，于是蜡烛被点燃了。此时，一家三口都要想办法保护蜡烛。同学们，轻声地把课文读一读。

（生默读课文）

【点评：“万一有德国人走进了她们家，而且在晚上，那么这支蜡烛就太容易被点燃了。是的，有一天晚上，真的发生了这样的一件事情——”下文的引入水到渠成，毫无痕迹。回看这一板块教学，属于整体感知的环节。在师生的对话中，故事的人物、背景、事件以及情节的关键冲突点一一呈现。】

三、擦亮语言，在字里行间品读

（生齐读课文）

师：读课文时我们要特别注意一些特殊的句子。什么是特殊的句子呢？句子里，有的时候会出现相同的词语。找一找这样的句子。

【点评：又是承上启下的转折。引导学生发现特殊的句子。】

生：我找到的是“伯诺德夫人知道万一蜡烛燃烧到金属管处就会自动熄灭，秘密就会暴露，情报站就会遭到破坏，同时也意味着他们一家三口生命的结束”。

师：把三个“就会”圈出来。这位同学不仅找到了，而且他刚才读得很好。谁能告诉我他朗读的优点在哪里？（指向一生）请你来说一说。

生：他在读这个句子的时候有的地方有重音。

师：哪个地方有重音？

生：“就会”。

师：反复强调“就会……就会……就会……”，我们学这位同学的样子把这句话再读一读。

（生齐读句子）

师：你从这个句子当中能感受到什么呢？

生：我能感受到蜡烛对情报站以及伯诺德夫人一家三口生命的重要性。

生：现在这个时刻非常危险。

师：情况非常紧急，请大家再读一次。

（生齐读句子）

师：既然“就会”这么好，我把这个句子改一改，改成“伯诺德夫人知道，万一蜡烛燃烧到金属管处就会自动熄灭，秘密就会暴露，情报站就会遭到破坏，他们一家三口的生命就会结束”。我加了一个“就会”，变成四个“就会”。好不好？

【点评：顺承与突转。观课至此，你一定惊讶于执教者高超的教学设计本领以及强大的课堂叙事能力。他善于在关键处设问，且问必连环。】

生：我觉得不好。因为您说了四个“就会”反而有点重复的感觉。

生：我觉得前面三个“就会”是他们一家三口生命结束的原因，而他们一家三口生命的结束就是前面三个“就会”的结果，如果这里再用上“就会”，我觉得不太通顺。

师：你是从句子通顺的角度来理解的。为什么不可以用第四个“就会”呢？蜡烛燃烧到金属管处，它直接导致的结果就会出现了，秘密马上就会暴露了，秘密一暴露情报站马上就会遭到破坏。但是情报站遭到破坏之后，他们三个人的生命是不是就会马上结束呢？德国人发现了情报，就掏出手枪打死母子三人，母子三人应声倒地，壮烈牺牲。会这样吗？

生：我觉得德国人不会一下子把母子三人都杀死，可能想通过严刑拷打，得到有用的情报。

师：讲得好！母子三人的生命不会随着前面三个条件而马上结束，所以，第四个“就会”不能用。

【点评：顺水推舟式的对比——既然“就会”这么好，我把这句子改一改，改成四个“就会”好不好？通过心理学中的“试误”，让学生深入理解“就会”的意思，并感受原文用词的准确。】

师：我们刚才感受到了情况的危急，还可以从这个自然段中感受到伯诺德夫人的镇定。读读看，再找一两句话感受一下，哪些词写出了她的镇定？

生：我找出了两个词，一个是“急忙”，还有一个是“轻轻”。她是急忙从厨房里取出一盏油灯，但并没有慌乱，然后她轻轻把蜡烛吹熄，并没有很紧张。

师：如果老师把这个句子改成——她看着两个脸色苍白的孩子，轻轻地从厨房里取出一盏灯放在桌上，“瞧，先生们，这盏灯亮些。”说着急忙把蜡烛吹熄。可以吗？

【点评：第二次“试误”，第二次比较品读。】

生：我觉得如果她是很着急地直接把蜡烛吹熄的话就很容易暴露。

师：拿的时候稍微急一点，吹的时候稍微轻松一点，不要让别人看出破绽。找到了两个很好的词，还有吗？还有一些词也可以感受到当时环境的紧张和伯诺德夫人的镇定的。

生：我找到的是“苍白”。

师：“苍白”说明什么？

生：说明当时他们一家三口感觉到了情况的危急。

师：读文章读句子就应该这样，从词读进去。

生：我觉得还有“瞧，先生们，这盏灯亮些”中的“瞧”字，可以表现出伯诺德夫人的镇定。

师：这个“瞧”字，只有你注意到了。为什么从这个字可以看出镇定？

（一生扮演伯诺德夫人，一生扮演蜡烛，教师扮演油灯，合作表演，趣味横生）

师：老师对你的表演比较满意，如果加上动作就更好了。你想一下，做个什么动作，就能把“瞧”这个字说清楚、说明白？让我们换一个同学来，（指向一女生）这次伯诺德夫人由女同学来扮演，（对着另一生）辛苦你继续做蜡烛。

生：（将灯取出，指着油灯）瞧，先生们，这盏灯亮些，可以把这个昏暗的小蜡烛熄了。（吹熄蜡烛）

师：你们看，她做了一个动作。什么动作？

生：我把灯给大家看了一下。（指着油灯）瞧，先生们，这盏灯亮些，可以把这个昏暗的小蜡烛熄了。

师：做这个动作有什么意图呢？

生：我想让大家看到这盏灯比蜡烛更亮些，转移大家的视线。

师：吸引别人的注意力，转移别人的视线。可见伯诺德夫人的镇定。

（生齐读该句）

【点评：运用表演，对于一篇故事性强的文章，大多数教师都能想到这样的方法。独到的是表演的角色设计。一位学生扮演关键人物，另一位学生与老师则分别扮演蜡烛与油灯，妙趣横生。表演是综合的艺术，但在这里，执教者的训练重心仍在品味词语上。】

师：刚才我们已经理解了那些重要的词语，在这些重要的词语当中，同学们既发现了情况的危急，也发现了伯诺德夫人的镇定。她镇定地取出油灯，吹熄了蜡烛。（板书：取出、吹熄）同学们，现在谁能够看着黑板上的这些提示来说一说伯诺德夫人想出了什么办法保护蜡烛？

生：伯诺德夫人以油灯代替蜡烛来转移别人的注意力，使秘密不会暴露。

师：好像没能够说出最后的结果。

生：伯诺德夫人拿出油灯取代了蜡烛，然后吹熄了蜡烛。

师：她成功了吗？

生：伯诺德夫人为了不让蜡烛里的情报暴露，取出了一盏更亮的油灯来吸引德国军官的注意。

师：最后——

生：最后德国军官还是重新点燃了蜡烛。

师：对，这么说就可以了。

生：伯诺德夫人从厨房里不慌不忙地取出油灯，把蜡烛吹熄了，可是最后蜡烛还是被点燃了。

师：掌声送给刚才这些同学，真是越说越好了。

【点评：这一板块是教与学的重点。在朱老师单元整体教学的设计体系中，它被定位为精读篇目。在确定精读篇目上，朱老师有自己的标准：能凸显单元目标；适合儿童；语言典雅规范。《半截蜡烛》是以短篇小说的形式出现的，情节跌宕起伏，语言准确生动，适合学生细读学习。

这一单元的导语中对这一组课文提出的学习要求是：“仔细阅读课文，学习品味语句，在字里行间体会那深深的爱国情怀。”在这一板块的教学中，执教者没有空泛地提出语言描写、动作描写的概念，而是抓住重点段落，运用设问、引导、对话、对比、表演等各种方法来引导学生在字里行间品味语句，感受词语背后人物的情感，领会词语表达的精确、妥帖。真是“一字未宜忽，语语悟其神”。若论定位，此板块属于精讲课文里的重点段。于是，执教者在此处做足了功夫。】

四、运用操练，由扶到放

师：同学们，接下来我们进行同桌合作学习。第一个任务，说出杰克想出了什么办法保护这支蜡烛。第二个任务，找出可以感受到当时情况的危急以及表明杰克镇定的词语。在交流的时候，一个同学说杰克想出的办法，另一个同学说什么词语表明他的镇定，表明情况危急。

（生按要求同桌合作学习）

【点评：这一课，教师引导学生学习的重点集中表现在两个方面：一是品字、品词、品句；二是归纳概括。这是单元学习的要求，也是高年级学生学习的重点。教师带领学生一起品读了“伯诺德夫人”一段，现在，让生生合作，品读概括“杰克”一段。】

生：我们找到的词语是“慢慢”“从容”和“默默”。因为“慢慢”可以体现出他不慌张。“从容”说明杰克很镇定，好像什么事都没发生。

生：我画出了表现情况危急的词语，比如“烛焰摇曳，发出微弱的光”，还有“蜡烛越烧越短”“伯诺德夫人的心提到了嗓子眼儿上”。蜡烛越烧越短，说明情况十分紧急。

生：杰克以去柴房搬柴生火为借口，想保护蜡烛，但最后还是被德国军官给截住了。

师：掌声送给她！她用了“以……为借口”的句式，一下子把这句话说清楚了。老师再写几个词提示一下。（板书：端起、夺回）

【点评：放手并非不管，该出手时就出手。】

师：再请一位同学来归纳杰克想出的办法。

生：杰克以天冷去柴房搬些柴为理由，顺手把蜡烛端走，可是德国军官又把蜡烛夺回去了。

【点评：一堂精读课要在课堂上让学生运用学过的方法进行语文实践，语文课实际上叫作言语活动课、言语实践课。在这一段，学生小试牛刀，生生合作，品味词语，概括方法。

朱煜老师曾将他的小学语文单元整合教学的课型及作用定义如下：

精读课——讲授单元核心知识点，训练单元核心能力点；略读课——巩固单元核心知识点和能力点；练习课——操练单元核心知识点和能力点；作文课——运用单元中的核心表达形式训练口头及书面表达能力；综合课——开展与单元目标相结合的语文实践活动。

一个单元的学习序列是讲授、巩固、练习、运用、综合。其实一堂课也是如此。细细品读这堂精读课，何尝不是包含了讲授、巩固、练习、运用、综合？一粒沙中自有世界，一瓣花上可说人情。】

五、练习巩固，总结点题

师：同学们，学到这里，谁能够一口气就说出小女儿想出来的办法？

【点评：一起学习母亲的方法、合作学习儿子的方法，现在“一口气就说出小女儿想出来的办法”。我们常常讨论如何给学生提供支架，帮助他们摘果子。其实，我们还要学会一步一步撤支架，让学生独立摘果子。】

生：杰奎琳以上楼睡觉为理由，把蜡烛拿走了。她从容淡定的语言使德国军官想起了自己可爱的小女儿，这是一个特别恰当的理由。最后杰奎琳把蜡烛保住了。

师：谁能说得更简洁一些？

生：杰奎琳以上楼睡觉为借口保住了蜡烛。

师：找出表示杰奎琳动作的一个字。

生：端。

师：（板书：端）好，蜡烛在什么时候熄灭了呀？

生：在杰奎琳踏上最后一级台阶的时候熄灭了。（板书：熄灭）

【点评：叶圣陶先生倡导语文学习的“自求得之”。他说：“教师当然须教，而尤宜致力于‘导’。导者多方设法，使学生能逐渐自求得之。卒底于不待教师教授之谓也。”“比如扶孩子走路，虽小心扶持，而时时不忘放手也。”在本节课中，我们清楚地看到教师由导到扶、由扶到放的过程。同时，也清晰地看到学生言语能力“自求得之”的过程。】

师： 同学们，当我们回过头来再看这个板书的时候，我们就会发现其实是可以连起来的。怎么连呢？

师：（板书画曲线，呈波浪状边画边讲解）德国军官点燃蜡烛，伯诺德夫人取出油灯吹熄蜡烛，可是蜡烛又被重新点燃了。杰克也想了办法，但没有用，蜡烛又被夺回。于是只能小女儿去想办法了，还好，小女儿的方法成功了。这就叫曲曲折折、跌宕起伏，难怪这个故事如此吸引我们。现在谁能够把三个人想出来的主意连在一起说给我们听？

【点评：点出文章成功的秘妙——曲折跌宕。现场观课，板书生成性的优势显而易见。高年级的语文学习要从整体入手，探寻作者的行文思路，感悟作者选材组材和遣词造句的匠心。在此可见一斑。“把三个人想出来的主意连在一起说给我们听”，说话训练由分到合，难度也在不断加大。】

生： 伯诺德夫人拿出一盏油灯把蜡烛吹熄了，结果德国军官又把蜡烛点燃了。杰克想出拿柴火的主意，端走了蜡烛，结果德国军官又把蜡烛夺回。最后杰奎琳想出了睡觉的方法，镇定地把蜡烛端起来上楼去了，蜡烛保住了。

师： 掌声送给他。概括得多好啊！

生： 伯诺德夫人从厨房取出一盏油灯吹熄了蜡烛，但是德国军官重新点燃了蜡烛。杰克想以去柴房抱柴为理由端走蜡烛，却被德国军官夺回。杰奎琳以上楼睡觉为理由拿走了蜡烛，在她踏上最后一级台阶时烛火灭了，蜡烛保住了。

师： 如果讲杰奎琳的方法时，再补充一下德国军官为什么会同意，那就更好了。

生： 伯诺德夫人取来油灯吹熄蜡烛，但德国军官又重新点燃了蜡烛。杰克想以搬柴为理由端走蜡烛，可是又被德国军官夺回。最后杰奎琳以装可爱为铺垫，（生笑）以上楼睡觉为理由拿走了蜡烛，让德国军官想起了自己的女儿，同意她上楼睡觉，最后她保住了蜡烛。

师：这一家人真是——

生：机智，遇事冷静。

师：这一家人真是——

生：随机应变。

师：这一家人真是——

生：随机应变、机智勇敢、临危不惧。

师：这一家人真是——

生：爱国。

师：是啊，这家人怎么会如此机智呢？老师突然发现这个板书出问题了。你们看，“镇定”“从容”没问题，从中可以感受到爱国。那为什么要写“苍白”呢？

【点评：又是转折。】

生：孩子脸色苍白，认为自己和母亲的生命已经快走到尽头了，因此伯诺德夫人才能快速想出办法，并鼓励孩子们想办法保住蜡烛。

师：掌声送给她。（生鼓掌）

【点评：曲径通幽。对“苍白”的深入理解，还原了人物真实的心理体验，也显示出作品细微处的精神。】

师：同学们，下课！

【点评：最后一个板块，简单地处理了杰奎琳的方法。然后点出行文思路、文章章法，并通过“这一家人真是——”的接话训练，总结人物精神，彰显故事内涵。一节课的教学结束，提醒大家一起关注这一课的课后习题。从习题中，再来回味执教者的设计思路，有豁然之感。本课阅读训练习题一共有三：

1. 有感情地朗读课文。母子三人为了保护绝密情报各想出了什么办法？

你觉得可以用哪些词语来称赞他们?

2. 在熟读课文的基础上概括文章的主要内容，可以先逐个概括出母子三人各自想出的办法，然后再连起来说一说。

3. 读下面的句子，注意带点的词语，这些词语能不能去掉?

(1)“瞧，先生们，这盏灯亮些。”说着，轻轻地把蜡烛吹熄。

(2)在斗争的最后时刻，他从容地搬回一捆木柴，生了火，默默地坐着。

(3)杰奎琳镇定地把烛台端起来，向几位军官道过晚安，上楼去了。

不难发现执教者的教学内容其实完全是围绕课后作业展开的。教学内容、作业、评价三位一体，学生的学习自然轻松且有的放矢。本课设计对新手教师的可学、可借鉴之处首先表现在此。学习本课的设计，还应注意课堂节奏的掌控。朱光潜先生说:“艺术返照自然，节奏是一切艺术的灵魂。”任何一堂课的成功都是整体的成功，教学流程的起与伏，教学内容的疏与密，教学速度的缓与急，都有通篇的考量。在这个意义上，教学的法儿与做文章的法儿是相通的。一堂好的课，就是一篇文章，就是一个作品。】

【评析】

缜密舒缓、自然淡远的课堂美学

——《半截蜡烛》教学设计的美学阐释

我是在观朱煜老师《半截蜡烛》一课的现场，第一次想到“教学设计的美学品格”这个概念的。大概是朱老师独特的教学设计启迪了我，我隐约觉得教学设计的研究除了我们惯常讨论的过程与方法之外，还应该有一个美学的角度。教学设计作为课堂教学实施前的准备，无疑是教师创造性思维参与的过程，也是集中体现教学的科学性与艺术性的过程。教学设计的结果——静态的教案与动态的课堂，在一定意义上讲，就是一个作品。对这一作品的研究，学界惯常是从教育学原理、教育技术或者学习心理学的角度切入的，对教学设计作为人类“设计活动”大家族的一员，其与服装设计、建筑设计等共通的美学特质始终没有引起研究者足够的重视。

在此谈论教学设计的美学品格，不同于语文教育与美育这一话题，也区别于课堂教学风格的研究，首先，它从语文教学的文本内容抽身而出，研究的是“怎么教”的问题；其次，从课堂教学风格的综合性特质中剥离出来，不停留在执教者课堂教学现场所表现出来的综合性的个性气质，而是由此还原，追溯这个现场背后的设计的力量。事实上，教学设计之美一定是语文教育之美不可或缺的一部分，也是课堂教学风格形成的重要组成内容。

西方的美学研究与理性研究相对，强调事物带给人们直观的感受与感觉。中国传统的美学研究则属于生命超越的美学，主要在于突出作品与创作者、欣赏者生命体验的互通与确证。其实这两种研究的路向并不相左。研究教学设计的美学品格，不妨从直观的感觉与感受出发，走入作品所传递出来的执教者生命的体验。谨以朱煜老师《半截蜡烛》的教学设计为例，尝试这种“灵魂在杰作中的冒险（弗朗士）”。

在观课现场，我便尝试着还原朱煜老师《半截蜡烛》的教学设计，并揣摩其设计意图。这一课堪称小学语文教学设计的典范之作，其教学目标的确定、教学内容的选择、教学方法的使用、教学节奏的掌控等诸多方面都值得新手教师揣摩、借鉴。其中最精妙之处是，笔者已经以流水品读的形式在文中作了较细致的分析。要论对这个教学设计的直觉感受，我写下的是“缜密舒缓”“自然淡远”。

这一课的预设总体是封闭的，课路向着既定的目标行进。当然，学生在每一个板块里都有自由的空间，但教学的内容与目标是计划中的。这也是一般意义上教学设计的特征，毕竟，教学是有目的、有计划的活动。相比一般艺术特质强烈的课，这一课没有超逸峻拔的气势、跌宕起伏的环节，课不是大开大合，它的节奏总体是舒缓的，呈自然淡远之态。但设计的“针脚”以细密为主，除了大的教学目标性的学习要求（如品读词语、归纳概括人物想出的方法），课中多数问题都从小角度切入，如前文所述，他善于在关键处设问，且问必连环。这些提问多具有教学环节上的承上启下及触发学生思考等多重作用。过渡时或顺承或突转，或顺承与突转兼具。这些问题设计完成了执教者高超的课堂叙事，其美感似古典窗棂，一格一格，格格见景，又似江南园林，小径通幽。

前面算是勉强解释“缜密舒缓”，接下来谈“自然淡远”。朱煜老师的教学与他的文学创作相仿，含蓄克制，自然淡远，令人想起20世纪二三十年代的文人，疑是故人来。这样的教学旨趣固然与他的阅读偏好、审美品格有关，也与他的师承相通、相连。书法里的“笔随人意”正如教学里的“课随人意”，是自然之化境，“墨迹留恋处全是思维的涟漪”，又似教学设计中处处可见的思维力，这力量不是当头一棒式的冲击力，而是圈圈涟漪，淡远悠长，耐人回味。值得注意的是，《半截蜡烛》的教学设计里没有“造境”，即使是在面对故事最紧张的情节时，或者是在点明主题、升华对人物的理解时，设计者也几乎是自觉地与文本保持着一定的距离，使自己（也使学生）不至于过于沉浸，他以一种克制的、“冷清”的方式演绎他的课堂叙事，其目的大约是为了保护语文教学对言语表达方式而非内容的重视。这种风格与海派语文的传统相一致，从袁瑢到贾志敏老师，都是类似的方法。倘不做价值判断，不做学科学理分析，仅以审美的态度观照，这样的风格是众多风格中的一种，无关对错，无关高下。毕竟，“美感的世界纯粹是意象世界，超乎利害关系而独立”。

冒险即将结束，回看前面的文字，虽然基本写出了我的感受与体验，却完全没有信心。它能否支撑起我所提出的“教学设计的美学品格”这一概念，以及标题中“美学阐释”的字眼。更不知朱煜老师与读者诸君是否愿意认同我对课例这般欣赏与解读的态度。这种态度不是实用的，不是科学的，而是审美的。实用的态度以善为最高目的，科学的态度以真为最高目的，美感的态度以美为最高目的。

《总也倒不了的老屋》教学与评析

◆执教／朱煜　评析／赵坚

【教学】

一、导入课题，学习生字新词

师：今天，我们要学习的是《总也倒不了的老屋》，先来看看这些词语会不会读。（课件出示第一组词语，生齐读）

暴风雨　孵小鸡

师：读得非常好，口齿清楚，声音响亮。这些词语中，有些字的笔画比较多，非常容易写错，哪位同学给我们提个醒，可以提醒它的读音，也可以提醒它的意思，还可以提醒它的写法。

生：“暴风雨”的“暴”最后一笔不是捺，是点。

师：这位同学一下子提到了“暴”的关键笔画，最后一笔是点。

生：我还想提醒“暴风雨”的“暴”最下面的那个字不是“水”。

师：对呀，正因为不是“水”，它的最后一笔才是点。

生：“孵小鸡”的“孵”左边是一个“卵”字。

师：你看，他是从查字典的角度提醒我们。同学们，既然讲到了“暴”“孵”，我们就把这三个字写一写。伸出手，跟老师一起写。（师范写，生书写。指导：“暴”字一撇一捺要舒展，最后一笔是点；“孵”字是左右结构，两边差不多大小）

师：刚才读了两个词，继续往下读，会读吗？（课件出示第二组词语，生齐读）

叽叽　喵喵

师：都会读，不过，读得不好，我要请一位同学来试试看。

生：（放慢）叽叽，喵喵。

师：有的同学笑了，你觉得应该怎么读？

生：（干脆）叽叽，喵喵。

师：听出来了吗？她是怎么读的？

生：她读的第二个“叽”很短。

师：记住，两个相同的字构成一个叠词。当我们读的时候，第二个字要读轻声，读得短促一点，请你为我们示范一遍。

（生示范读）

师：真好听！这两个词会读吗？（课件出示第三组词语，指名读）

饥饿　偶尔

师：读得真准确，非常好！“饥饿”的“饥”字这篇课文里没有，是老师另外加的，也算是一个生字。怎么才能记住这个生字，不把它写错呢？

生：要记住它的部首，它是食字旁，和吃有关。“饥饿”的意思就是没有吃的东西。

师：她是用记偏旁的方法来记忆的。

生．我有　个顺口溜　　几乎没有东西吃，就是“饥饿”。

师：自己编个顺口溜，也是识字的方法。不过，能不能用换一换的方法试试呢？其实，屏幕上已经给出你材料了。

生：把“叽”的口字旁换成食字旁，就是“饥饿”的“饥”。

师：你看，这就是换一换的方法，说明你一、二年级的知识学得很扎实。

生：把“飞机”的“机”的木字旁换成食字旁，就是“饥饿”的“饥”。

师：对，还有好多种换法。什么叫“偶尔”？

生：我觉得就是“很少”的意思。

生：它的反义词是“经常”。

师：好厉害！你看，用反义词来理解，这是一个很好的方法。同样，还可以用近义词理解。同学们，这些词语你们学得很好，都能用自己的方法把它们记住。到了三年级，我们学习字词，就要用原先学过的方法自己去学，不能每个字都靠老师来教。

二、由词入文，梳理故事内容

师：大家都学得不错，我再来考考你们，“叽叽”是谁的叫声？

生：小鸟的叫声。

师：在这个故事里，是谁的叫声？

生：小鸡。

师：除了小鸡，这个故事里还有谁？

生：老母鸡。

师：“喵喵”是谁的叫声？

生：小猫。

师：小猫给故事里的老屋提出了一个请求，它请求老屋做什么？

生：它请求在老屋里待一夜，躲避暴风雨。

师：意思说对了，但是句子没有讲清楚。它请求老屋做什么，用上“因为”这个词。

生：它请求老屋不要倒下去，因为它想在老屋里待一夜，躲避暴风雨。

师：老屋答应了吗？（生：答应了。）那要说出来呀！

生：小猫请求老屋再站一夜，因为它要躲避一场暴风雨，老屋答应了。

师：掌声送给她！要讲清楚不容易，还有谁愿意再讲一次？

生：小猫请求老屋再站一天一夜，因为它要躲避暴风雨，老屋答应了。

师：它到底想要老屋站多久？（生：一夜。）“一夜”和“一天一夜”可不一样。母鸡请求老屋做什么，你们还记得吗？

生：母鸡请求老屋再站二十几天，老屋答应了。

师：母鸡为什么请它再站二十几天呢？

生：母鸡请求老屋再站二十几天，因为它要孵小鸡，老屋答应了。

师：你看，慢慢就会说了。同样的意思，你可以用不一样的方式来讲。

生：母鸡请求老屋再站二十几天，因为主人想拿走母鸡的蛋，而它却想孵小鸡，老屋答应了。

师：掌声送给他！他真的用了不一样的方式。

三、借助旁批，学习预测有依据

（一）读前边个预测，提炼依据

师：有一个学生和你们一样，读了这个故事，基本把内容弄清楚了。而且，他一边读一边思考、一边读一边猜测这个故事后面会是什么样子。我们来看看课文，你发现这篇课文多了什么？

生：我发现这里多了作者的思考。

师：不是作者，是另外一个学生一边读一边留下的感受。比如他读了题目，心里想："老屋总也倒不了，是被施了魔法吗？"他一边读一边在猜测。像他这样一边读一边猜，一边猜一边把内容全都写在文章的旁边，这就叫旁批。你觉得他猜得怎么样？

生：他猜得对。

师：哦，你觉得他猜得很对，因为你已经读了文章了。预测不是随便想，有依据的预测才是真正好的预测。我们看一看课后第一题，这里告诉我们课文中第三处预测的依据是什么。（课件出示课后题）

生：小猫刚刚离开，老母鸡又来请求老屋不要倒下。

生：不断地被别人打扰，可能觉得很烦。

生：我想老屋可能会不耐烦了。

师：同学们，你在生活中有没有不耐烦的时候？（生：有。）说给我听听。

生：做奥数题的时候。

师：太难了，是吧？

生：别人问我问题的时候，我已经回答了，可是他还三番五次地问我同样的问题。

师：问一次，我不会烦，问多了就会有点烦。"三番五次"这个词用得好。

生：我在做作业的时候，别人打扰我，我就会觉得很烦。

师：同学们，出现这些情况，我们都会觉得烦。所以，这位小读者就是根据自己的生活经验来预测的。（板书：生活经验）

师：再看第一个预测，又是根据什么呢？“老屋总也倒不了，是被施了魔法吗？”你在哪里见到过魔法？

生：在《哈利·波特》中见到过魔法。

生：在电影里看过。

生：我还在魔术师表演的时候见到过魔法。

师：那不是真正的魔法，那只是魔术。我们主要是从书里读到过魔法，所以，根据我们的读书体会，也是可以预测的。（板书：读书体会）第二个预测也是有依据的，你们仔细听我读，大概就能听出它是依据什么来预测的。“图中的老屋看上去那么慈祥，它应该会答应吧！”（重读“图”）你听出来了吗？是根据什么预测的？

生：根据文中配的插图预测的。

师：真聪明，掌声送给她！看图的感受也是可以帮助我们预测的。（板书：看图感受）最后一个是根据什么来预测的呢？也要仔细听哦！“一读到这句话，我就知道，一定又有谁来请老屋帮忙了。”（重读“又”）

生：他根据前面的内容自然就猜到后面的内容了。

师：联系前文，自然就能预测了。（板书：联系前文）

（二）再读两个预测，运用方法

师：同学们，我们一下子就找到了四种最常用的预测依据。好，小蜘蛛来了，它请求老屋再站一会儿。这时候，这位小读者说：“我猜到了老屋会怎么回答。”后来，小蜘蛛要给老屋讲故事。这时候，小读者又产生一个预测：“老屋可能还会遇到其他需要帮助的小动物。”接下来，小组里讨论一下，这两个预测，也就是第五个和第六个预测，分别是板书中四个依据中的哪一个呢？

（学生小组交流）

师：第五个预测的依据是什么？每个小组请一位同学来说，其他同学补充。

生：“联系上文”。因为之前小动物向老屋提出请求，老屋都答应了。

师：有道理。

生：我们觉得这两个预测都是“联系上文”。每次一个小动物的请求得到满足之后，都会有其他小动物过来。

师：你们认为这两个预测都是“联系上文”，而且分析得很有道理。有没有和他们不一样的，我想听到不一样的声音。

生：我觉得第六个预测应该是依据“生活经验”，如果一个故事不断地讲下去，老屋就不会倒了。

师：什么生活经验让他这样想的呢？

生：可能是有人给他讲故事的时候，讲得太好了，这个人一直在讲，他一直在听。

师：原来是这样，生活当中也有人很会讲故事，总也讲不完。他就联系到了课文，认为老屋不会倒下。

生：我也选择“生活经验”，但是跟他的想法不一样。一个故事总要有一个结局，如果你一直这样讲下去，肯定是不行的，后面一定会有不一样的故事。所以，我也认为老屋一直不会倒。

师：你的意思是说必须要有一个不一样的结局，所以说还会有其他的小动物要来。这是根据什么来判断的呢？你平时看的书也是这样吗？（生点头）那就不是“生活经验”，而是“读书体会”。

师：同学们，我们已经把刚才几位同学找的理由写在黑板上了。我突然发现，同样的预测，因为预测的人不同，依据也可能是不同的，这就是很有意思的地方。

（三）预测结局，还原结局

师：“估计老屋不会倒了”，你认可这样的预测吗？同意或不同意，要说明理由。

生：我不同意。因为它已经是一个老屋了，就算小动物不想让它倒下，它也不可能一直存在，所以我感觉它总有一天会倒的。

师： 因为它太老了，总有一天会死掉的，所以你不同意这个小读者的猜测。掌声送给他！

生： 因为故事总会讲完的，等讲完了，老屋就倒下了。

师： 哦，小蜘蛛的故事总有一天会讲完的。

生： 我也不同意。因为即使老屋真的自己不想倒，它也会经受不住风吹雨打，总有一天会自己倒下的。

师： 我现在特别想听到的是“同意”，有没有同意的同学呢？

生： 我同意。因为在童话世界里，什么事情都可能发生。

师： 很好，大声地再说一遍。

生：（大声）因为在童话世界里，什么事情都可能发生。

师： 掌声送给她，讲得多好啊！所以，她完全同意老屋不会倒。还有谁同意？

生： 我同意。小蜘蛛的故事讲完后，它还可以给老屋讲另外一个故事。

师： 小蜘蛛可能不断地讲不一样的故事，让老屋不要倒，它舍不得老屋。

生： 我也是同意的。因为我在文中看到“小蜘蛛的故事一直讲完”，所以老屋是不会倒的。

师： 掌声送给他！你看，他是根据故事里面具体的句子来判断的，他很会读书，不是凭空乱讲的。你们想知道这个故事的作者写的结尾是怎样的吗？（生：想！）好，老师已经把它带来了。（课件出示故事结局，师讲述）

又过了许多年，老屋更破旧了，看起来像一堆破烂的木头，身上落满灰尘。房梁和窗框都静悄悄的，杂草已经长得很高了。

老屋说：“好了，我总算可以休息了。”

它停下来仔细听了听，这次没有人请它再等一等，屋外一片寂静。鸟儿和虫子仿佛都飞到很远的地方去了。它整整等了一天，下定决心，明早一定要倒下去。

朝阳落在房梁上，很暖和。老屋醒来，清清嗓子：“好了，到了该我倒下的时候了！”说完，它认真地竖起了耳朵。等一等，再等一等。

师：它倒了吗？（生：没有。）它为什么没倒呢？

生：因为它想等一等，看看还有没有需要它的小动物。

师：掌声送给他！他读懂了，这么短的时间他就读懂了。不是小动物来请求老屋帮忙，而是老屋主动在等待需要它帮助的小动物。看来，我们刚才都没猜对，猜它倒的，没猜对；猜它不倒的，也没猜对。不过，没关系，猜对与没猜对都很有意思。

四、预测一个新故事——《红气球》

师：接下来，我们再来猜一个故事，这个故事叫《红气球》。（讲述：这一天，男孩子杰尼斯领着小女孩阿林卡来到大街上玩。街上站着一个妇女，正在卖气球。阿林卡一见到这位妇女，便不由自主地停下脚步。）

生：结合生活经验，我觉得她肯定要买气球。

师：你有这样的生活经验吗？

生：有，好多小孩子路过气球摊，都要买气球。

师：我也是。（生笑）好，看看她猜得对不对。（讲述：她是多么想有一个气球呀。杰尼斯身上没带钱，而阿林卡掏遍了所有口袋，终于找到一个十戈比的硬币。于是妇女指着手中的一大堆气球：红的、蓝的、绿的……让孩子们任选一个。阿林卡毫不犹豫地取过一个大红色的，然后拽着杰尼斯就往家跑。）

生：我猜她一定要回家炫耀。因为每次我拿到好东西的时候，我都要回家让我妈看看。

师：生活经验让你这样想。好，接下来怎么样呢？（讲述：在路上，阿林卡突然把扎气球的线递给杰尼斯。杰尼斯接过线，他感到气球虽然无声无息，向天空腾飞的劲却很大。）猜猜看，后来怎么样？

生：我猜最后气球应该是飞走了，因为杰尼斯觉得气球“向天空腾飞的劲却很大”。

师：你这是根据什么来猜的？

生：联系上文。

师：非常棒！还有别的想法吗？

生：我觉得这是根据生活经验猜的。有一次，一不小心我的气球就飞到天空了。

师：掌声送给她！（讲述：于是他把握线的手稍稍一松，气球就趁机挣脱了他的手。）真的猜对了，是不是？继续——（讲述：红气球在杰尼斯头顶上停留了一刹那后，猛地向天空冲去，很快就飞过了路灯。“快抓住它！快抓住它！”阿林卡边嚷边跳，拼命挥舞着两只手。可是杰尼斯却站在那里，抬头望着越飞越高的气球。）后来会怎么样呢？

生：我觉得杰尼斯可能是在许愿。

师：许愿？许什么愿？

生：许一个自己的心愿，让气球飞上天，放飞自己的心愿。

师：掌声送给她！不过有一点不够好，杰尼斯把别人买的气球放上天，许下自己的心愿，如果是这样的话，杰尼斯的心愿可能是实现不了的。我估计这是根据你的生活经验猜的，是吧？生活当中，你也会经常许愿吗？

生：是的，有一次，我自己买了很多气球，许完心愿，就把它们放飞了。

师：那你的心愿会实现。看一看，结果会怎么样呢？（讲述：这时候，路上的行人都停住了脚步，围在一起向高空眺望。红气球很快就飞过了大厦的顶层，只见有个人从顶层的窗口探出身子向气球挥了挥手。红气球悠悠地向高空飞去，飞去，渐渐地变成了一个小黑点，终于消失在云外了。围观的人群散了，各人又去干各人的事情了。）接下来会发生什么？再猜一猜。

生：我猜小男孩可能会买一个气球，也可能是过了几天后，这个男孩的心愿居然实现了。

……

师：这个故事的结局到底是怎样的呢？你们想知道这个故事的结局吗？（生：想！）结局就在老师写的这本书里，叫作《赵清遥的作文故事》，在这本书里，可以读到结局。（师赠书）下课！

【评析】

这样教学预测，适切!

——《总也倒不了的老屋》教学赏析

在教育起跑线不断前移的今天，每每听朱老师的课，我都会自然联想到一种生长在我国东部的竹子——毛竹。据说，它的种子萌芽后，生长尤为缓慢，前四年只长3厘米。从第五年开始，毛竹便以每天30厘米左右的速度往上长，六周便可长到近15米。前四年间，很多人只见其表，想要“催长”，而竹农却不急，因为他们深知毛竹的生长规律。

朱老师《总也倒不了的老屋》一课，亦是给我这种感觉。不揠苗助长，往高处拔；不刻意标新，博人眼球；总是依循“规律”，让人觉得适切。

一

《总也倒不了的老屋》是统编版三年级上册第四单元中的课文。本单元的语文要素是学习预测：一边读一边预测，顺着故事情节去猜想；学习预测的一些基本方法；尝试续编故事。可朱老师并未按照教材的要求将《总也倒不了的老屋》作为实践预测的材料，而是选择了《红气球》这个陌生的故事让学生预测。

学生阅读故事，大都是走马观花的情节阅读，思维会不知不觉被作者牵着走，预测很难发生。原因很简单，在正常情况下，学生拿到的都是一个“完全”文本，被前面的内容吸引后，便会迫不及待，一睹为快。他们压根儿不会边读边预测，也无法体验预测给阅读带来的乐趣。有依据的预测，就更别提了。

教材编者将《总也倒不了的老屋》编排在第四单元，呈现的是个完整的故事。上课之前，学生肯定是不止读过一遍了，对故事内容一清二楚。为了让预测真实发生，朱老师出示了《红气球》这个陌生的“不完全”文本，让学生边读边猜。这样，学生的预测才得以真实发生。

此外，《红气球》是个线形结构的故事，而《总也倒不了的老屋》是个反复结构的故事。反复结构的故事比线形结构的故事更容易产生预测。学生在读完前两个故事情节后，自然会找到故事内在的结构规律，也自然会对第三个故事情节进行预测。但是，在学生日常的阅读中，这种反复结构的阅读材料并不多，他们更多会遇到线形结构的阅读材料。基于此，朱老师选择了《红气球》作为实践预测的材料，向学生开放真实的阅读世界。

二

当预测得以真实发生，学生预测的依据又会是些什么呢？

成尚荣先生曾在《用猜想定义阅读》一文中提及，建议教师给学生以更大空间，更大自由，鼓励他们胡思乱想。对此，我是赞同的。难道我们非要用成人视角、教师视角给学生的“突发奇想”套一件理性的“外衣”？或许，我们眼中的“瞎猜”，并非是他们心中的“瞎猜”；或许，我们现在认为这些“瞎猜”没价值、没意义，说不定换了时空，并非真的没价值、没意义。

可不管怎样，教材编排了这一单元，站在语文课程的高度，编者自有考虑。作为教师，还要挖掘其教学价值进行教学。虽然整个单元的落脚点在于续编故事，但《总也倒不了的老屋》作为本单元的第一篇，作用在于了解一些预测的方法。从文中旁批和课后习题来看，编者想要教师教这样几种常用的方法：根据文题去预测，根据插图去预测，根据文章内容去预测，根据生活经验和生活常识去预测。

再看朱老师所教的预测方法：根据读书体会去预测，根据看图感受去预测，联系上文去预测，联系生活经验去预测。比较一下，你会发现，朱老师在此基础上进行了重构，他提炼的方法更为精准。他将根据“文题”去预测，改成了根据“读书体会”去预测。

确如朱老师所言，看到文题，就猜想“老屋总也倒不了，是被施了魔法吗？”从逻辑上来讲，是说不通的。用学生的预测实践来说，想到老屋可能被施了魔法，是因为曾看过《哈利·波特》这类书，在书中接触过魔法。朱老师对预测方法的重构，源于他对学生预测规律的了解。

三

教学之难，难在转化。重构了预测的方法，如何转化到学生那里去？转化至何种程度为宜？

梳理本课的教学，直接呈现前四个预测，教学预测的方法。他巧用课后习题，让学生联系自己被打扰的经历，学习根据生活经验预测；他让学生回想在哪里见过魔法，联系自身的读书经历，学习根据读书体会预测；他夸张地将“图”“又”两个字读得又重又长，启发学生快速发现还可以根据看图感受预测、联系上文来预测。

剩下的三个预测，用来训练预测要有依据。学生通过推测第五个和第六个这两个预测的依据，了解预测依据是开放的，同一内容的预测，依据可能不一样；通过讨论是否同意第七个预测，再阅读故事的结尾验证，明了预测的内容可能和实际内容一样，也可能不一样。

最后，朱老师用《红气球》这个陌生的“不完全”文本，让学生实践预测。从课堂学生的预测情况来看，前两个预测是在他的提问下发生的。第三个预测，朱老师还没读完故事内容，学生就纷纷开始预测起来。他们的预测已经从被动转向主动。朱老师不断提醒学生进行有依据的预测，要他们说出预测的依据。关于预测后的验证，学生满脸期待。朱老师却说，猜得对不对没关系，关键是预测能让自己的阅读变得有趣。

学习了朱老师的教学过程，我觉得这样的转化是适切的。对三年级学生而言，预测本身应比预测方法更重要。由于学生的阅读框架、认知框架等不够殷实，即使学习了预测的方法，没有相应的储备，有时也只能凭着感觉猜测。要他们说清预测的依据，可能是件不容易的事。所以，在教学预测方法这一环节，朱老师快速呈现旁批，教学“速战速决”，仅用了8分钟。在操练预测的过程中，他反复提醒学生说清预测的依据，通过次数的叠加来增强他们对预测方法的敏感度。学生在有依据的预测中，潜移默化地从走马观花般的阅读，转变为有思维探究与情感共鸣的阅读。最后，全班同学越猜越兴奋，越猜越想读。正如单元导语中所说的，“猜测与推想，使我们的阅读之旅充满了乐趣。”

至于预测的结果，猜对猜错，真的不重要。三年级学生很难做到像成人读者那样进行创造性的反思，因此，能品尝到预测本身给他们带来的阅读乐趣，这才是最重要的。

这样教学预测，适切！不拔高，不抢跑，不炫技，符合三年级学生的年龄特点、认知规律以及学习规律。

我的一位朋友曾趣称朱老师为“理常在”。我想，这源于朱老师对语文学科知识以及教育教学规律的清明、敬畏和谨守。其实，这样的“理”，渗透于他教学的时时、处处。细品，总能给迷惘的你、我、他，以光明，以温暖！

宋运来经典课堂实录

宋运来，著名特级教师。曾应邀到全国各地讲学，课堂风趣幽默，创意迭出，直抵学生的心灵，颇受学生的喜爱。先后出版了关于学校管理智慧、教师专业发展、班主任教育艺术、语文有效教学、家庭作业革命等内容的专著20余部，在《语文建设》《人民教育》等期刊发表200余篇文章。

低年级革命伟人课文如何教

——《朱德的扁担》(第一课时)教学与评析

◆执教/宋运来　评析/江和平

【教学】

一、朗读课文，疏通文义

师： 今天老师给大家上一节有趣的课，课题的名字叫——

生： (齐)朱德的扁担。

师： 老师读课文，请大家一边听一边画出生词。我说怎么画，你们就怎么画。

(学生按照老师的提示分别用符号“□”“△”“○”标注生字词)

师： 刚刚画出的词语，你们在读书的时候要格外注意。老师再读一遍课文，这次不需要大家动手，但要动脑。我随时会插入问题，你们可要注意听啦。

师： 1928年，(停顿)时间很久了，距现在有90多年啦，是你们太爷爷小时候生活的年代。

(生纷纷发出感叹)

师： 1928年，朱德同志带领队伍到哪里去?

生： (齐)井冈山。

师： 你们猜一猜，朱德同志带领的这支队伍有多少人呢?

生： 十几个人。

生：100个人。

师：朱德同志可是一个大官，（**神秘地**）告诉你们，他带领的队伍有6000多人。

生：（**惊叹**）这么多啊！

师：朱德同志带领多少人到井冈山？

生：6000多人。

师：朱德同志带领6000多人到井冈山，要干吗呢？跟毛泽东同志带领的队伍会师。毛泽东同志也带领了一支队伍。两支队伍聚在一起叫——

生：（**齐**）会师。

师：（**竖大拇指**）真聪明！红军在山上，山下不远处就是——

生：（**齐**）敌人。

师：红军要巩固根据地，粉碎敌人的围攻，这个根据地就是——

生：井冈山根据地。

师：谁的军队在坚守井冈山根据地？

生：毛泽东和朱德的军队。

师：就像下围棋，每个人都有一块"地盘"。那井冈山就是——（**生接：红军的"地盘"**）也叫根据地。红军要粉碎敌人的围攻，敌人在哪个地方？

生：山下。

师：要坚守根据地，必须储备足够的粮食。井冈山上生产的粮食多不多？

生：不多。

师：所以常常要抽出一些人到茅坪这个地方去挑粮。从井冈山到茅坪，有——

生：（**齐**）五六十里。

师：对，来回有五六十里。这条路跟平常的路还不一样，山高路陡，非常难走。可是每次挑粮，大家都争着去。

师：朱德同志也跟战士们一道去挑粮。他穿着——

生：草鞋。

师：不是皮鞋，也不是布鞋，而是草鞋，草编的鞋。还戴着——

生：斗笠。

师：戴着斗笠，挑起满满的一担粮食，跟大家一块儿爬山。（声情并茂地）战士们想，朱德同志工作那么忙，还要翻山越岭去挑粮，累坏了怎么办？大家都劝他——

生：不要去挑粮。

师：朱德答不答应？

生：不答应。

师：你们这声音可不像不答应。

生：他不肯。

师：很坚决。（接读）有位同志就把他那根扁担——

生：（齐）藏了起来。

师：不料，朱德同志又找来一根——

生：（齐）扁担。

师：他还写上了"朱德的扁担"五个字。（作困惑状）老师不明白，朱德为什么要写这五个字呢？

生：防止别人拿走。

师：朱德怕别人再藏起他的扁担，所以写了"朱德的扁担"。（继续读）大家见了，越发敬爱朱德同志，不好意思再藏他的扁担了。（停顿）同学们，刚刚是老师带着大家读课文，现在请你们自己借助拼音读一读。一会儿老师看谁读得最流利。

【点评：一篇新课文，教师声情并茂地范读，还带领学生圈画词语，分明是在教给二年级学生最基本的不动笔墨不读书的方法。教师读读停停，适时穿插引读和提问，学生在接读和思考中，不知不觉走进了文本，疏通了大意。圈画朗读与串讲朗读相结合，是基于低年级学生的特点决定的。在此基础上，再放手让学生自由朗读，这时，学生才能读得有滋有味、有模有样。】

二、观图比较，认识斗笠

师： 谁来读一读课文？就读一段好不好？

生： 好。

师： 哪一段呢？就找最难的吧！

生： 第2自然段。

师： 第2自然段生词特别多，估计要大家帮助一下，才能读下来。

（一生读，将“山高路陡”读成了“高山路陡”，其他学生插嘴纠正）

师： 掌声送给他。在别人插嘴的时候，你不受影响，还能继续读下去，心理素质非常好。有点问题没关系，改过来就可以了。大家听出来了，第一句话确实不好读。（生点头）同学们再练读练读，把它读通顺了。

（生自由练习）

师： 读得很投入，大家还不认识朱德同志，（课件出示朱德图片）这幅图里朱德同志挑着担子，戴的是什么帽子？

生： 草帽。

师： 课文中不叫草帽，叫——

生： 斗笠。

师：（课件出示斗笠图片）斗笠是用什么做的呢？“笠”字上部是什么头？

生： 竹字头。

师： 看来，“斗笠”是用竹篾、竹叶等编的。斗笠有两种，一种是圆的，一种是尖的。再看看这幅图，挑粮食的筐，你有什么重要的发现吗？

生： 挑着满满的一筐粮食。

师： 挑着满满一筐粮食的朱德，你们知道他是从哪里来，到哪里去吗？

生：（兴奋地）从茅坪到井冈山。

师： 朱德要到哪里去挑粮？

生：（齐）茅坪。

师： 粮食装满筐以后，他要回到哪里？

生： 井冈山。

【点评：朱德形象如何建立起来？先从外形入手。宋老师借助图片展开教学，通过观察，突出“斗笠”与“粮筐”，引导学生发现信息。这一过程，既是学习词语，又是认识事物，更是了解人物。这一设计，既见功力，更见效率。作者将情感寄寓形象，通过形象向读者体现情感。学生读图读文，朱德形象在学生心目中越发清晰、真切。】

三、展开想象，积累词语

师：红军为什么要挑粮？课文第2自然段告诉了我们——

生：（读）红军要巩固井冈山根据地，粉碎敌人的围攻，需要储备足够的粮食。

师：这句话如果用“因为……所以……”句式，该怎么说？

生：红军因为要坚守井冈山根据地，粉碎敌人的围攻，所以需要储备足够的粮食。

师：如果先说结果，后说原因，这句话该怎么说？

生：红军需要储备足够的粮食，因为要巩固井冈山根据地，粉碎敌人的围攻。（生鼓掌）

师：井冈山到茅坪这五六十里路，好走吗？

生：不好走。

师：发挥想象，这条路宽不宽？

生：不宽。

师：是平坦的马路吗？

生：不是。

师：是一条什么样的路？想一想。

生：可能有很多小石子。

师：不仅有小石子，还有很尖利的石块。

生：有硌脚的小石子。

生：也可能是长着尖刺的灌木。

生：路上可能有敌人。

生：有可能埋着地雷。

师：真危险啊！

生：山路一会儿高，一会儿低。

生：有陡峭的悬崖。

生：可能天上有敌人的战斗机盘旋。

师：是啊，天空有敌机盘旋。根据大家的发言，老师总结了几个词。（课件出示）

生：（读）山高路陡、羊肠小道、崎岖不平、爬山过坳、翻山越岭。

师：你看，"羊肠小道"是细细窄窄、弯弯曲曲的。"爬山过坳"，一会儿往上走，一会儿往下走。请大家把老师说的话补充完整。从井冈山到茅坪——

生：山高路陡。

师：从井冈山到茅坪是一条——

生：羊肠小道。

师：从井冈山到茅坪的道路——

生：崎岖不平。

师：从井冈山走到茅坪要——

生：爬山过坳。

师：还可以说——

生：翻山越岭。

师：所以这条路好不好走？

生：不好走。

师：所以走这条路艰苦吗？

生：艰苦。

师：作为红军司令的朱德，工作那么忙，却还要和战士们一道爬山过坳、翻山越岭去挑粮。让我们再读一读这五个词语。

（生再读）

【点评：文本表面上说路的艰险，其实是说红军战士挑粮之艰难，而朱德司令正是这挑粮队伍中普普通通的一员。教师挖掘语言文字中隐藏着的情感画面，紧紧围绕“挑粮”之路，引导学生展开丰富的想象，一组与描摹挑粮之路相关的词语，无痕地丰富了学生的言语词库。而反复式的教学手法，排比式的强调，铺陈式的渲染，进一步激发了学生与文中情感的共鸣。】

四、总结文意，感悟品质

师：这是一组描写山路的词语，还有一组描写人物的词语。（课件出示）

生：（读）以身作则、官兵一致、同甘共苦、互敬互爱。

师：这几个词语描写谁最合适？

生：朱德。

师：第3自然段中哪些句子是写朱德司令的？

生：（读）朱德同志也跟战士们一块儿去挑粮。他穿着草鞋，戴着斗笠，挑起粮食，跟大家一块儿爬山。

师：朱德作为司令，是不是大官？

生：是的，比军长大。

师：大官还和战士们一块去——

生：挑粮。

师：大官也去挑粮，可以用一个什么词来形容？

生：官兵一致。

师：他是大官，士兵干什么，他也干什么，这叫——

生：同甘共苦。

师：也叫——

生：以身作则。

师：把这句话再读一遍，好好感受一下。

（生再读）

师：接着我们来梳理一下课文。这篇课文是一个故事，发生在什么时候？

生：1928年。

师：讲的是谁？

生：朱德。

师：主要讲关于朱德的什么故事？

生：朱德挑粮。

师：朱德在挑粮的过程中发生了一件什么事？

生：扁担被藏起来了。

师：被谁藏的？

生：被战士们藏起来了。

师：是朱德一个人去挑粮吗？还有谁？

生：战士们。

师：朱德和战士们一块儿到哪儿去挑粮？

生：茅坪。

师：请一位同学简要说说课文大意。

生：1928年，朱德和战士们一起到茅坪挑粮，后来战士们把朱德的扁担藏了起来，没想到，朱德又找来一根扁担，还写上了“朱德的扁担”五个字，继续挑粮。

师：这就是课文的大意。

师：中华人民共和国成立后，朱德同志挑粮用过的箩筐与扁担收藏在井冈山博物馆。（课件出示照片）《人民日报》刊出过肖韶光的一首诗，是这样写的：

朱德的扁担枣红锃亮

不需要任何装饰以及防腐剂

释放出一种无法抗拒的穿透力

（课件出示，生读）

师：你们知道井冈山精神是什么吗？

生：（齐读）以身作则、官兵一致、同甘共苦、互敬互爱。

师：好，这节课我们先上到这里，下课！

【点评：怎样让词语走进学生的心田，扎根心间，而不是概念化地识记词语？其中一条原则就是要把词语放到具体的语境中去，这样词语才会鲜活起来，才会有意义。四个描写伟人品质的词语，在课文的语境中复活，在游人的诗歌中升腾，在再次的朗读中积淀。一堂课结束了，一个新的问题开始了，带着问题下课，将激发学生主动去探究的热情，在更广阔的天地学习语文。】

【评析】

《朱德的扁担》讲的是为了巩固井冈山根据地，粉碎敌人围攻，朱德同志和战士们一起到五六十里外的茅坪挑粮食的故事。课文以“朱德的扁担”为题，于细微处见精神，让我们看到了一位革命伟人的鲜活形象。有人说革命伟人的阅读课文不好教，那低年级关于革命伟人的阅读课文就更不好教了。一方面是因为革命伟人生活的年代距离当代学生的生活遥远；另一方面，教学一不留神就会进入道德与法治课的范围，缺少语文味。宋老师执教的《朱德的扁担》，深入浅出，得意、得言、得法，令人耳目一新。

一、基于学生的“学”

我们常说“教学生不懂的”，不懂之处就是课后练习的提示点，教学指导提供的知识点。其实，我们忽略了学生学习的起点。“队伍”“红军”“根据地”“朱德的扁担”等，在我们成人看来非常简单的词语，在宋老师的课堂上，却成为学生真正需要理解的词语，成为学习真正发生的地方。这无疑启示我们，备课时不仅要与文本对话，还要与学生对话。学生的生活经验、语文知识和语用技能，与理解课文所需存在落差，这正是我们备课应当格外关注的地方。宋老师以学生的视角“看”文本，分析学情，制订了有针对性、有艺术性的教学策略。从学生的发言中可以看出，学生的认识在逐步深入，让我们感受到了智慧的生长。

二、源于文本的“理”

语文课堂教学往往借助文本内塑人的性情，并通过对文本的解读，给学生美的享受、情的感染、意的激发。宋老师深谙此理，着力引导学生享受文本的语言之魅、形象之美、情感之润。走近伟人，教师引导学生经历感知、想象、升华三个层次：感知——穿着草鞋，戴着斗笠，挑起满满一筐粮食的朱德；想象——路途遥远，山高路陡，翻山越岭的朱德；升华——以身作则，与战士们同甘共苦的朱德。对文本进行个性化解读，正是宋老师个性化教学的基础，把理解文本、认识世界、体验情感结合起来，使心灵的丰富与语言的学习同步。

三、出于阅读的“法”

阅读能力的核心，是阅读方法，即“如何阅读”的方法。用语文的方式培养学生的阅读能力，是宋老师阅读教学的价值追求。朗读、观察、想象、积累、运用，构成了这一课言语学习的亮丽风景。语文教育专家章熊认为，通过视线的扫描，筛选关键性语言信息，结合读者头脑中储存的思想材料，引起连锁性思考，这就是阅读过程。宋老师指导下的阅读教学课堂，正凸显了这一过程，在筛选中思考，在思考中筛选，把课文读得“消瘦”下去，再把课文读得“丰满”起来。学生在积极的阅读活动中，品味其中的意蕴，从而有所感悟和发现。教师在不经意间，点拨阅读方法，举重若轻，学生于不知不觉中习得了阅读之法。

宋老师是一位教学风格鲜明的教师，悠闲中藏着机智，幽默中透着真情，把钻研文本的深度化为趣味，把讲台的一半留给学生。

彭才华经典课堂实录

彭才华，中学高级教师。曾获全国新课改课例大赛、中华诗文教学大赛一等奖。应邀赴全国20多个省、市执教公开课、专题讲座200多场次。主持研发的课题成果“广·快作文”在百余所学校推广。近年来，专注于古诗词教学研究。出版有《语文如歌》《倾听花开：关注言语生命的小学语文课堂》《小学生小散文100课》等著作。

“发现母爱”教学与评析

◆执教／彭才华　评析／陈德兵

一、以往，我们这样写“母爱”

师：远道而来，没带什么礼物，送大家一首歌，好吗？

生：好！

（师深情地演唱《母亲》，生热烈鼓掌）

师：谢谢！这首歌的名字叫——

生：《母亲》。

【点评：一曲动人的《母亲》，把我们深深吸引，同学们也听得入了迷。彭老师唱这首歌，不是在炫技，而是在营造一种氛围，一种充满温情的氛围，一种为教学服务的氛围。更重要的是，这也是一种铺垫。】

师：大家都有一双发现的眼睛。提起母亲，我们总感觉特别温暖。因为母亲一直给予我们深深的爱。（板书：母爱）写过“母爱”吗？

生：写过。

师：什么时候写过？

生：我记得三年级写过妈妈对我们的爱。

师：是的，我们都曾写过母爱。还记得你当时写的是什么事吗？

生：写的是我生病的时候。

师：你写的是什么？

生：有一次我骨折了，妈妈照顾我。

师：嗯，好的。你呢？

生： 我写的也是有一次我发烧了，妈妈送我上医院。

师： 骨折的时候、发烧的时候……妈妈总是无微不至地照顾我们、关心我们。哪些同学写的也是生病的时候，妈妈关心你、照顾你？请举手。

（约四分之三的学生举手）

师： 好的，请放下。（稍停顿）曾经有一位同学这样写母爱，给我留下了深刻印象。我们一起看一看。（课件出示例文）

妈妈的爱

亲爱的妈妈，谢谢您多年来给我的爱。您关心我的那一幕幕情景，会永远留在我心里。

记得那是一个深冬的夜晚，寒风呼啸，又下着倾盆大雨。得了重感冒的我躺在床上不停地咳嗽。此时，您放下手里的活儿，端来一杯水让我喝，又轻轻地把我搂进怀里。一个多小时后，我仍然没有好转，您又给我披上棉大衣，抱着我急匆匆地往医院跑。一路上，您只顾着给我遮风挡雨，自己全身都湿透了，冷得直打喷嚏。我看过医生，第二天病就好了，而您却感冒了。

妈妈，是您用那伟大的母爱养育了我。长大了，我一定要报答您！

师： 谁来读一读？

（三位同学依次朗读例文）

师： 面对一篇陌生的文章，读得如此流利，不错！这篇文章写的是什么事情？

生： 写他感冒了，妈妈送他去医院。

师： 没错！（课件标红：重感冒、咳嗽）时间是——

生： 深冬的夜晚。

师： 好的。（课件标红：深冬的夜晚）当时的天气怎么样？

生： 寒风呼啸，又下着倾盆大雨。（课件标红：寒风呼啸、倾盆大雨）

师： 同学们，你们看，在这样的时节、这样的天气里，母亲连夜送“我”去医院，多感人！不错吧？咱们继续！

（出示内容相似的例文，教师引导学生发现此文叙述的事件、时间、地点等相关内容，并标红相应文字；再呈现同类例文，让学生发现雷同的事件、天气、情节等相关内容。）

师：还想继续读下去吗？

生：不想！老师，这些文章内容都差不多，没意思！

生：是啊，怎么那么巧，都是写自己生病了。

生：我觉得有些可能不真实。

师：你们不想看，老师还得看。一个班的作文收上来，第一篇写生病了，妈妈如何爱他；第二篇写感冒了，妈妈送他上医院；第三篇、第四篇……当你连着看到那么多篇文章，都这么写母爱，你有什么感觉？你心里会想些什么？

（生沉默）

【点评：集中火力，“欣赏”几篇有代表性的歌颂母爱的习作。真是不看不知道，一看吓一跳。我们相信这里面有表达真情实感的习作，但是，当内容千篇一律的习作同时呈现在我们眼前时，我们应深思：我们的习作指导是不是出现了问题？】

二、古人笔下的“母爱”

师：（静静等待后）同学们，母爱，难道只是在你生病的时候才有吗？今天，当“母爱”两个字写在黑板上，当你们摊开作文纸的时候，想起的只有你们生病时所享受到的母爱吗？母亲只有在你们生病的时候才爱你们吗？

（生继续沉默）

师：（静静等待后，语调上扬）同学们，我们一起来看一下别人是怎么写母爱的，好吗？

生：（期待地）好！

师：我们先看一下古人是怎么写母爱的。（课件出示《游子吟》）大家熟悉吧？一起深情地吟诵出来。

生：慈母手中线，游子身上衣。临行密密缝，意恐迟迟归。谁言寸草心，报得三春晖。

师：有一年，香港一家出版公司在网络上做了这样一项调查，让网友们在成千上万首古诗中评选出最喜爱的十首古诗。结果出来后，你知道《游子吟》排第几位吗？

（生摇头）

师：第一位。《游子吟》，仅30个字，却是网友们最喜爱的诗。你们能想到这其中的原因吗？

生：这首诗是写母爱的。

师：写母爱的，一定不止这一首。这首诗能够胜出，只因为这其中有一个细节打动了网友，打动了所有读者。

生："缝"字，"密密缝"的"缝"字。

师：请你把这句读出来。

生：临行密密缝。

师：没错，你真是独具慧眼。这样一个简简单单的动作，这样一个貌不惊人的细节，却打动了无数的网友。（板书：密密缝）

《游子吟》里的母爱，是生病时写的吗？

生：不是。

【点评：我相信，经历过前面一个环节的学习后，学生心里一定会产生沮丧感，因为大部分同学写的就是这样的作文。这时候，他们渴望得到帮助，也就是说，他们渴望知道，如果不这样写母爱，该怎样去写母爱呢？应该说，此时此刻的学生，达到了不愤不启、不悱不发的状态。彭老师的高明就在这里，先抑后扬，在学生最需要帮助的时候，给了他们宝贵的东西："渔"！于是，就有了这样的教学环节：先发现古人笔下的母爱，再发现今人笔下的母爱。】

三、今人笔下的"母爱"

（一）歌词里的"母爱"

师：咱们继续看。（出示歌曲《母亲》的歌词）熟悉吧？

生：就是刚才您唱的那首歌。

师：是的，刚才我唱的便是这首《母亲》。请在这首歌里面找一找母爱的细节。找一个，说一个。

生：“你委屈的泪花，有人给你擦。”

师：第一个细节。（板书：擦泪花）你受委屈了，母亲的怀抱最温暖，母亲的双手最温柔。

生：“你入学的新书包，有人给你拿。”

师：是呀。（板书：拿书包）还记得一年级开学第一天吗？你蹦蹦跳跳走在前头，妈妈笑盈盈地拿着书包在后面跟着。继续往下说。

生：“你雨中的花折伞，有人给你打。”

师：这样的情节你也经历过。（板书：打雨伞）滂沱大雨里，小小花折伞下，你干干爽爽，母亲却全身淋透。

师：还有一个细节，谁来说？

生：“你爱吃的那三鲜馅儿，有人她给你包。”

师：是呀。你饿了，回到家，大声嚷嚷着“我饿了”，妈妈笑盈盈地给你端出一盘饺子来。（板书：包饺子）

师：（指板书）这些全都是母爱的细节！一个又一个被诗人写进了诗里、被歌唱家在舞台上演唱，感动了无数的人。（稍停顿）写母爱，非得写生病的时候吗？

生：不是。

【点评：为了让学生发现他人笔下的母爱能打动我们的秘密，彭老师选择的材料都指向了细节！听到这里，我们明白彭老师为什么上课前要唱那首歌了。多么巧妙的伏笔呀！】

（二）漫画里的“母爱”

师：咱们继续看。有人用漫画的形式，表达了他对母亲的理解，对母爱的理解，以及对母亲（稍停顿）深深的怀念。（音乐响起，漫画《来一斤母爱》缓缓呈现）

（课件出示《来一斤母爱》简介）

这是一组漫画作品，作者孙宇是南京航空航天大学艺术学院的一名大二学生。他花了一个月时间完成了这组作品，献给已去世两年的母亲。作品主要是表现母亲对他的爱，以及孙宇对自己当时不理解、不珍惜母爱的忏悔。孙宇一边流泪一边画，画到结尾因为过于伤感，曾几度画不下去。漫画一出版，便打动了无数读者。

师：（漫画渐隐，音乐继续）母爱仅仅是在你生病的时候才有吗？仔细检索一下你的记忆，你会发现，你所享受的母爱不仅只有这么多！

（全场较长时间的沉默）

【点评：这段视频，唤起学生心中多少美好的回忆啊！在感动之余，我为彭老师选材的精心暗暗叫绝！这是一位多么用心的老师！】

四、今天，我们再写“母爱”

（一）动情抒写

师：请同学们打开你带来的照片。拿起妈妈的照片，请你细细地端详，慢慢地回忆，与妈妈的往事，一桩桩、一件件全都浮现在你眼前。也许那是一次开心的郊游，你跟妈妈在登山，是妈妈拿起手帕，蹲下身子帮你擦去满头的汗；也许那是观看一次演出，妈妈把你高高地举过头顶，让你的目光穿越人群；也许那是你在外面踢完球回来，还没进家门，就大声嚷嚷：“我饿了！”妈妈端来你最爱吃的饺子，你却不知道，妈妈下班回来都没来得及休息，就一直在厨房里忙活……让我们翻开稿纸，拿起笔，一边看着照片，一边把记忆最深刻的那件往事写下来。可以这样开头，“记得那一次……”。

（生在《烛光里的妈妈》的音乐中写作，师巡视）

师：（15分钟后）好。同学们，我知道，当你凝视着妈妈的照片的时候，一定有无数的往事涌上心头。你可能不愿意停下来，不过，不管你有多么舍不得，咱们先把笔放下来，听一听别人的作文，好吗？也许听过之后，你会受到启发。

【点评：这个环节，是我对这节课唯一觉得不太满意的地方。我当时的感受是，学生已经充分动情了，那就让学生赶紧看着妈妈的照片来写吧！在那样的情境之下，所有煽情的语言都显得不那么重要了，因为学生记忆的闸门已经被打开，他们需要倾诉，需要自由倾诉。】

（二）现场评讲

师：我手上已经拿了三篇作文。待会儿我希望有更多的同学把自己的文章拿出来分享。（投影学生习作）

生：（读）记得那一次，我去书店看书回来，一进家门就对妈妈说："妈妈，我回来了，有水喝吗？"妈妈立刻给我递上了一杯水。我接过杯子"咕咚，咕咚"喝起来。妈妈在一旁唠叨："不要喝那么快，小心呛着，慢慢喝，慢慢喝！"话音刚落，我就被水呛着了，一直不停地咳。妈妈赶紧帮我拍后背："让你慢点喝，你看，呛着了吧！下次喝水要小心。"说完，又去给我重新倒水。

师：同学们，这是生病时候的母爱吗？（生：不是。）事情有多么惊天动地吗？（生摇头）是的，这位同学写的事小得不能再小：妈妈在她口渴的时候，递来一杯水，送上一句叮咛，这是不是母爱？（生点头）非常好！我很欣赏的是，这位同学真正地注意到两个字——细节。大家看一下这句话："不要喝那么快，小心呛着，慢慢喝，慢慢喝，小心点！"还加了个感叹号。"慢慢喝"写了几次？（生：两次。）你妈妈在家里是不是这样说话的？（生：是。）妈妈一定会不停唠叨，这就是最普通、最平凡的母爱。

师：咱们看第二位同学的作文。先看照片，（投影该生与母亲的照片，向她提问）你们在玩什么？

生：海盗船。

师：我很欣赏你的文章，我来替你读一下。"记得那一次，我和妈妈到了游乐场。我们看着各种各样的游乐项目，不知道该玩什么。妈妈问我：'玩那个好不好？'我朝那儿看了看，是海盗船！我连忙回答：'好！'可是，我又有点害怕，怕荡得太高掉下来。妈妈好像看出了我的心思，她把我搂进怀里：'别怕，你看，我都不怕！'妈妈的拥抱很温暖，我好像突然有了一股神奇的力量，所有的害怕全都消失了。海盗船开始荡了起来，一开始慢悠悠的，后来越荡越高，与地面大概有60多度的夹角，高得让我害怕……"这件事显然还没写完，是吧？（生：是的。）是真事吗？

生：是。

师：是真事。你妈妈是“女汉子”？

生：（笑）不是。

师：妈妈有没有胆小的时候？

生：有。她有时候看到一条毛毛虫也会吓得大叫。

师：没错，其实你的妈妈并没有那么勇敢、那么强大。你觉得，在玩海盗船的时候，你的妈妈是真不怕吗？

生：肯定害怕。

师：没错。你看，今天你真正读懂了母亲。母亲不是“女汉子”，但在那一刻，为了消除你的害怕，她用她并不强壮的臂膀搂住了你，那便是母爱。写母爱，不一定非得写生病的时候。一件平凡的小事，一件真实的往事，也能如此感人。

师：（投影第三篇文章）前面那两位同学看一看，在书写方面，这位同学是你们的榜样。这位同学的作文我先不读，大家先看一下题目。这位同学，你叫什么名字？（生：朱晓彤。）朱晓彤同学，你将来可以靠写作谋生。你对文字有很好的感觉。《那些年，那些母爱》，这个题目非常好！待会儿，其他同学也想想自己的作文题目。“记得那一次，我的校服不见了。你比我还着急，在衣柜里找不到，在晾衣绳上也找不到。”可以换成“你比我还着急，到处找不到。”这句话吗？这两句有什么区别？

生：“在衣柜里找不到，在晾衣绳上也找不到”好一些。

师：理由呢？

生：“到处找不到”不详细。

师：这样说太笼统，有谁知道吗？

生：细节。

师：你借用了老师黑板上的词语，聪明！大家想一想，当你读到“在衣柜里找不到”，你的脑海里有没有出现她妈妈在衣柜里找衣服的画面？（生：有。）“在晾衣绳上也找不到”，你的脑海里有没有出现这个画面？（生：有。）

记住，很多好的文字可以给人以画面感。朱晓彤的作文就可以给人以画面感。“到处找不到”，多空洞啊！什么叫“到处”啊？你的脑子里没有一个很具体的画面。我们继续看。“竟然急得冒着狂风暴雨到外面去买。”“狂风暴雨”这个词不合适。我们继续往下看，“当时已经很晚了，下着大暴雨，可是你还是一家店一家店地找，一直到晚上11点多……”哦，可能有点问题。我想问一下，这件事情是不是真的？

生：是真的，在我上幼儿园的时候。

师：我相信这件事真的发生了，对天下的母亲来说，这些都可能发生。你们想一想，朱晓彤同学这篇文章好在哪里？

生：本来衣服是她丢的，可是母亲比她还着急。从这里就可以看出母亲对她的爱。

师：真好！

生：天气这么糟糕，她妈妈还要出去为她买校服，很感人。

生：校服不见了，妈妈这里找，那里找，翻箱倒柜地找，这也是母爱的表现。

师：真好。可见朱晓彤同学描述的画面被你记住了。还有吗？

生：因为很晚了，买不到校服，于是她妈妈一家店一家店地问。从这里也可以看出她妈妈很爱她。

师：同学们能真正体会与思考，真好！朱晓彤同学，我为什么说你将来可以当作家？是因为你有一颗敏感、细腻的心。我相信，坚持写下去，你会写得非常好。

师：同学们，这件事与“生病”有关吗？

生：没有。

师：是的，平凡的日子里，母爱无处不在！老师非常欣慰，刚才巡视的过程中，我发现绝大多数同学已经打开了思路，回忆起了那些细节，很打动人。真好！课后，相信大家会认真地再修改自己的文章，把那些最细微但最真切的爱表达出来。

【点评：课堂即兴写就的短文，内容完全不一样，但都具备感人的力量，因为他们都抓住了母爱的细节，知道了用这些细节来表达妈妈对自己的爱！值得称道的是，彭老师现场点评的功夫异常了得！他凭借敏锐的观察力和独特的语感，准确地捕捉到了课堂上的一些契机，并对学生进行了恰到好处的引导；而且，他还不止一次地强化了本次习作指导的重点：抓住细节！】

师：是的，写作就应该这样，用心体会，细心发现，让文字从内心深处流淌出来。这节课，我们对母爱一定有了更多的发现和体会。（《母亲》音乐响起）我们只有真正发现了母爱，才算是读懂了母亲；只有读懂了母亲，我们才算真正长大！

【点评：音乐再次响起，《母亲》这首歌仿佛一根看不见的红线，贯穿了全课。】

【评析】

经过一番梳理，我认为，这节课妙在很好地解决了四个问题：

1. 解决了“写什么”的问题。

这节课上，习作的素材从哪里来？这是关键！如果我们只是告诉学生：母爱无处不在，妈妈无微不至地照顾你，给你吃的、穿的、用的，学生知道要写什么吗？如果我们启发学生：生活中，你从哪些事当中能感受到妈妈对你的爱？学生也许能七嘴八舌地说上一通，但学生真的知道要写什么吗？如果学生真的知道写什么了，那极有可能写出来的就是这节课开头我们“欣赏”到的那些习作。可以说，上面这样的作文指导，其实无异于做无用功，压根儿就没有解决任何问题。那么，彭老师是怎么做的？唤醒！唤醒学生内心最真实的感受！唤醒学生心中最美好的记忆！学生自己脑海里冒出的那一段段往事、那一个个场景，就是学生独特的素材了。这都源于学生自己的发现。于是，“写什么”的问题，就迎刃而解了！

2. 解决了“怎么写”的问题。

“怎么写”，就是写作方法的问题。我们平时是怎么教给学生方法的？写人物要抓住人物的语言、动作、神态；开头、结尾要注意前后照应；大家要在习作中恰当运用一些修辞手法、说明方法；大家要多使用一些优美的词句；结尾的时候要表达一下自己的感受……这样的“指导”，大家觉得效果是否明显？那么，彭老师又是怎么做的？他这节课就教了一个方法：抓住细节。你的习作，能让大家想象到画面，就说明你抓住了细节。学生掌握了吗？实践证明，学生知道了写两次“慢慢喝”的作用，知道了“在衣柜里找不到，在晾衣绳上也找不到”……这样的方法指导不着痕迹，但是却又事半功倍！

3. 解决了“为何写”的问题。

真正的写作动机，应该来自每个学生内心表达的需要。当学生有话要说、如鲠在喉不吐不快的时候，写作还是一件痛苦的事情吗？经过教师引导，学生进入了这样一种境界：当他们被深深打动的时候，他们一定会想起自己的母亲为自己所做的点点滴滴，他们一定会为自己忽略了妈妈的爱而内疚，他们一定急于用笔倾诉自己对妈妈的感激之情。此时，习作已经由“要我写”变成了“我要写”，学生的写作动机问题已经得到彻底解决。如果学生的每次习作训练，都能达到这样的境界，我们的习作教学将会呈现出怎样一番景象呢？

4. 解决了“怎么教”的问题。

彭老师怎么教的？他的核心理念就是引导学生去发现。而我们只要细心一点，也可以发现彭老师高超的教学技巧。

(1) 造境。这节课，学生始终沉浸在彭老师营造的温馨氛围中，这样的学习之境，利于学生敞开心扉，感受细节。一支歌、一首诗、一组漫画，再加上教师诗意的语言，这样的意境就营造出来了。

(2) 对比。彭老师细心收集了学生诸多千篇一律的习作，精心挑选了表达母爱的诗词、歌曲、漫画，在课堂上对比呈现，帮助学生认识到自己以往习作的不足，领悟到细节的魅力。

(3) 激情。刘勰在《文心雕龙》中说：“夫缀文者情动而辞发。”彭老师深谙此道，他在经过层层铺垫后，抛出一段漫画《来一斤母爱》微视频，那一张张真实可感的画面，那一句句真诚朴素的话语，那一个个伤感揪心的音符，击中了每个学生的“泪点”。尤其是彭老师让学生拿出预先准备好的妈妈的照片时，学生的情感如火山般喷发，不可遏止！

（4）反复。在感受细节中的母爱时，彭老师一次又一次地强调：“母亲只有在你们生病的时候才爱你们吗?”“一件平凡的小事，一件真实的往事，就如此感人。”“朱晓彤同学，我为什么说你将来可以当作家？是因为你有一颗敏感、细腻的心。”……彭老师就是通过这一次次反复，不断地强化一个东西：细节！你说，学生在今后的习作中会不注意细节吗?

（5）示范。在彭老师的这节课上，我们感受到诗意盎然，除去彭老师诗意的教学手段之外，更与彭老师自身的语言修养密切相关，他的每一句话都饱含深情，饱含诗意！这对学生而言，难道不是一种熏陶和感染吗？在示范方面，彭老师做得好的地方，是对学生习作片段中细节的捕捉。他用他的教学行为很好地阐释了什么是“发现”！

听听，诗人的心声

——《示儿》《题临安邸》教学与评析

◆执教／彭才华　评析／梅媛　余小刚

【教学】

一、读懂诗题，把握背景

师：同学们，这节课我们要学习两首诗，看老师写课题。（板书诗题，师指名朗读诗题）

师：请问“示儿”是什么意思？

生：给儿子看。

师：第二首诗是《题临安邸》，看到这个“题”字，你能想起以前学过的另一首诗吗？

生：《题西林壁》。

师：这个“题”字怎么理解？

生：题写。

师：“题临安邸”就是题写在——

生：临安的一家旅店里。

师：临安就在——

生：（读注释）今浙江杭州，曾为南宋都城。

师：谁了解南宋？

生：南宋是中国历史上北宋后面的一个朝代。

生：因为金人入侵，俘虏了徽宗、钦宗两位皇帝，占领了中原很多地方，赵构逃到江南，在临安建立朝廷，所以称为南宋。

生：南宋朝廷的当政者腐败无能，不思收复中原失地，只求苟且偏安，对外屈膝投降，对内残酷迫害岳飞等爱国人士。

师：看来，很多同学都查阅了不少相关资料。这两首诗的作者都是南宋诗人。《示儿》是陆游在临终时写的，《题临安邸》则是林升在都城临安的一家旅店写的。

二、读通诗句，读懂诗意

师：请同学们自由朗读这两首诗，注意把字音读正确，把诗句读通顺。

（生练习朗读，师正音、指导）

师：课前我们查找了资料，课文旁边也有注释，同学们现在能不能说说这两首诗的大概意思呢？请先和同桌说一说。

（同桌之间交流诗句意思）

师：《示儿》这首诗中的“九州”和“中原”是什么关系？

生：古代中国曾分为九个州，“九州”在这里代指全国。“中原”就是南宋失去的国土。

师：也就是说，中原是九州的——

生：一部分。

师：只有北定中原，九州才能——

生：统一。

师：用诗中的词回答就是——

生：“九州同”。

师：“乃翁”是什么意思？在诗中指的是谁？

生：“你们的父亲”，就是陆游自己。

师：再看第二首诗，这首诗中出现了很多地名，“临安”“西湖”“杭州”“汴州”，结合课前预习，你能说说它们的关系吗？

生：临安就是杭州，那里有个西湖。

师：西湖是个怎样的地方，你们去过西湖旅游吗？

生：去过，那里特别美。

师：人们都说，上有天堂——

生：下有苏杭。

师：欲把西湖比西子——

生：淡妆浓抹总相宜。

师：可见，在历史上杭州一直很有名，而西湖又是杭州最美、最有名的地方，实在令人向往。那么汴州呢？

生：汴州就是开封，北宋的都城。

师：没错。第一首诗里有一个词和“汴州”有关。你知道是哪个词吗？

生：中原。

师：好！汴州就在中原。“王师北定中原日”，就是希望王师收复中原，也收复他们的都城汴州。这个“王师”是谁？能从第二首诗中找出一个和“王师”有关的词来吗？

（生安静）

师：看来这个问题有些难，咱们先放下。现在，我们再读这两首诗。

（生齐读两首古诗，师指导读出节奏与韵律）

三、分步解读，读出诗情

1. 学习《示儿》

师：（课件出示《示儿》）请大家读诗句，不放过任何一个字眼，想一想，哪个细节最打动人？

生：最打动我的是陆游明明说了“万事空”，却依然想着祖国统一。

生：最后一句最打动我。陆游说“家祭无忘告乃翁”，等到祖国统一的时候，请儿子告诉他这个消息。

生：这一句让人仿佛看到陆游的子孙在祭拜陆游的场景。

师：读着诗句能想到画面，了不起！带着这份感动，请你读《示儿》。

（一生朗读，全班朗读）

师： 很整齐，很流畅，但缺少些感觉。一起再看看诗句，对这个“死”，大家理解吗？

生： 理解。

师： 其实，对这个字，（板书：死）我们的理解都还不够。想象一下，一个85岁的老人，马上就要离开人世了，他会如何跟自己的孩子说话？

生： 有气无力地、气若游丝地、奄奄一息地……

师： 带着这样的感觉，我们再读诗句。

（生再读，进步明显）

师： 这个老人就像一盏油灯一样，灯盏里的油已经耗干了，那微弱的灯火眼看就要熄灭了。他也知道，一个人死了就什么也没有了，为什么到了这个时候，他还在惦记着国家的事呢？

生： 他很爱自己的国家。

生： 他盼望祖国早日统一。

师： 是啊，这是他一辈子的心愿。我们看，很多年前他就曾这样写道——（课件出示）

夜视太白收光芒，报国欲死无战场！

——《陇头水》

（生朗读）

师： 南宋小朝廷主张对金“求和”，以求苟安，这就好比那象征着战争的太白星收起了光芒一样。陆游知道，这样一来，他以身报国的志向也不可能实现了。多么令人悲愤啊！继续看——（课件出示）

壮心未与年俱老，死去犹能作鬼雄。

——《书愤》

（生朗读）

师： 陆游的年纪越来越大。但是，他的雄心壮志并没有随着年纪的增长而衰退，他说死了以后还可以做鬼中的强者，继续和敌人斗争。这是怎样一种豪情！（课件出示）

砥柱河流仙掌日，死前恨不见中原。

——《太息》

（生朗读）

师：这个时候，陆游已经是74岁的老人了。他知道，自己的日子可能不多了。这年秋天，他说，自己这辈子唯一的憾事，是怕死前看不到祖国统一！（课件出示）

死去元知万事空，但悲不见九州同。

——《示儿》

（生朗读）

师：此刻，是这个老人生命的最后一刹那。尽管他清楚，人死了就和这世间的一切没有关系了，但是，他仍然要用尽他最后一口气，说出他心底深处的愿望！我们再读——

（生朗读）

师：当这几句诗呈现在一起时，（课件呈现以上四句诗）我们发现每一句中陆游都写到一个“死”字，大家能读懂这个老人临终的心声吗？

生：他一辈子都在想着祖国统一。

生：他一生都希望收复中原失地。

生：只要祖国统一，哪怕是死，他也愿意！

师：是啊！其实，何止是这几句啊！在陆游这一生创作的九千多首诗里——（课件出示）

言恢复者十之五六。

——赵翼《瓯北诗话》

（生朗读）

师：著名文学研究家、作家钱锺书这样说——（课件出示）

爱国情绪饱和在陆游的整个生命里，洋溢在他的全部作品里；他看到一幅画马，碰到几朵鲜花，听了一声雁唳，喝几杯酒，写几行草书，都会惹起报国仇、雪国耻的心事，血液沸腾起来……

——钱锺书《宋诗选注》

（生默读）

师：再看前面这几句诗，我们知道，前面几次“死”是陆游在表达一种志向，表明一种决心。然而，今天，当“死”真正要降临的时候，还这样说，这是怎样一种“死”？

生：死不瞑目，死而后已……

师：念念不忘的就是祖国统一！这个强烈的愿望，到死都没有改变！（板书：至死不渝）一起读这个词！

生：至死不渝！

师：我们一起读这至死不渝的愿望——

（生朗读《示儿》）

师：爱国愿望至死不渝，报国情怀至死不渝，这样的诗人，即使死了，也永远活在人们心中。这样的死，叫——

生：虽死犹生。

（板书：虽死犹生）

2. 学习《题临安邸》

师：陆游一辈子的愿望就是王师北定中原，那么，“王师”在干什么呢？（课件出示《题临安邸》）

生：我知道了，“王师”就是这首诗里的“游人”。

师：何以见得？

生：“暖风熏得游人醉，直把杭州作汴州。”在那个时候，普通老百姓哪有什么心情游山玩水啊？

生：我有补充。汴州是原来北宋的都城，只有那些朝廷里的权贵，才会觉得杭州就像以前的汴州一样。

师：是啊！那些“游人”不是普通的游人！他们可能是皇帝，可能是权贵，是陆游寄予希望的“王师”啊！他们在干什么？

生：歌舞。

师：我们由此想到很多词语，很多画面。比如——

生：载歌载舞、轻歌曼舞、狂歌醉舞、朝歌夜舞、莺歌燕舞……

师：此刻我们读到“歌舞”，就不再觉得它美好了。

生：我从“醉”字看出他们在喝酒取乐。

师：读着这个“醉”字，你的眼前仿佛出现了怎样的画面？

生：有的人在路上横冲直撞，有的人吐得到处都是。

师：这是烂醉如泥的“醉”。

生：我仿佛看到他们在得意地游山玩水，一个个红光满面，脑满肠肥。

师：这是纸醉金迷的“醉”。

生：我仿佛看到他们一个个喝得酩酊大醉，丑态百出。

师：这是醉生梦死的“醉”。（板书：醉生梦死）面对这些烂醉如泥、纸醉金迷、醉生梦死的游人，我们的诗人陆游曾经劝过他们啊。（课件出示）

遗民泪尽胡尘里，南望王师又一年。

——陆游《秋夜将晓出篱门迎凉有感》

（生朗读）

师：谢谢你们为那些遗民发声。但是，你们看，王师听到了吗？（课件出示）

暖风熏得游人醉，直把杭州作汴州。

——林升《题临安邸》

生：（生朗读）暖风熏得游人醉，直把杭州作汴州。

师：这边的同学，请你们再次为北方被遗弃的百姓发出呼喊——

生：（较大声地朗读）　遗民泪尽胡尘里，南望王师又一年。

师：你们的呼喊，他们装作听不见——

生：（生朗读）暖风熏得游人醉，直把杭州作汴州。

师：我们只好一遍遍为泪水也流干了的中原百姓去呐喊——

生：（更大声地朗读）遗民泪尽胡尘里，南望王师又一年。

师：尽管陆游从心底反复发出这样的呐喊，依然唤不醒这些酒囊饭袋们——

生：（生朗读）暖风熏得游人醉，直把杭州作汴州。

师：一次次，一声声，他们却置若罔闻，依然故我。那么，我倒要问问他们——（课件出示）

山外青山楼外楼，西湖歌舞几时休？

（生个别朗读）

师：一个人的力量不够，所有女生一起质问他们——

（全体女生朗读）

师：面对这样一群酒囊饭袋，我们全体同学一起质问他们——

（全体学生朗读）

师：这一群酒囊饭袋，这一群行尸走肉，在西湖的暖风里，在临安的享乐里，他们早忘了遗民之泪，早忘了丧国之辱！表面上看，他们活着，其实，他们已经——

生：死了。

师：那是他们的什么死了？

生：心死了！

（板书：心如死灰）

师：面对这样一群醉生梦死、心如死灰的酒囊饭袋、行尸走肉，林升打心底为他们感到悲哀。他发出了沉重的叹息，随后把笔拿起来，将这份悲哀题写在那家旅店里！那重重的笔迹，我们闭上眼睛也能感受到！

（课件出示诗题，诗句隐去，生背诵）

四、互文共读，读透诗心

师：（课件出示两首诗）这两首诗同时摆在我们面前，发出了不同的声音。林升在《题临安邸》发出的声音是——

生：悲哀的。

（板书：哀）

师：林升为这些“游人”对收复失地的信念丧失、“心如死灰”感到悲哀！那么，在《示儿》中，陆游发出的声音又是怎样的？

生：也有些悲哀。

生：我认为虽然有些悲哀，但还是心存希望。

生：没盼到祖国统一，他很悲伤。

师：大家的理解都有道理。这首诗，是一个85岁的老人在生命最后一刻的殷殷嘱托，尽管他没看到收复中原、祖国统一，但他对收复中原仍充满坚定的信念！临死之际，他是有些悲，但不是悲伤之“悲”，而是悲壮之“悲”！（板书：悲）让我们再把这首诗刻在心里——

（课件师出示诗题，诗句隐去，生动情背诵《示儿》）

师：其实，无论是陆游的“悲”，还是林升的“哀”，都有一个共同的源头，那就是——

生：他们对祖国的爱！

师：是的，是对祖国那份深沉的、浓烈的、源自肺腑的爱。这份爱，让他们名垂青史；这份爱，让我们永远景仰！

【评析】

领会诗词鉴赏之法，稳重推进教学活动

——评彭才华老师执教《示儿》《题临安邸》

观课如鉴文，我们虽然难免可能会“各执一隅”，但当我们将彭老师这堂课当作一个经典文本来鉴赏时，对古诗词教学的情感共同热衷，让我们的确有“欢然内怿”的共同感受。

一、科学处理教材，体现了执教者研读教材的深刻与合理

这一课，单元的人文主题是爱国主义，并且以艾青的“为什么我的眼里常含泪水？因为我对这土地爱得深沉……”作为人文主题的提领。

作为人类重要情感之一的爱国主义总有不同的表现，既有“江山如此多娇”的豪情，也有“国破山河在”的忧伤，还有“壮志饥餐胡虏肉”的抗击外侵的雄心壮志，更有“我劝天公重抖擞，不拘一格降人材”的希望和更多志士仁人为国家建设出力的强烈愿望。

显然，彭老师正是在深入研读了教材编写意图的基础上，解读出这两首诗蕴含了不同形式的爱国主义情感：尽管《示儿》和《题临安邸》两首诗都是以忧伤的基调来表现爱国主义，但各有不同。正如课堂中，彭老师与学生逐渐通过交流解析出来的那样，前者重“悲”，悲生命有限不能实现自己看到国家统一的夙愿；后者主“哀”，哀“游人”偏居一隅只图享乐不思进取。因而，彭老师将两首诗做如此处理，体现了执教者研读文本和使用文本施教的匠心，暗合了王崧舟老师倡导的“这一类的这一个”的文本解读主张。

“见异唯知音耳”，彭老师对文本的“深识鉴奥”，无疑是自己首先做了陆游、林升的“知音”。由此而进行教学情境中的施教引导，使得语文课境的人文主题教育因清晰而生动、因生动而价值最大化。

二、契合鉴赏方法的教学流程，彰显了执教者对文体特征的准确把握

古诗词鉴赏方法很多，刘勰在《文心雕龙·知音》中提出了诸多鉴赏命题，如“披文入情”“沿波讨源”“无私于轻重，不偏于憎爱”等，其中还有著名的“六观”——“一观位体，二观置辞，三观通变，四观奇正，五观事义，六观宫商”之说，这些传统的古诗词鉴赏方法对我们今天学习古诗词依然有效。周啸天老师则倡导古诗词鉴赏七法——识字、知人、论世、诗法、会意、吟诵、比较，也颇具针对性和实效性。这七法，在课堂教学中不一定都要按招依序“打完”，但一定要有“法”可见。

1. 读诗题，信息摄取先“论世”

开课环节，彭老师开门见山引出学习内容，在板书课题之后，请学生阅读诗题。这看似寻常，实则大有深意。

首先，古诗词诗题极具重要的信息价值，有些诗以诗体为题，比如《古风》《长歌行》《绝句》之类；有些诗，干脆就标“无题”；还有不少词直接以词牌为题……这些诗题，有的呈现写作缘由，如贺知章的《回乡偶书》；有的暗含写作感情，如杜甫的《天末怀李白》；也有的只表现描写对象，如骆宾王的《咏鹅》等等。显然，古诗词教学过程应该重视对诗题的阅读。

其次，针对这两首诗诗题的共同点和不同点，彭老师与学生交流的时长也不一样，细一寻思，大有深意。这两首诗都是因事取题，提示了写作背景。前一首诗题是“示儿”，由于学生对陆游的熟知程度和诗题本身的简单，彭老师与学生的交流很简单；而对“题临安邸”这个题目，彭老师则进行了重锤敲击，可以说一词一对话——关于“题”，彭老师采用迁移法将已有的学习经验联通，解决当下问题；而“临安”这个古称，则以前置学习解决；至于“邸”，则采用课本注释来解决。

由于“题临安邸”的“临安”是古称谓，彭老师顺势将“读诗题”引向创作背景的了解——也就是“论世”的学习。按照周啸天老师的说法，“论世”是指“在更广泛的意义上了解作家创作的历史背景，包括当时的时代氛围、地理环境和社会习俗，以便设身处地，准确地领会诗人的心境”。我们见到，课堂上彭老师巧妙引入创作时期即“南宋”这个特殊历史背景时，学生已经通过前置性学习，对统治者偏安一隅有了初步了解。

很多古诗词教学课也会通过了解创作背景来“论世”，但大多设计痕迹明显，因而看似也按照了鉴赏方法来引领学生，但始终给人以拼凑感，彭老师这节课的妙处就在于无痕。

2. 读字句，疏通诗意成整体

这两首诗，除“邸”字之外，五年级学生大概都认识，似乎无须处理字词。

但是，正如周啸天老师所言，“识字”是古诗词鉴赏“须要参透的第一关”。原因有三，一是古诗词讲究凝练，大多一个语素一个词（名词除外），需要深入领会；二是任何语言都有时代语境，有差异就必须识古对今；三是诗词本身对语词排列的特殊性，体现在活用、用典、删减、特殊意指等方面，这就需要仔细把玩字词，甚至联通文化常识。

本课中，彭老师引导学生通过借助课文注释、查阅资料、同桌交流、对话特殊意指词汇、古今称谓对应等教学活动，一边解决字词，一边梳理诗意，为下一步进入鉴赏活动奠定基础。从古诗词鉴赏方法上讲，有“披文入情”“沿波讨源”的意味。

作为教学活动，彭老师的高明还在于处理字词、疏通诗句、领会诗意都始终不离“读”，将文字信息、诗句意旨融入整首诗中，使学习的点滴所得纳入文本整体感知，避免了肢解文本的弊端。

3. 分步解读，聚焦关键觇诗情

古语云：书读百遍，其义自见。一方面，我们要高度认识“读”的重要性，尤其是古诗词教学，只有“以声传情”的朗读才能避免将优美的古诗词肢解，冲淡古诗词本身蕴含的韵味；另一方面，我们要正确把握教学语境中的“读”，课堂上由于时间与情境的特殊性，不可能“读百遍”。要在有限的“读”中“见义”，就要重视过程、讲究策略。

在学习《示儿》时，彭老师让学生带着这首诗是一篇遗嘱的前置认知，静心读诗句，要求“不放过任何一个字眼，想一想，哪个细节最打动人”，然后各自表达诗句中最能打动自己的字词。学生有的说“万事空”，有的说“家祭无忘告乃翁”，彭老师随即让学生带着感动再读原诗。然后引导学生聚焦“死”字展开深刻对话，让学生想象情境，并读首句，进而联系后一句诗，鉴照诗人的爱国情怀。

师生活动到此，也算“见义”了。但我们不能止步于“见义”，还要通过一首诗走进一个诗人的情怀，要让学生鉴照“诗心”。也就是说，要形成认知经验，还需要积累相同的文本资料。于是，彭老师引入陆游《陇头水》的“夜视太白收光芒，报国欲死无战场”，《书愤》的“壮心未与年俱老，死去犹能作鬼雄”，《太息》的“砥柱河流仙掌日，死前恨不见中原”等诗句，让学生朗读，然后在执教者深情述说陆游“示儿”的情境中，再读《示儿》。

这一环节，从“读”的方式上讲，有默读、朗读，朗读又有个别读、齐读；从内容上讲，有读整诗，有读诗句，有读本诗，有读类诗，这就达成了虽无百遍读，也见义生情、以情生情的教学目的。

教学到此，那也还算不得厚重。因为，认知生成也罢，情感生成也罢，还需要印证，还需要视野上的拓展。古诗词教学要善于借助前人鉴赏成果。彭老师深谙此道，引用了赵翼《瓯北诗话》、钱锺书《宋诗选注》的评论，再次引发学生“遥闻声而相思”的浓浓诗情。

4. 互文共读，鉴照洞明惜诗心

互文是一种修辞，所谓“参互成文，含而见文”，是一种文法上的互相呼应、互相阐发、互相补充的效果。彭老师巧妙地将互文运用于学生的古诗词学习之旅，以文法启教法，别出心裁。

详细研读本环节，我们看到彭老师的“互文共读”有两个特点：一是秩序分明、递进明显，本环节建立在前面“分读”基础上，使“共读”有了厚实的认知和情感基础；二是“互文”之用既相互映衬，又相互比较。前者达成学生鉴赏体验中“操千曲而后晓声，观千剑而后识器”的效果，后者则明辨出“悲”与“哀”的忧国情怀之有别。可谓达成了“听听，诗人的心声”的效果。

我们相信，受教于本课的小学五年级学生，当最后深得《示儿》垂老忧国之“悲”与《题临安邸》偏安苟且之“哀”的诗情意会，一切关于爱国主义教育之花，已然绽放在其人生之途，并以诗性之美，深深吸引他们走向波澜壮阔的美好人生。

王林波经典课堂实录

王林波，特级教师，中学高级教师，全国百优教师，《小学教学》《小学语文教学》封面人物。曾获全国第七届青年教师阅读教学大赛一等奖及最佳教学设计奖、全国第五届小学语文教师素养大赛特等奖、全国目标教学大赛一等奖。近年来在各级刊物上发表文章210余篇。著有《上好小学语文课——在思考与行动中润泽课堂》一书。

古今对照，在语言实践中感悟文言文的魅力

——《司马光》教学与评析

◆执教／王林波　评析／王露

【教学】

一、图片引入，在古今对照中感悟文言文的特点

师：（课件出示图片）同学们，我知道你们读过很多故事，看到这幅图你想到了哪个故事？

生：《曹冲称象》。

师：曹冲很聪明，想到了称象的办法。下面这幅图呢？（课件出示图片）

生：《乌鸦喝水》。

师：真好！原本喝不到水的乌鸦动脑筋想办法，最后喝到了水。下一幅图呢？（课件出示图片）

生：《司马光砸缸》。

师：都听过这个故事吗？不过，今天王老师要讲另外一个版本的故事给大家听：群儿戏于庭，一儿登瓮，足跌没水中。众皆弃去，光持石击瓮破之，水迸，儿得活。故事讲完，你们什么感觉？

生：太深奥，有点听不懂。

师：你说出了自己真实的感受，很好。因为这是《司马光砸缸》的文言文版本，的确不好理解。接下来大家再听一听这个故事的另一个版本：

司 马 光

有一回，司马光跟几个小朋友在花园里玩。花园里有假山，假山下面有一口大水缸，缸里装满了水。

有个小朋友爬到假山上去玩，一不小心，掉进了大水缸。

别的小朋友都慌了，有的吓哭了，有的叫着喊着跑去找大人。

司马光没有慌，他举起一块石头，使劲砸那口缸，几下子就把缸砸破了。

缸里的水流出来了，掉进缸里的小朋友得救了。

师：这次听懂了吗？

生：一下子就听明白了。

师：请说说你的感觉，文言文和现代文有什么区别？

生：文言文不好理解。

生：文言文的故事短，现代文的故事长。

师：对，这就是两者之间的区别。刚刚听了故事，大家一定知道了这个故事的主人公就是——

生：司马光。

师：你们猜他姓什么？

生：司马。

师：像“司马”“诸葛”“呼延”等姓氏都是复姓，我们一起来写主人公的名字。

（师板书课题，指导书写生字“司”）

【点评：古文首次在教材中与学生见面。王老师用古今对照的方式讲解，有益于降低难度，拉近与学生的距离。】

二、整体感知，运用多样的方法学习多音字读音

师：文言文看起来特别短，但却不好读。大家先来试着读一读，注意把字音读准确，语句读通顺。

（学生自己练习读课文，然后教师请一名学生读课文）

师：你读得真不错，有什么经验吗？

生：我以前读过文言文，我觉得读的时候要慢一些。

师：对，这样才能读得更有韵味，谁再来试一试？

（另一位学生读课文，读得很不错）

师：大家看，课文中这个字是一个多音字，这两位同学不约而同地都把它读作“mò”，为什么选择这个读音？

生：这个字有两个读音，如果读成“足跌没（méi）水中”，就特别不顺，所以应该是“足跌没（mò）水中”。

师：这位同学告诉了我们一种非常好的方法叫“感觉”。那我们把两个读音分别带入句子中读一读，大家感觉一下。

生：群儿戏于庭，一儿登瓮，足跌没（mò）水中。

生：群儿戏于庭，一儿登瓮，足跌没（méi）水中。

（生笑）

师：大家是不是一下子就感觉到有问题？感觉是一种很重要的方法，语感对学语文很重要，不过我知道，刚刚大家选择读音“mò”肯定还有别的原因，谁来说一说？

生：“没”是多音字，我组了两个词，一个是“没有”，另一个是“淹没”。在这一句里我觉得“淹没”更合适，所以应该读作“mò”。

师：就是说这个孩子掉进水缸中被水“淹没”了，而不是掉进水缸中就没了，（生笑）所以“没”在这里读作“mò”。这个同学用的方法更好，这叫组词法。

生：还可以看看这个多音字的意思，“没（méi）”就是什么都没有了，“没（mò）”就是被什么东西盖住了。

师：根据字义来判断，这个方法很好。这一课还有一个多音字，“儿得活”的“得”。用刚才大家说的方法，你觉得这里应该选择哪个读音？

生：“儿得活”就是这个孩子得以活命。根据这个意思，我觉得应该读“dé”。

师：字音全都掌握了，那位同学还告诉了我们一个很重要的方法，就是要读得慢一些，下面大家再练习读一读这篇课文吧。

（生练读，指名读）

师：听完这位同学的朗读，我又发现了读文言文的一个妙招——声断气不断。听老师读一遍。

（师范读，生听读后再次练习读）

师：特别好，文言文就要多读，读得多了自然就明白了。大家放出声音，再来读一读。

【点评：文言文的学习，“读”是关键，在读通读顺的过程中，学生就能大致明白其意。这篇文言文中的两个多音字的读音是读准课文的关键，所以王老师将其作为一个重点，不惜花时间，从多个角度引导学生掌握。】

三、聚焦字词，在古今联系中理解文言文的大意

师：同学们，学语文不仅要多读，还要多思考。请大家读一读课文的第一句话，把你不明白的地方圈画出来，一会儿我们交流。

（生自读，圈画）

生：我不知道“群”是什么意思。

生：我不知道“戏”和“庭”是什么意思。

生：“足跌”是什么意思，难道是说他摔倒了吗？

师：很多人认为文言文很难学，其实一点儿都不难。王老师要告诉大家文言文中的不少字的意思从古至今都没有变，我们可以用现在的意思来理解它。比如“群”，现在的意思就是“一群”，“群儿”就是——

生：一群儿童，也就是一群小孩。

师：很好。“庭”就是——

生：庭院。

师：“戏”就是——

生：游戏。

师：“跌”就是——

生：跌倒。

师：原来古今很多词语的意思没有发生变化。现在，这句话的意思谁理解了？

生：一群小孩在庭院里玩，一个小孩爬上水缸，不小心跌入缸里。

师：真不错，看来学习文言文并不难。我们继续学习第二句话。我写一个字，你们猜一猜它是什么意思。“光持石击瓮破之”的“持”是什么意思？

生：拿着。

师：“持石”就是拿着石头。拿着一根棍子，叫——

生：持棍。

师：拿着一把剑，叫——

生：持剑。

师：拿着一把大刀，叫——

生：持刀。

师：拿着一把枪，叫——

生：持枪。

师：“持”的意思就是拿着，是不是不难理解？我们再来看一个字，“击”是什么意思？

生：就是击打。

师：古今意思不变的字大家都理解了，这里有一个字很特别，它在古文中很常见，现代文中不多见，“光持石击瓮破之”这个“之”是什么意思？

（生摇头）

师：想一想，他把什么给击破了？

生：我知道，他把那个大水缸给击破了，这个“之”就指的是“瓮”。

师：很好，这个“之”的确指代“瓮”。现在，大家把这个“瓮”放在“之”的位置上来读一读。

生：光持石击瓮破瓮。

师：跟课文中的句子比一比，什么感觉？

生：两个“瓮”字中间就隔了一个“破”，感觉有些重复。

师：大家一起来读一读这个句子，再来体会一下。

生：（齐）光持石击瓮破瓮。

师：你们读得越来越好了，王老师要表扬你们！我们知道，“持”就是“拿着”，“击”就是“击打”，那么“光”是什么意思？

生：光亮、光明。

师：难道光亮还会用石头击瓮？是不是发现有问题？怎么办呢？王老师教给大家一个方法，叫作看注释。大家看看注释，“光”是什么意思？

生：司马光。

师：原来它既不是“光亮”也不是“光明”，而是课文中的主人公司马光。课文中还有一个字，“水迸”的“迸”是什么意思？

生：就是水流了出来。

师：你觉得是怎样流出来的？请大家看一看课文插图。

生：快速地流出来。

【点评：指导学生理解文言文的意思，不宜用枯燥的一一对应的方式。王老师很巧妙地和学生对话，在对话中帮助学生理解，学会思考，掌握方法。】

四、引导想象，在语言运用中丰富故事的画面

师：一个小孩掉入水中，其他小孩是怎么做的？

生：众皆弃去。

师：三人成众，大家看这个“众”字，三个“人”字的写法一样吗？

生：最上面的“人”字要写得大一点，把下面的两个“人”盖住，左下方的“人”字捺变成点，要给右下方的“人”让位置。

师：对，如果三个“人”互不相让，写出来就变成了这个样子（师范写），好看吗？

生：不好看。

师：在你的课文纸上练习写一写这个“众”字吧。

（生练写，师巡视指导）

师：同学们，课文中写到“众皆弃去”，咱们来还原一下当时的情景，请

几位同学到前面来。两个人够不够？你们觉得几个人合适呢？

生：五六个吧。

师：再上来几位，现在够了吗？

生：够了。

师：课文中说这个孩子掉入缸里了，其他孩子是“众皆弃去”。如果你要“弃去”，你会怎么走？

生：我立马跑了。

生：我会边跑边喊：“救命啊！救救那个孩子！”

师：那咱们来表演一下当时的场景，其他同学注意看看他们几个人是怎么做的。

（台上的几个学生四处乱跑）

师：谁来说一说，刚才这几个同学是怎么做的？

生：他们几个有的摔倒了，有的喊救命，有的边跑边大叫。

师：“众”指人很多，在第一句话中，有一个字的意思也是指人很多。你们发现了吗？

生：“群儿戏于庭”的“群”。

师：非常好，“群儿”是一群孩子，“戏”就是游戏，一群孩子在院子里做游戏，会做什么游戏呢？

生：一起踢球，一起跳绳。

生：和小伙伴玩捉迷藏、老鹰捉小鸡的游戏。

师：根据你的经验，你还能不能接着说下去？群儿戏于庭，一儿登瓮，一儿——

生：一儿蹴鞠。

生：一儿跳绳。

生：一儿拍球。

师：有了大家的想象，这个故事更有意思了。现在，请大家加上他们是怎么玩的，一儿跌落水中后其他孩子是怎么跑的，把这个故事讲给同学们听一听，同桌之间先互相讲一讲。

（生练习，师巡视指导）

师：谁准备好了？讲给大家听一听。

（几位学生分别加上想象的内容讲故事）

师：这几位同学故事讲得真不错，值得表扬！同学们，这是一篇短小的文言文故事，我们要把它背诵下来。现在大家练习一下，我们看谁能背会。

（生练习背诵，师指名背诵）

师：背得真好。课文学完了，留给你印象最深的两个人，一个是——

生：司马光。

生：另一个是掉进水缸里的那个孩子。

师：作者在写这个故事的时候先写一群人，接着有重点地写那个登瓮的孩子，然后写所有人，最后有重点地写司马光。所以我们对“一儿”和司马光印象深刻，这样选择有代表性的人物来写，能够留给我们深刻的印象，值得我们学习。

【点评：故事性是这篇文言文的特点。教师用想象、用情境表演来丰富故事，让学生感受到文言文也是充满情趣的。】

五、拓展阅读，在比较中再次感受文言文的特点

师：同学们，我们再来看看这幅图，你想到了哪个故事？（课件出示图片）

生：《龟兔赛跑》。

师：对，就是这个故事——（课件出示并讲述）

森林里举行了一场赛跑，参赛队员是乌龟和兔子。随着号令枪的响起，兔子就像是离弦之箭一般冲出去，而乌龟只能慢慢地一步步朝着终点卖力地爬去。

一会儿工夫，兔子已经将乌龟甩得无影无踪。兔子心想，这比赛也太没有悬念了，于是直接靠在边上的大树旁打起了瞌睡，很快便进入了梦乡。而乌龟却在不断卖力地爬着，虽然速度很慢，但是一刻也不停。

兔子在睡梦中突然惊醒，感觉自己好像睡了很长的时间。往终点那一看，乌龟已经快要到达终点了，兔子连忙蹦起来，撒开腿向着终点冲去。但是已经晚了，乌龟还是先兔子一步到达了终点。最终乌龟赢得了这一场看似不可能赢的比赛。

师：这个故事相信好多人都听过，这是它的现代文版，你们猜测一下，它的文言文版会有几行？

生：四五行。

生：两三行。

师：看，只有两行。文言文特别简短，这就是它的特点。（课件出示）

龟兔竞走

龟与兔竞走，兔行速，中道而眠；龟行迟，努力不息。及兔醒，则龟已先至矣。

师：同学们，时间过得飞快，转眼间就要下课了。这节课留给大家的作业有：书写本课生字，背诵课文；对照阅读现代文和文言文版本的《龟兔赛跑》。下课。

【点评：适当的拓展阅读，再次让学生感受文言文简短的特点，同时也让学生了解到文言文不是呆板的“故纸堆”，它也会讲有趣的故事。】

【评析】

为更好地传承中国古典文化，统编版教材增加了古诗文的数量，将文言文学习的年段提前了。三年级上册第八单元的《司马光》是统编版教材中第一篇文言文。人教版教材中将第一篇文言文《杨氏之子》安排在五年级上册。年段提前，学生的学习能力不同，相应的学习要求也要有所不同。王林波老师执教的《司马光》关注到了学情，从兴趣入手，调动学生潜在的学习经验，在语言实践中让学生体会文言文的魅力。

一、兴趣——开启文言文快乐学习之旅

1. 从故事入手，降低学习的心理难度

编者将《司马光》作为首篇文言文，源于学生对《司马光砸缸》这个故事

十分熟悉。因为熟悉内容，所以当语言形式发生改变时，学生并不排斥。王老师显然是深谙编者意图的，他在呈现文言文后，立刻将故事的现代文版本讲给学生听，让学生感受文言文版和现代文版的差异，发现同一个故事可以用不同的形式呈现，挺有意思的。学生带着已知的故事走进文言文，原本“太深奥”“有点听不懂”的内容与自己的距离似乎近了些，从而愿意走进它。

2. 在丰满故事场景中激发兴趣

尽管是用文言写成的故事，其终究是故事。教学时，要将故事味还给故事。王老师熟知这一原则，他引导学生在想象中丰富故事。一个是还原“众皆弃去”的场景，先让学生想象如何“弃去”，再表演。还有一个是结合学生的生活，丰富“群儿戏于庭”的画面。两处教学让学生对故事有了生动的感知。更重要的是，学生从极精简的用字中读到了丰富的内容，进而对文言文产生兴趣。

二、方法——奠定文言文学习的基石

1. 充分用好学生已有经验

文言文在教材中虽然是首次出现，但学生的学习并不是零起点。他们有古诗词学习的经历，有现代汉语语言学习的经验，这些经历和经验可以很好地迁移到文言文的学习中。

王老师让学生确定“足跌没水中”中“没”的读音时，充分用好学生的语感，挖掘学生已知的据义定音的能力，运用好已掌握的方法。声断气不断是文言文朗读的一个要诀，这一点在古诗词的朗读过程中，学生是有体验的。王老师放手让学生自己读，是为学生主动迁移创造了机会，一旦有个别学生在读中揣摩到了方法，就顺势放大。用好学生已有经验，实现迁移，可以有效拉近学生与文言文的距离。

2. 教一点文言文的学习方法

文言文有其独有的语言特点，针对语言特点，我们有必要教给学生一点必备的学习方法。初始阶段，我们不应用繁杂的方法难倒学生，但可以通过一些手段，让学生对方法有一些感知。王老师在教学生理解文言文时，很巧妙地给了学生两种方法：第一，文言文中不少字的意思从古至今都没有变，这种字只需要将其组成合适的词就能理解。第二，有些特别的字，文言文中常见，现代文中不常有的，可以结合语境来理解。如“光持石击瓮破之”中的“之”，想想击破的是什么，就知道“之”代表的是什么。这两种理解文言文的方法对初学者来说是很有必要的。王老师在简单的师生对话过程中，让学生掌握并运用方法，可谓高效！

赵昭经典课堂实录

赵昭，全国“百佳”语文教师、全国教改实践先进个人、黑龙江省语文教学能手、牡丹江市“十大优秀青年”。以“奇谐流美、文韵飞扬”的语文教学风格，获全国小学语文阅读教学大赛特等奖。多篇文章在《人民教育》等刊物上发表。

《为人民服务》教学与评析

◆执教／赵昭　评析／郑丹　靳然

【教学】

一、巧解“服务”，揭示文章论点

师：今天我们来学习一篇文章，题目叫《为人民服务》。你们读过课文了吗？

生：读过了。

师：读懂了吗？

生：读懂了。

师：谁来说说什么是“服务”？

生：为别人做事。

生：满足别人需要。

师：你们为谁服务？是怎么服务的？

生：我为妈妈服务，我给妈妈倒水。

师：你愿意为妈妈服务吗？

生：愿意。

师：真愿意吗？

生：真愿意！

师：好，把你为妈妈服务这件事放在这句话里说一说。（课件出示）

我的存在完全是为了________，我是彻底地为________而存在的。

生：我的存在完全是为了帮妈妈倒水，我是彻底地为帮妈妈倒水而存在的。（生笑）

师：你还像刚才那么愿意吗？

生：不愿意。

师：还有谁为别人服务？

生：我帮同学补习功课。

师：你愿意这样做吗？

生：我愿意。

师：请你也把帮同学补习功课这件事放在这句话里说一说。

生：我的存在完全是为了帮同学补习功课，我是彻底地为帮同学补习功课而存在的。（生笑）

师：你还那么愿意吗？

生：不愿意。

师：为什么？这句话中的哪两个词让你变得不那么情愿了？

生："完全"和"彻底"。

师：这两个词带给你怎样的感觉？

生：这两个词说得太绝对了！

师：同学们说的都是心里话，谢谢大家的真诚！

【点评："为人民服务"对于学生来说距离太远，赵老师把"服务"的理念转化成"服务"的行为，拉近了学生生活与文本语言的距离。在此基础上，进一步引入"完全"和"彻底"两个词，通过填空的形式直观感受其准确性和绝对性，学生在笑声中轻松走入文本、理解文本，感受语言的魅力。】

二、再现情景，理清文章脉络

师：现在请大家看这句话。（课件出示）

我们这个队伍完全是为着解放人民的，是彻底地为人民的利益工作的。

师：是谁有如此的魄力和决心，敢说出这样的话？

生：毛泽东。

师：那他是悄悄说的吗？

生：不是，是在演讲中说的。

师：那听演讲的人一定很少，只有几个吧？

生：不是，他是在参加追悼会上公开演讲时说的。

师：敢于在公开的场合、在很多人的面前，说出这样绝对的话，你觉得说明什么？

生：说明毛主席有信心，有决心，很可信。

师：如果我就是听演讲的百姓，你是演讲者，你会如何说服我、打动我？如果你们队伍中的战士牺牲了怎么办？

生：那我们就尽量减少牺牲。

生："我们这个队伍……工作的。"

师：如果你们队伍中的战士犯错误了怎么办？

生：我们会及时改正。

生："我们这个队伍……工作的。"

师：如果你们队伍中的战士遇到困难了怎么办？

生：我们就想办法克服困难。

生："我们这个队伍完全是为着解放人民的，是彻底地为人民的利益工作的。"

师：你们觉得我这个普通百姓，有这样的疑问正常吗？

生：正常。

师：因为我们一样都是普通人啊！（板书：一样、死、错、困难）我们都会死去，都会犯错，都会遇到困难。

师：现在我来做演讲者，你们做百姓，你们也可以向我提问。

生：如果你们队伍中的战士牺牲了怎么办？（生笑）

师：请看课文第2自然段。

师："我们这个队伍……工作的。"

生：如果你们队伍中的战士犯错误了怎么办？

师：请看课文第3自然段。

师："我们这个队伍……工作的。"

生：如果你们队伍中的战士遇到困难了怎么办？

师：你知道我想说什么！（生笑）

【点评：从“教师三问”到“学生三读”，再从“学生三问”到“教师三读”，这一气呵成的教学设计耐人寻味且妙趣横生。承接前一环节学生理解“完全”与“彻底”所表达的决心与信心后，教师把训练再次升级——在理解的基础上练习表达，创设情境学习运用语言，通过设疑引出3个自然段的主要论点，构思精妙，想象力非凡。而师生互换角色再次朗读、设问时，又巧妙地帮助学生厘清了课文的写作顺序和段落结构。一篇如此厚重、严肃，与现在相隔几十年的文章就这样在教师的巧妙设计中自然而然、不着痕迹地走进了学生的视野和生活。】

三、巧心设疑，凸显文体特征

师：同学们，这就是议论文的特点，在提出观点之后，总会进一步阐述所持的见解和主张。在这篇课文中，面对这些普通人都会遇到的问题，革命者的看法和做法又有哪些不一样呢？请同学们选择最适合自己思考的方法读课文，找出答案。可以在书上画一画，写一写。（板书：不一样）

（生自读课文）

师：（课件出示课文第2自然段）面对一样的死亡，在共产党人的眼中，死的什么不一样？

生：死的意义不一样。

师：有的像泰山一样——

生：重！

师：有的像鸿毛一样——

生：轻！

师：这话是谁说的？

生：司马迁。

师：毛主席在这里为什么要引用司马迁的话呢？

生：因为司马迁是名人，他的话很有说服力。

师：引用别人的话，是议论文经常使用的议论方法，可以增加说服力。在课文的旁边写上“引用”。

（生批注）

【点评：本文是学生从教材上接触到的仅有的几篇议论文之一，既需要学生感知文体特点，又不能涉及过多专业知识。本课中，教师在点明文体后，分三次引出“引用”“举例”“分析”三种议论方法，适时、适度、适当，使学生对议论文体的认识有了适度的把握。】

四、客观解读，理性面对生死

师：毛主席引用司马迁的话说张思德的死是比泰山还要重的，这种观点你们认同吗？

生：认同!

师：这篇文章写于1944年。70多年来，中国发生了翻天覆地的变化，已经“不一样”了!（指板书）我们已经不用为了取暖而去烧炭了，在今天看来，张思德为烧炭而死还算重于泰山吗？

生：算!

师：你为什么这么说？你能从这段话中找到依据吗？

生：张思德同志是为人民利益而死的。（板书：人民的利益）

师：烧炭也好，救人也好，归根结底他是为人民的利益而死的!

师：张思德想死吗？

生：不想。

师：他怕死吗？

生：不怕!

师：对！我们不怕牺牲，但我们同样珍惜生命！同学们永远不要为了一些不值得的事情轻易地放弃自己的生命或是剥夺别人的生命。

师：同学们，在那个战火纷飞的年代，在那个流血牺牲的年代，毛主席关于生死的这段论述激励和鼓舞着每一个失去战友、失去亲人、失去朋友，甚至是像这样（指投影视频：电视剧《潜伏》片段）失去爱人的革命者。文字不只有温度，文字更拥有无穷的力量!

（课件播放视频片段后，生配乐齐读第2自然段）

【点评：电视剧《潜伏》片段的引入是本课的神来之笔！信手拈来、出人意料，却又合情合理、水到渠成，学生被瞬间带入情境。此时，严肃的文本再也不是呆板的文字，而是一句铿锵有力的誓言，学生的朗读声情并茂、令人振奋。教师的一句“我们不怕牺牲，但我们也同样珍惜生命”才是真正的点睛之处。在危险面前，怎样正确认识勇于牺牲与珍爱生命的关系，赵老师看似不经意的语言，却诠释出了当下“生命教育”的真谛。】

五、对比朗读，品味语言魅力

师：同学们，“为人民服务”是一条需要不断探索的路。在前行的道路上谁都难免会疏忽和犯错，革命者在面对错误时又采取了哪些不一样的做法呢?

生：改正!（板书：改正）

师：是真心改正吗?

生：是。

师：让我们来听听有多真心。谁来读一下课文第3自然段?（课件出示第3自然段）

师：（选择两名学生分别读课文原文和删除关联词语后的课文）你们听听他俩谁读的内容更有说服力。

生：第一位同学读得更有说服力。

师：（问第二位同学）你读修改后的课文有什么感觉?

生：读的时候用不上力。

师：虽然我们没有改变原文的意思，只是删除了这些关联词语，却使文章不那么有说服力了。可见，关联词语的恰当运用会为文章增色不少，是吗?

生：是。

师：（再次随机抽取两名学生读第3自然段，一生读课文原文，一生读调换句子顺序后的课文）同学们这次再听听谁读的内容更加坚定、更加有力?

（生读）

生： 第一位同学读得更坚定有力。

师：（问第二位同学）你读打乱句子顺序的课文有什么感觉？

生： 原文这四句话有点儿循序渐进的意思，打乱顺序读的话越读越没劲。

师： 说得真好！这四句话联系紧密、层层递进。我们一起读原文，感受一下原文语言的魅力！

（生读）

【点评：在课后习题中要求理解“因为我们是为人民服务的……我们就照你的办”这四句话是怎样连起来的。这一要求并不容易做到。赵老师在处理这一段落时，放弃了传统的“提问”，而是通过两次对比朗读带给学生直观感受，再引导学生谈体会，自然、有趣，学生在饶有兴致地朗读中学习、积累、品味着语言。

六、链接生活，指向身心成长

师： 读得真好！可是这样就能说服别人了吗？在第2自然段论生死时，毛主席引用了司马迁的名言使得观点那么可信。这段还能再引用名言吗？毛主席用了什么方法？

生： 举例子。

师： 对！真实的事件更具有说服力！“举例子”也是议论文经常使用的议论方法，在课文旁边写上“举例子”。（生批注）毛主席举了谁的什么例子？

生： 李鼎铭先生提出的“精兵简政”。

师： 什么叫“精兵简政”？

生： 精简人员，缩小机构。

师： 预习得真不错！“精兵简政”比喻精简不必要的东西。比如说我们班一天的值日工作只需要5名同学就可以完成，但值日时安排了10名同学，这就属于浪费，这就是人员不够精简，就是“兵不精”。缩减一些不必要的机构也是同样的道理。

师： 这条意见提的对吗？

生： 对！

师：提的意见好吗？

生：好！

师：所以毛主席说："他提得好，对人民有好处，我们就采用了。"（课件出示这句话）

师：现在就请你们说一说，这条意见到底哪里提得好？

生：说出了实际的问题。

生：对我们党有帮助。

生：在今天依然适用。

师：这条意见还有哪里好？（生摇头）

师：（课件出示图片，略）这是两种提意见的态度，第一种是严厉的，第二种是和气的。你觉得李鼎铭先生用的是第一种方法还是第二种方法？

生：第二种。

师：为什么你觉得是第二种？

生：因为提意见的方式不同，第二种容易让人接受。

师：说得真好！看来对别人提意见也要注意方式，要让别人能够接受。是吗？

生：是！

师：这些都是与人交流的技巧，希望同学们都能注意表达的方式，这样既能够帮助别人，又能成为一个受别人欢迎的人。可是我还要问大家，如果李鼎铭先生是用第一种方法提的这个意见，你觉得我们的革命队伍还会接受吗？

生：还会接受！

师：对了！还会接受！（课件出示）

生："只要我们为人民的利益坚持好的，为人民的利益改正错的，我们这个队伍就一定会兴旺起来。"（板书：人民的利益）

【点评：李鼎铭提出的"精兵简政"之于当前的小学生价值何在？赵老师的处理给出了一种回答。从提意见的方式着眼，让学生学会与别人沟通和相处，选的这个"点"颇值得玩味。这是一种基于课文又不拘泥于课文、看似随

意生发却又张弛有度的文本解读，视界高远却目中有人，启迪心智且关注成长。】

七、超越文本，把握精神内核

师：（指板书）同学们，每个人都一样要面对的死亡，在革命者的心中却有轻有重；面对每个人和集体都会犯错这个事实，革命者会及时改正。那在面对困难的时候，他们又会如何应对呢？你们从第4自然段中找到答案了吗？（课件出示第4自然段）

生：“我们的同志在困难的时候，要看到成绩，要看到光明，要提高我们的勇气”。

生：“我们应当尽量地减少那些不必要的牺牲。”

生：“我们的干部要关心每一个战士，一切革命队伍的人都要互相关心，互相爱护，互相帮助。”（板书：互相）

师：这一段中作者既没有引用也没有举例，但却处处都在说明道理，是吗？

生：是。

师：这叫“分析法”，把它写下来。

（生批注）

师：同学们设想一下，他们都会遇到哪些困难？

生：缺衣少粮。

师：这一切在70多年后的今天已经不一样了！同学们看这一段的哪些内容和现在已经不一样了？

生：人口不一样了，不再是九千一百万了。

生：已经不是“大多数人民的痛苦”了！

生：奋斗的代价也不总是牺牲了。

生：革命的目标也不一样了，以前是取得全民族的解放，现在是建设和谐社会，实现中国梦！

师：说得真好！这些都已经和以前不一样了！今天，我们还需要互相关心、互相爱护、互相帮助吗？今天我们再学习这篇文章还有意义吗？

生：有意义！

师：为什么？因为什么没变？

生：因为人民的利益没变！

师：对，因为人民的利益一直没有变！（板书：人民的利益）

师：面对一样的死亡、错误和困难，我们却有着不一样的生死观、批评观和团结观。这都是因为我们有着一个不变的信念——人民的利益高于一切！（板书：一样　高于一切）我们再来一起重温这铿锵有力的誓言吧！（课件出示）

我们的同志在困难的时候，要看到成绩，要看到光明，要提高我们的勇气。中国人民正在受难，我们有责任解放他们，我们要努力奋斗。

（生齐读）

师：张思德同志已经去世70多年了，李鼎铭先生的“精兵简政”早已深入人心，为逝者开追悼会已经成为一项传统，“全心全意为人民服务”已经成为我们党的根本宗旨，这都是因为我们始终坚持自己的奋斗目标——为人民服务！

师：最后送给同学们一段话，希望你们能够用心感受其中的深意。（课件出示《为人民服务》歌词）

当初为谁扛起枪为谁上战场
当初为谁打天下为谁赴国殇
如今咱江山万里长
旗帜该为谁扛
为民服务是本分
咱时刻不能忘
……

（生全体起立朗读）

师：下课！

【点评：“哪些内容和现在已经不一样了”不只是这一环节的主题，更是赵老师对全篇课文教学的着眼点。当学生从人口数量不一样、奋斗的代价不一样这样浅层次的认识中慢慢发现连奋斗目标也不一样的时候，不只体会到了思考所带来的发现与惊喜，更对祖国70多年来发生的巨大变化感到震惊。“人民的利益高于一切”已经不只是一句口号，更转变成了一种信念悄悄植根在了学生幼小的心灵。】

【评析】

坦率地讲，本课的教学设计十分大胆，甚至有些冒险，各种新奇的想法与创意遍布其中，让人应接不暇。观课的40分钟里，面对这样一篇人们耳熟能详的课文，笔者竟然感觉像是在经历一场“头脑风暴”，因为赵老师在课堂上提出的每个问题都不是“规定动作”，每一个教学环节结束时都会让人“恍然大悟”，甚是特别！

一、面向“新时期”的宏观视野

《为人民服务》怎么教？这是个问题。

教学，有时候需要一种勇气。在笔者看来，赵老师选择教《为人民服务》是一次“亮剑”，而在教学过程中创造性地把视野定位在“一样”“不一样”“一样”三次比对上，露出了思想的锋芒：一样的死亡、犯错、困难，却有着不一样的生死观、批评观、团结观，这一切都是基于“人民的利益高于一切”的根本宗旨。当赵老师在学生的回答中第三次在黑板上写下“人民的利益”时，这时常被我们挂在嘴边的5个字瞬间震撼了全场的观课教师，内心有种失而复得的庆幸与珍惜，仿佛从不曾体会它的美好与强大。

课堂上，赵老师一次次地追问学生不一样的地方，学生在一次次看似重复的回答中寻找着、体会着、感动着、表达着，没有机械的答案，更没有标语式的口号，一切都是平和的、自然的、舒服的，让学生读懂并爱上《为人民服务》，让他们从课文中找到各自的共鸣点和未来的人生坐标，这就是面向“新时期”的宏观视野。

二、指向“发展人”的教育的初始视角

教育的基本功能就是发展人、完善人。不知从何时起，这个“基本功能”

已经变得不再“基本”，“热闹”的语文课堂本末倒置地追逐着或新奇、或功利的目标，一时间“手段”与“目的”模糊一片，“发展人”由于其不可即时测量的特殊性，被清冷地摆在了一边。

我们在赵老师的语文课上欣喜地看到了他“务虚”的一面。一节真正的语文课，总要有一些不能收到即时效果、不以立竿见影为衡量标准的努力；总要有一些指向终身发展、为今后人生做准备的铺垫；总要有一些跨越学科，不以专业知识、技能论短长的导向。

面对“人固有一死，或重于泰山，或轻于鸿毛”，赵老师问道：“这种观点你们认同吗?”面对张思德的英勇就义，赵老师说：“我们不怕牺牲，但我们同样珍惜生命!”面对李鼎铭提出的“精兵简政”，他更关注向别人提出意见的方式与态度。面对70多年来祖国发生的翻天覆地的变化和与过去的种种“不一样”，他却问道：“今天我们再学习这篇文章还有意义吗?

让课堂充满问题容易，让问题充满思考却不简单。这些看似简单到甚至不需回答却处处直指人心的发问，正是赵老师站在人性的高度，以人的发展为起点和归宿的重新审视，是指向“发展人”的教育的初始视角。

三、走向“真语文”的核心视点

语文即语文，何来真伪?而当下就是有一些不以语言为核心、不以语文活动为主体，甚至看不出是以语文综合素养的提高为目的的伪语文课：声光电屏炫目多彩，所有与语文无关之处无所不用其极，唯独语言是干瘪的，语文活动是附加的，语文素养的提升是真空的。

赵老师的语文课也向来是多元的组合，他引入的视频、选取的音乐，甚至每一张文字幻灯片的背景图片都是经过精心制作的，但这一切无一例外地都指向语文，而非其他。

以本课为例，《潜伏》视频片段的引入就属神来之笔，它使呆板的文字瞬间变得立体化、人性化、生活化，现场观课的教师无不啧啧称奇、万分感慨：如此理性、严肃的文字也有感性、温情的一面。70多年前的语言与学生之间再也没有隔阂与距离，他的精美课件是语文的；课文第3自然段“因为我们是为人民服务的……我们就照你的办”四句话，赵老师让学生通过对比读，学生读出了关联词语的妙处，读出了逻辑关系的严密，读出了改正态度的坚定，他的课堂活动是语文的；下课前，赵老师引入了《为人民服务》歌词，语言质朴、情感真挚，学生在深情的朗读中再次受到精神的洗礼，水到渠成，润物无声，他的课外延伸是语文的。

语文穿透一切、覆盖一切，赵昭老师是以对待整个人生的态度来对待语文教学。虽然本课的教学设计在文本学习形式的多样性和学生自主参与的主动性上还有可商榷的空间，但他在“老课新教”上的不断探索与大胆尝试已经跨出了神奇的一步。

易志军经典课堂实录

易志军，广东省特级教师。荣获第九届全国青年教师阅读教学观摩活动一等奖。长期致力于阅读教学的研究。《小学语文教学》签约作者。多篇文章在《小学语文》《小学语文教学》《小学教学设计》《名师说课》发表。著有《陌生：阅读教学新思维》一书。

学罗贯中“讲故事”

——《孔明智退司马懿》教学与评析

◆执教／易志军　评析／王小毅

一、聚焦“字词”，把故事读通顺

师：今天，易老师和大家一起来聊一个故事，故事的题目叫——

生：《孔明智退司马懿》。

师：你从这个故事的题目中得到了什么信息？

生：孔明用自己的智慧击退了司马懿的大军。

师：没错，从题目咱们就能猜到故事的大概内容，这就叫“以事命题”。这种方法在《三国演义》里非常常见。我们一起来看一看，（课件出示题目）大家一起读。

生：孔明挥泪斩马谡。

师：猜一猜，大概讲的是什么？

生：孔明不忍心地斩了马谡。

师：是的。继续往下看。

（课件继续出示“以事命题”的例子，学生猜测故事内容）

师：《三国演义》每个章回标题几乎都是这样的题目。看到题目，就可以猜出大概意思。

【点评：“以事命题”是本文题目的特点，也是《三国演义》每个章回标题的特点。这个暗合点抓得好。】

师：课前，同学们都预习过这个故事了。那屏幕上的这些词语大家都会读吗？（课件出示）

旌旗　城铺　擅动

鹤氅　纶巾　麈尾

（生读词语）

师：你知道哪个词语的意思呢？

生：我知道“旌旗”就是用羽毛装饰的旗子。

生：“擅动”就是自作主张。

生：“城铺”是城上巡哨的一些岗棚。

生：我知道“鹤氅”就是用鸟羽编成的衣服。

师：好的，看来同学们的预习非常充分。下面这组词语，你们都会读吗？（课件出示）

凭栏而坐　焚香操琴　笑容可掬

（生齐读）

师：这一组词都写的是同一个人，你们知道是谁吗？

生：诸葛亮。

师：是的，故事的主角。好的，下面这组词语，你们认识吗？（课件出示）

尽皆失色　尽皆隐匿　尽皆退去

师：这组词语有一个共同点。

生：都有“尽皆”二字。

师：在这个故事中，“尽皆失色”指的是谁？

生：是指诸葛亮身边的那一班文官，他们听说司马懿大军杀来都吓坏了。

师：“尽皆隐匿”又是指什么？

生：是指诸葛亮让军士把旌旗全部藏起来。

师：第三个词“尽皆退去”指的是谁呢？

生：指的是司马懿带领的十五万大军。

【点评：学习古代白话文，首先要解决的是那些不好读也不好懂的字词。

分组呈现词语，将词语理解与主要人物、故事内容发生关联，让学习活动功效最大化。】

师：这个故事的意思大家都知道吗？

（生犹豫不答，有的点头，有的摇头）

师：下面老师来读一读这个故事，看看能否帮助大家理解。你们边听边想象当时的情景。

（师范读，生听后鼓掌）

师：谢谢大家的掌声！其实呀，不是老师读得好，只是因为这个故事讲得太精彩了。了解三十六计孙子兵法的同学一定知道，这个经典的故事其实又叫——

生：空城计！

师：是的，它节选自《三国演义》第九十五回。读过这本书的同学请举手！

（部分学生举手）

师：举手的同学，老师真要给你们点一个赞。《三国演义》是一部家喻户晓、名扬中外的古典小说。简而言之，它是一部小说。英国著名作家福斯特曾说过“写小说就是讲故事”。（课件出示：写小说就是讲故事）一起读！

师：今天这节课，咱们就以这篇课文为例，看看作者罗贯中是怎样讲故事的。（板书：讲故事）

【点评：通过范读演绎故事的精彩，其目的就是激发学生进一步探究作者讲故事的秘密的兴趣。】

二、聚集“情节”，把故事讲清楚

师：要把故事讲好，首先得把故事的起因、经过和结果——

生：讲清楚。

师：真好！要讲清楚。（板书：讲清楚）下面自由读一读这个故事，想一想故事的起因、经过、结果是什么。

（生读）

师：这个故事的起因是什么？

生：司马懿带领大军十五万，望西城县蜂拥而来。

师：说得真好！可以用几个字来概括一下吗？

生：兵临城下。

师：好的，那么故事的经过呢？

生：孔明用计。

师：老师提个建议，把“用”改为“施”，可以吗？

生：可以！

师：这个故事的结果是什么呢？

生：司马中计。

师：好的，咱们来看黑板，故事的起因、经过、结果，都完整了吗？

生：完整了。

师：罗贯中讲清楚了吗？

生：讲清楚了。

【点评：故事是小说的基本面，情节是小说的逻辑面。如何把故事讲清楚，高年级的学生明白。教学重点放在点拨学生如何用四字词来提炼情节，符合学情需要。】

三、聚焦“技巧”，把故事讲精彩

师：老师想问大家：是不是把一个故事的起因、经过、结果讲清楚了，就是一个完整的故事吗？

生：不是的。

师：当然不是。要想把故事讲精彩，（板书：讲精彩）肯定是需要一些技巧的。下面，咱们看看罗贯中都运用了哪些技巧，让这个故事家喻户晓。

1. 将雨闻雷，感受“铺垫”之叙事艺术

师：咱们以这个故事的开头为例。请大家看这个片段，小声读一读，你觉得当时的情形可用什么词来概括？

（生小声读片段）

生：我觉得当时有些让人始料未及，很紧急！

生：当时真是命悬一线。

生：也可以说是危急万分。

师：是啊，情况危急！哪些地方让你感觉到危急？

生："十余次"，说明当时是一次紧跟一次地来报。

生：我觉得"忽然"也说明很危急，因为"忽然"说明了司马懿来得太突然了，诸葛亮毫无准备。

生："蜂拥而来"也说明情况非常危急。

师：看来，大家都关注到"飞马来报"这句话。你们觉得当时探子回来报告时，会是一种怎样的语气呢？自己试着读一读。（课件出示，生自由练习）

司马懿引大军十五万，望西城蜂拥而来！

师：谁来试一试？

（生读）

师：很温柔，不像是千钧一发、命悬一线、万分危急。老师给大家一点帮助：古时候打仗，飞马来报时，一般在报前会说一个字，而且会把这个字音拖得很长。

生：报。

师：（课件出示："报——"司马懿引大军十五万，望西城蜂拥而来！）好的，我再请几个同学读一读。（指向一生）我命你在十里之外探听，若有军情，速速来报。明白吗？

生：明白！

师：（指向另一生）我命你在八里之外放哨；（指另一生）我命你在五里之外放哨；（指向另一生）我命你在二里之外放哨。一旦有军情，火速来报，不得有误。好的，你们可以开始表演了！

（生表演，语速一次比一次快）

师：同学们，急吗？

生：急！

师：是啊，太急了！如果你就是诸葛亮，或者你就是诸葛亮身边的这一班文官，情况这么危急，别无他计，干脆出去跟他们拼个你死我活，行吗？

生：不行。首先，诸葛亮身边都是一些文官，而司马懿那边都是大将；另外，人数上的差距也太大了，肯定是打不过的。

师：看来进攻肯定是不行了。那我再问你们：紧闭城门，死死地守住，可以吗？

生：不行！

师：为什么不行呀？

生：根本就守不住，因为他们可以用箭射，还可以用木头去撞那个城门。

师：说得太好了！你要是在古代，肯定是一位卓越的军事家。同学们，你们认为守得住吗？

生：守不住。

师：你们看，攻也不行，守也不行。要不，三十六计——

生：走为上策！

师：跑，行吗？

生：不行！

师：为什么？

生：我觉得他们跑不远，因为大多是文官，体力没那么好。

师：是啊，要是读过《三国演义》的人一定知道，诸葛亮其实——

生：不会骑马，只能坐马车，而马车是很慢的。

师：是啊！跑不远的。你们看，攻不赢，守不住，跑不远。实在是太危急了！你觉得罗贯中在讲这个故事时，可以不讲这部分内容吗？

生：我觉得不能不讲，这样就不能清楚地说明当时的情况危急。

生：不能不讲。因为只有讲清楚当时的情况有多么危急，才更能说明诸葛亮当时有多么冷静。

师：我明白你们的意思了，你们是说罗贯中讲这个部分，其实是为后面引出诸葛亮做的一个——

生：铺垫。

师：这个词说得好，老师把它写到黑板上。（板书：铺垫）难怪这个故事如此经典，看来要想把故事讲精彩，得学会一种方法，一起读——

生：铺垫。

【点评：铺垫是小说中常见的艺术手法。抓住环境描写，通过概括和演读来体会表达的作用，很精彩。】

2. 吊足胃口，感受“悬念”之叙事艺术

师：有人说，空城计就是孔明和司马懿之间的一场心理战。你们同意吗？

生：同意。

师：那老师觉得奇怪了，既然是他俩之间的一场心理战，那么，罗贯中在讲这个故事的时候，作为主角的诸葛亮，作者却完全没讲他当时的心理活动。（课件出示第1自然段，生默读）

师：你觉得如果描写诸葛亮的心理活动，可以在哪个地方穿插着讲一讲？

生：我觉得可以在“时孔明身边别无大将，只有一班文官”这里穿插着描写诸葛亮当时的心理活动。

生：我觉得当孔明登上城楼，看到这个现实情况之后他就开始想办法了，这个时候是可以描写诸葛亮的心理活动的。

师：是啊。其实很多地方都可以描写诸葛亮的心理活动。咱们就以这个地方为例，孔明在传令之前一定把一切都想清楚了。他是怎么想的呢？（课件出示）

> 孔明登城望之，果然尘土冲天，魏兵分两路望西城县杀来。
>
> 孔明心想：______。
>
> 于是，孔明传令，教“将旌旗尽皆隐匿；诸军各守城铺，如有妄行出入，及高言大语者，斩之！……”

生：孔明心想，我要冷静，如今魏兵望西城县蜂拥而来，且大军十五万，我军才两千五百人，决不能与对方硬拼，我得想想办法。

生：孔明心想，司马懿生性多疑，跟曹操一样，我若大开城门，他必起疑心，一定会以为城内有伏兵，最后定会尽皆退去。

生：孔明心想，我的身边别无大将，文官能做些什么？我该怎么办？司马懿都杀过来了，还是用空城计退司马懿吧！

师：同学们，我们这样讲也挺好的！看来，罗贯中没咱们讲得好，同意吗？

（生摇头）

师：看来，你们并不赞同这样讲。那么咱们再想一想，为什么罗贯中不描写诸葛亮的心理活动？我们在语文课上不经常说要通过动作、语言、神态、心理活动描写来刻画人物形象吗？在这里，罗贯中为什么不描写心理活动呢？

生：我认为他不描写心理活动，主要是想给听故事的人留下一些想象的空间。如果这里描写心理活动的话，读者就没有想象的空间，反倒不喜欢这个故事了。

师：确实如此。如果你还不知道故事的结尾，你能明白孔明当时的用意吗？

生：不明白。

师：你们想知道吗？

生：想！

师：想知道，却又故意不讲给你听，吊你的胃口。这其实给我们留了一个——

生：悬念！

师：没错，真聪明！老师把这个词写到黑板上。（板书：悬念）看来要把故事讲精彩，还得掌握另外一个技巧，一起读——

生：悬念。

师：用这样的方法来讲故事，在《三国演义》里非常普遍。咱们看一看这个故事，（课件出示《草船借箭》开头对话的片段）大家非常熟悉吧？

生：《草船借箭》。

师：咱们合作着来讲一讲。我先铺垫一下：周瑜知道诸葛亮很有才，心里非常嫉妒他，于是想陷害他。有一天，周瑜请诸葛亮商议军事……

（师生合作读）

师：你觉得，诸葛亮在和周瑜说这番话时，心里想好计策了没有？

生：想好了！

师：其实诸葛亮早已计上心头。他是怎么想的呢？

生：诸葛亮想，三天之后必有大雾，到时候我直接去曹操那里“借箭”就可以！

生：诸葛亮想，到时候我带些小船，只管擂鼓呐喊就行，江上大雾，曹操看不清，必然会放箭。到时候，我把箭借回来，你就没话说了。

师：是啊，如果罗贯中在讲这个故事的时候，早早地就把诸葛亮的这些心理活动都描写出来，这个故事还好听吗？

生：不好听！

生：这样就一点悬念都没有了，这个故事也就不吸引人了。

师：所以说，要把故事讲精彩，还得讲技巧，那便是——

生：悬念。

师：看来呀，罗贯中的确是——

生：讲故事的高手！

【点评：《一千零一夜》中，国王的新娘就是通过给国王讲故事，用悬念吊国王的胃口，才免于一死。抓住心理描写，通过还原和类比体会悬念的表达效果，很有智慧。】

3. 以宾衬主，感受“衬托”之叙事艺术

师：好的，咱们再回到这个故事。你们看故事的结尾，咱们合作来讲一讲。（课件出示）

> 次子司马昭曰：“莫非诸葛亮无军，故作此态？父亲何故便退兵？”
>
> 懿曰：“亮平生谨慎，不曾弄险。今大开城门，必有埋伏。我兵若进，中其计也。汝辈岂知？宜速退。”
>
> 于是，两路兵尽皆退去。

（师生合作读）

师：如果对方领军的不是司马懿，而是他的儿子司马昭。你觉得诸葛亮的这个空城计还能成功吗？

生：不能！

师：那如果领军的不是司马昭，而是司马懿身边的一个副将，你觉得孔明的空城计还能成功吗？

生：不能！

师：也不一定能成。领军的就是司马懿手下一个普普通通的、有勇无谋的士兵，你觉得这个空城计还能成功吗？

生：不能！

师：如此说来，司马懿所带领的这十五万大军当中，只有他一人是最愚笨的。是吗？

（生笑）

师：你们同意这个说法吗？

生：（小声地）不同意。

师：十五万人中，其他人可能都不会上孔明的当，只有他一人上当，难道他还不是最笨的吗？

生：司马懿其实非常谨慎，只是疑心很重。

生：司马懿只是输在了性格上，其实他并不笨。

师：嗯，有道理！你们知道别人是怎么评论司马懿的吗？（课件出示）

懿，善用兵，变化若神，所向无前。

师：知道这句话是谁说的吗？（生摇头）是吴国统帅孙权说的。难道司马懿是徒有虚名，或者孙权言过其实？咱们再来看。

平生所患者，独司马懿一人而已。

师：我这一辈子只怕一个人，那就是司马懿。你们知道这句话是谁说的吗？（生摇头）正是诸葛亮说的。同学们，司马懿这么厉害，他居然中计了，真是让人百思不得其解呀！

（一生举手）

生：老师，我觉得司马懿当时就是聪明反被聪明误。

师：是的，司马懿其实非常聪明。他了解诸葛亮吗？

生：了解。

师：说到这里，我想起了清代文学家毛宗岗说的一句话。（课件出示）

观才与不才敌，不奇；观才与才敌，则奇。

——毛宗岗《读三国志法》

师：知道这句话的意思吗？

生：看一个很厉害的人和一个不厉害的人为敌，不新奇；如果看两个很厉害的人为敌，才让人觉得新奇、好看。

师：所以说，司马懿越厉害，越会识人心，就越能——

生：就越能说明诸葛亮更高一筹。

生：就越能衬托出诸葛亮的厉害。

师：这个词用得好！老师写在黑板上。（板书：衬托）原来，讲司马懿是为了衬托诸葛亮。用这个方法讲故事，才能让人拍案叫“奇”！

师：你觉得罗贯中在讲这个故事的时候，还用谁来衬托了诸葛亮？

生：还用众官衬托了诸葛亮。当时在那么危急的情况下，众官尽皆失色，这样就更表现出诸葛亮的临危不惧。

生：罗贯中说众官尽皆失色，其实是想衬托诸葛亮的运筹帷幄。

师：所以说，要想把故事讲精彩，就得学会一个方法，一起读——

生：衬托！

师：这种手法在《三国演义》里随处可见。看来，罗贯中的确是——

生：讲故事的高手！

【点评：衬托作为一种艺术手法，在小说中有大量的体现。抓住对话，通过质疑和引用来体会人物与人物之间衬托的表达效果，很巧妙。】

师：其实，罗贯中在讲故事的时候，所用的方法远远不止咱们今天学的这三种！毛宗岗在《读三国志法》里这样评价罗贯中讲故事的本领。（课件出示

相应原文译句）

《三国演义》讲故事技巧之绝妙，可与《史记》媲美。而要讲清三国里的众多故事，其难度远远大于《史记》。

师：《三国演义》里一共讲了几百位个性鲜明的人物，还有许多大大小小的战争。要讲好这些庞大的历史故事，确实不容易。就拿这个故事来说，有人说：司马懿其实早就看出了孔明的计谋，只不过是故意假装中计，为的是给自己留下一条后路。还有人说，空城计这个故事根本就是编造的。对此，你怎么看？

（生沉默）

师：这个问题，恐怕需要留待同学们读完全书，甚至要读过几遍之后才能有自己的定论。下课！

【点评：教师设置悬念，激发学生对整本书的好奇心。妙！】

【评析】

这是一节充满智慧的小说阅读课。置身于这样的课堂，我们感受到的不仅仅是诸葛亮的退敌智慧，还有罗贯中的叙事智慧和易老师的教学智慧。这节课最大的亮点是，在体会罗贯中的叙事智慧的过程中体会诸葛亮的退敌智慧，在学习讲故事的过程中感受人物形象，在形式探究与内容理解的无痕对接中，将小说教成了小说。

一、关注文体特征，聚焦小说表达

任何一篇文章都有自己的文体归属，任何一种文体都有区别于其他文体的不同特点，这些特点鲜明地表现在内容的选择、结构的安排、技巧的运用和语言的表达等方面。小说的基本特征就是叙事，通俗地讲就是讲故事。讲故事是小说的基本层面，也是至高无上的要素，没了这一层面小说也就不存在了。

以“学习罗贯中如何讲故事”为主线来展开教学，充分体现了易老师极强的文体意识。教学分两个层面：一是讲“清楚”，利用提炼小标题的方式，学生很快梳理出故事情节（兵临城下——临危施计——司马中计），凭着好奇心，追问故事情节，对于高年级的学生来说并不困难；二是讲“精彩”，阅读课上读小说，不仅要关注小说说了什么，更重要的是关注小说怎么说的，引导学生在领悟课文中“铺垫”“悬念”“衬托”等艺术手法的表达效果中，感受诸葛亮和司马懿的鲜明形象，感受罗贯中的叙事智慧。

这是在循着文体特征去教小说，这样的阅读课，才是语文的、文学的、小说的。

二、关注阅读策略，指向核心素养

文体作为文本的外在形式也是对阅读理解的一种规范。对读者而言，阅读理解的过程就是按照文本所提供的具体内容或形象，运用头脑中先于阅读的某种体裁类型，解读、接受文本所携带的某种语言的、思想的或审美的信息，同时又在它的未定空白处赋予新的含义的过程。因此，选择与这篇小说相匹配的阅读思维，就显得尤其重要。

站位不高的人教小说，难免落入俗套：分析环境，分析情节，分析人物，提炼主题，赏析语言。如果站在核心素养的高度来观照小说教学的话，就不得不选择合适的教学内容，选择恰当的阅读策略。本节课易老师很好地运用了孙绍振先生的“还原法”“比较法”。

从环境描写切入：概括，读懂情况危急；演读，读出情况危急；换位思考，体验情况危急——还原；罗贯中可以不写吗——比较。从而引导学生领悟“铺垫”的表达效果。

从心理描写切入：兵临城下，诸葛亮不可能没有心理活动，动笔描写诸葛亮当时的心理活动——还原；罗贯中为何不写——比较。从而引导学生领悟“悬念”的表达效果。

从对话描写切入：如果不是司马懿，诸葛亮的空城计能成功吗？人们是怎样评价司马懿的——还原；司马懿怎么就中计了呢——比较。从而引导学生领悟“衬托”的表达效果。

根据艺术形象提供的线索，把未经作者加工的原生的形态想象出来，比较艺术形象和原生形态之间的差异，作者这样表达的效果也就不言而喻了。易老师深谙此理。

三、关注读整本书，渗透传统文化

文体意识的养成，是我们通过大量的读写实践，在头脑中逐渐形成关于不同文类的知识结构或文章图式。长此以往，会不知不觉地将这些（文本体式）惯例和准则吸收进我们的读写经验里，对读写具有制约作用，使得我们读写的半自觉活动成为可能。

整本书阅读和我们的单篇阅读是有区别的，学习目的、学习方法，以及读物的选择、阅读方式等等，都有很大的区别。具体来说，从对象上看，它是多样化的，是经典的，而且是关联的，如果是多本，更讲究它的某一方面的相互关联性。阅读的过程也不是线性的、机械的，而是具有动态性、综合性、开放性的，特别是阅读的目的，不是为了考试，不是为了知识的记忆，更多的是为了养成良好的阅读习惯，探索阅读方法，建构阅读经验，指向的是阅读的能力。它越来越接近我们的语文核心素养。

易老师立足单篇，放眼整本，教得非常自然。讲"以事命题"，会关联到《三国演义》的每个章回的题目；讲"铺垫"，会联系到《三国演义》中诸葛亮在第37回才粉墨登场；讲"悬念"，会联系到《三国演义》中的"草船借箭"。讲到最后都不忘激发学生的好奇心，吊足了学生的胃口。

阅读经典就是要潜移默化地渗透中华优秀传统文化。语文教师的使命就是做一个点灯的人，照亮孩子们的阅读之路。这节课让我们看到了易老师的用心与努力。

刘广祥经典课堂实录

刘广祥，义乌公学小学部校长，全国小语“十大青年名师”。荣获全国第九届青年教师阅读教学评比特等奖，江苏省第十三届青年教师优课评比特等奖。

《黄鹤楼送别》（第二课时）教学与评析

◆执教／刘广祥　评析／薛法根

一、少年不识愁滋味

师：还记得学过的这首诗吗？（课件出示《峨眉山月歌》，生齐读）

师：思君不见，直下渝州，没有太多的伤感惆怅；不见故人，说走就走，率性而洒脱，这个人是谁？

生：李白。

师：对，就是李白！此时的李白正仗剑去国，辞亲远游。一路赏尽盛唐美景，结交侠客文人，大诗人孟浩然便是其中的一位。李白与孟浩然结下了深厚的情谊，在黄鹤楼留下了这首千古传诵的古诗。这节课，我们继续学习课文。

师：上节课我们用几个小标题概括了文中给我们描绘的场面，你们还记得吗？（指名回答，相机板书：赏景、话别、目送）

师：简洁的几个小标题就可以概括出文章的主要内容。“简洁”是一种能力，在语文学习中应大胆尝试。

【点评：以诗导入，借诗识人。寥寥数语，就把本文的来龙去脉介绍得清清楚楚，可谓“简洁”；用三个词语概括本文的主要内容，更显文本结构的“简洁”。刘老师的教学语言和教学设计犹如洗过一样，干净、简洁。这是教学的一种境界。】

二、眼前有景道不得

师：请大家翻开课本，自由读一读第2自然段赏景的画面，体会李白送别孟浩然时的心情。

（生读后交流）

生：文中“依依惜别”这个词让我很有感触，我体会到了李白送别孟浩然时的不舍。

师：那你是如何理解“依依”的呢？

生：……

师：（板书：依）一起来看这个“依”字。这个字由一个单人旁和一个“衣”字组成。发挥想象力，你可能会想到什么场景或者什么故事呢？

生：我想到的是一个人穿着一件衣服，我觉得“依”字可能是靠得很紧的意思。

生：我想到的是《师恩难忘》一课中那一对母子，那个小孩紧紧拽着妈妈的衣服，一刻也不松开，生怕走丢了一样。“依”的意思应该是不能分开，极为舍不得。（生鼓掌）

师：你们通过自己的观察和想象理解了“依”字，真不错！根据汉字的字形来揣测其大意，就是望“形”生“义”，这是一种很好的学习汉字的方法，在今后的学习中要多尝试、多运用。

师：那何为“依依”呢？（板书：依依）

生：比一个“依”字的意思更深一层，就是非常不舍的意思。

师：是的，叠词往往都有使意思更进一层的作用。在这段文字中，哪些词句让你真切地感受到这种依依不舍之情呢？请大家轻声地读一读，再次用心体会。

（生读）

师：句句含真情，字字表心意。你发现这些词句了吗？

生：我从一个“藏”字感受到李白送别孟浩然时的依依不舍之情，我感觉他们都不愿意说出离别的话语。

师：为什么？

生：因为离别的话说出来，就会让大家很伤心。这就是人们所说的“最柔

软的地方碰不得”。（生笑）

师：如果碰了呢？

生：那就会像决堤的洪水一样，一发不可收。

师：说得好！感情越真，“藏”得越深，彼此不语，免得伤心。“藏”是因为不忍，不忍就是“依依”。

生：我从“有意不去触动”中感受到这种不舍。谁都不说话，只是默默无语。

师：你真善解人意。此时只剩下了沉默，沉默是三月的黄鹤楼；沉默是依依的惜别情。

生：我还从两个“一会儿”体会到他们像是在欣赏眼前的美景，实际上是在掩饰离别之情。

师：说得好！那如何读好这段话呢？说一说你们的建议。

生：我觉得读的时候应该慢一些，让他们在一起的时间长一些，这样才能表现出不舍之情。

生：读的时候还应该注意声音的起伏，才能表现出他们内心涌动的情感。

师：句子是有生命的，生命是需要节奏的，而快慢高低就是节奏的一种表现。还需要注意什么呢？

生：要有感情，依依不舍的感情。可以把自己当作这个场景中的一个角色来读。

师：多么好的经验呀！就是说，读这段话的时候，你可以是——

生：李白。

师：或者是——

生：孟浩然。

师：还可以是——

生：江边的一株杨柳。

生：沉默的黄鹤楼。

师：完全置身于场景之中，这就叫“设身处地”。请同学们有节奏地、设身处地地读一读这段赏景的场景。

（生自由读第2自然段）

师：谁来读一读？

（指名读，配乐）

师：多情自古伤离别，即使是风流洒脱的李白与孟浩然，也逃不脱离别的纠结。

（指名读）

师：三月江边花似锦，烟雾迷蒙添离愁。

（指名读）

师：眼前有景无心赏，依依惜别心底藏。再慢一些，再藏一些。

（师生齐读）

【点评：情感的体会在于对字词的揣摩，要善于从字里行间触摸到人物内心细微的情感变化，领会那种“只可意会不可言传”的情意。阅读体会难就难于此。刘老师却善于捕捉教学的契机，在学生关注的字词上，巧妙地那么一“引”：“这个汉字由一个单人旁和一个‘衣’字组成……你可能会想到什么场景或者什么故事呢？”再有意那么一“联”：“‘藏’是因为不忍，不忍就是‘依依’。”最后又用配乐朗读那么一“煽”：“眼前有景无心赏，依依惜别心底藏。再慢一些，再藏一些。”这样就完成了从体会到领悟，进而到有感情朗读的过程。整个教学环节浑然天成，自然舒畅。】

三、劝君更尽一杯酒

师：不忍别，终须别。可就这么藏着，就这么沉默着，还离别吗？送别之言终究要说出口。请大家自由读一读第3自然段李白的话，你感受到了什么？

（学生读后，有的学生急于发言）

师：书读百遍，其义自见。请大家再默读一遍，画出词语和句子，简短地写一写自己的体会和感受。

（生默读静思，圈画批注）

师：你感受到了什么？

生：我从李白的话中感受到了他对孟浩然的敬仰。

师：何以见得？

生：我是从“孟夫子”这个称呼中感受到的。“夫子”是古代人对有品性、有学问的男子的尊称。

师：言之有理，一种称呼就是一种情感。

生：我从六个“您”体会到了这种尊敬。

师：你真是细心！我们一起看看“您”这个字，你能从它的字形中想到什么呢？

生：就是一直把“你”放在“心”上的意思。

师：连用六个“您”，何等尊敬呀！同学们，孟浩然比李白年长12岁。725年，李白乘船来到襄阳，带着自己写的诗去拜访孟浩然。孟浩然对李白的诗大加赞赏，并留他住了十多日。两人一起饮酒吟诗，游山玩水，结下了深厚的情谊。因此，在李白心中，孟浩然就是他的兄长和老师。此时你就是李白，你能读出这种尊敬和仰慕之情吗？

（一生读）

师：尊敬之意溢于言表！李白为什么如此敬仰孟浩然？

生：李白敬仰孟浩然的作品和人品。

师：孟浩然是唐代最早创作山水诗的诗人，他写了很多诗，其中有一首叫《春晓》。上到白发苍苍的老人，下到几岁的孩童，都会吟诵。谁来背一背？

（一生背）

师：像这样家喻户晓的诗还有很多。“诗圣”杜甫这样评价孟浩然的诗——（课件出示）

生：清诗句句尽堪传。

师：孟浩然的诗清新优美，每一句都值得千古流传。这就叫——

生：（读）清诗句句尽堪传。

师：所以李白说：您的诗篇——

生：誉满天下。

师：李白不仅敬仰孟浩然的作品，更敬仰他的人品。李白在《赠孟浩然》中这样写道——（课件出示）

生：（读）“吾爱孟夫子，风流天下闻。红颜弃轩冕，白首卧松云。醉月频中圣，迷花不事君。高山安可仰，徒此揖清芬。”

师：你能读懂李白为什么敬仰孟浩然的人品吗？

（生自由说）

师：李白说：孟夫子呀，我特别敬爱您，因为您——

生：胸怀磊落，飘逸洒脱。

师：因为您年轻时——

生：抛弃荣华富贵，远离官场，不羡权贵。

师：当您誉满天下时您只愿——

生：卧于松下云间，远离世俗，淡泊名利。

师：就是这样一位风流潇洒、不羡权贵的孟夫子，怎能不让李白敬仰呢？（板书：敬仰）一起读。

生：（齐）“吾爱孟夫子，风流天下闻。红颜弃轩冕，白首卧松云。醉月频中圣，迷花不事君。高山安可仰，徒此揖清芬。”

师：与这样的孟夫子在一起，除了敬仰，还会产生怎样的想法呢？

生：李白想成为孟浩然，向他学习，做一个人品好、有学问的人。

生：一生都做孟浩然的“粉丝”。（生笑）

师：是的，李白不仅把孟浩然当作自己的兄长、老师、知己，更是把他当作榜样和崇拜的偶像，一如汉代的司马迁这样表达对孔子的崇拜——（课件出示）

生：（读）高山仰止，景行行止，虽不能至，然心向往之。

师：德行如高山，令人仰慕；成就如大道，供人遵循。虽然我做不到，但我愿终生追求。在李白的心中，孟夫子的人品令人敬仰，我李白虽不能至，然——

生：心向往之。

师：孟夫子的诗篇誉满天下，我李白虽不能至，然——

生：心向往之。

师：孟浩然就要前往美丽的扬州，我李白虽不能至，然——

生：心向往之。

师：有崇拜与敬仰，有不舍与向往，更少不了一杯离别的酒。让我们起立，举起手中的酒杯，（生起立，作持酒状）让这场诗意的离别尽在这满满的酒中吧。终于，李白举起手中的酒杯说——

生："孟夫子，您的人品令人敬仰，您的诗篇誉满天下。"

师：这动人的画面就是——（课件出示）

生：（读）故人西辞黄鹤楼，烟花三月下扬州。

师：这浓浓的情意尽在——

生：（读）故人西辞黄鹤楼，烟花三月下扬州。

【点评：如果说前一环节的教学在于体会"惜别之情"，那么这一环节的教学则在于体会"敬仰之情"。然而体会的方法却有了变化，不再仅仅停留于文本中的字词，而开始向文本之外拓展。适时、适度的补充可以丰富学生对文本的阅读体会，促使学生将单薄的文本读得厚实起来。这是一种阅读的策略，也是一种阅读教学的策略。刘老师用得恰到好处。】

四、我欲因之梦吴越

师：岸边杨柳依依，江上沙鸥点点。友人登上了船。白帆随着江风渐渐远去，消失在蓝天的尽头。请接着读——

（生接读）

师：故人远行，只留一江春水流向天边。天的那一边有什么呢？自由读一读，想一想，同桌之间交流一下。

（生读，交流）

生：天的那一边有令李白敬仰的孟浩然。

生：一定会有他们之间永世不绝的友情。

生：有美丽无比的扬州。

师：天的那边一定有烟花，三月的扬州，我李白虽不能至，然——

生：心向往之！

师：有令我敬仰的孟浩然，我李白虽不能至，然——

生：心向往之！

师：有广阔的天地，自由自在的生活，我李白虽不能至，然——

生：心向往之！

师：李白此时激动的心情就如这一江春水，浩浩荡荡——

生：（读）孤帆远影碧空尽，唯见长江天际流。

师：一首脍炙人口的诗篇就这样诞生了。（师配乐范读）

师：黄鹤楼送别，有人之常情的依依不舍——（生读全诗）

生：故人西辞黄鹤楼，烟花三月下扬州。孤帆远影碧空尽，唯见长江天际流。

师：黄鹤楼送别，有李白对故人的崇拜敬仰——（生读全诗）

生：故人西辞黄鹤楼，烟花三月下扬州。孤帆远影碧空尽，唯见长江天际流。

师：黄鹤楼送别，有李白对未来的无限畅想。他向往扬州，向往孟浩然，向往天的那一边。

生：故人西辞黄鹤楼，烟花三月下扬州。孤帆远影碧空尽，唯见长江天际流。

（师生齐诵全诗）

师：下课。

【点评："天的那一边有什么呢？"这一问，问出了李白蕴藏于诗中的"向往之情"。一般人将《黄鹤楼送别》的情感定格于"惜别"，而刘老师却从李白与孟浩然的交往之中，解读出了"向往"的意味。优秀的教师，绝不满足于既有的解读定论，而能有自己独到的见解，带给学生意外的惊喜。从这个意义上说，语文教师就是"教"自己，教师的一言一行，在语文课堂上就是"语文"。若能达到这样的境界，可谓快哉！】

【评析】

这是一篇“文包诗”，“文”以故事的方式叙述了“诗”的来历，并阐释了“诗”的含义。编者的意图在于“以文解诗”，在于“诗文互读”。用意不可谓不深，形式不可谓不巧。然美中不足的是，“文”仅仅是形成“诗”的一种可能，而非唯一的可能。若拘泥于“诗文对照”式的阅读，难免会将“诗”读窄了。因此，教学“文包诗”必须要处理好“文”与“诗”的关系，既要尊重文意，又要遵循诗意，偏执哪一方，都不能体现“文包诗”的编者意图。优秀的教师，往往能在教学中做出自己的创造。刘广祥老师的“文包诗”教学之所以精彩，就在于他的“二度创作”：一是对“诗和文”做出自己的解读。教材中的“文”，提供了一般人的理解。而教师的魅力，在于其思想，在于其独到的洞察力。同样一个“依依”，在刘老师的字典里，就有了汉字的结构与叠韵之美，更因有相依的故事做背景，就显得丰厚而有情趣了。二是对“诗和文”的适度补充。刘老师在教学中穿插了多首古诗，恰到好处地弥补了学生生活经验和阅读背景的不足。整堂课充满了浓浓的诗情画意，与“文包诗”的形式相得益彰。由此可以看出，刘老师对文本做了深入的研读，对文本有了深切的体会和由衷的认同。

说实话，或许不少人对“文包诗”这种文体形式并不认同，以为“文”害了“诗”。如果存此念头，那么就很难有兴致投入到文本的教学中来。这是教学的一个伦理问题。当你从心底不认同一个文本，不觉得这个文本有什么教学价值，却偏偏要装模作样地“教”，甚至要“教”得让学生喜欢这个文本，这是有违教学伦理的。众所周知，由于教材选文的局限性，很多文本的确存在这样那样的问题，甚至是“硬伤”。作为教师，应有自己的价值判断，并且应有自己的教学态度选择。我们须改变以往“仰视”文本的“赏析式”教学，而应采取“平视”文本的“解读式”“体验式”教学，甚至可以是“俯视”文本的“批判式”教学。什么样的文本，就应该采取相应的姿态去面对，就应该采取相应的方式去教学。心口一致，才能教得心平气和，才能让学生感受到教师对文本的真诚态度。读语文，真诚最可贵；做人，亦如此！

由此可见，刘广祥老师能教得如此深情，缘于他对文本的真切体察和深度认同。